企業法律實務教戰手冊

ODM大破解

國際代工設計製造
買賣合約重點解析

- **ODM合約組成公式大破解**
- **國際代工製造業者必讀必備之實務寶典**

| 附錄 |

《2000年國際貿易術語通則》（INCOTERMS 2000）中譯版
《聯合國國際貨物買賣公約》（UN-CISG）中譯版

林家亨・著

感　謝

　　許多留名青史的成就與貢獻，是立基於高瞻遠矚者的堅持努力，有些則是因緣際遇的插柳成蔭，本書得成，忝屬後者，雖然還談不上成就。本書緣起，要感謝光寶集團總裁林行憲先生當年的嚴格要求，感謝光寶集團前稽核長黃夢華女士常年的諄諄教誨，成此十年磨一劍的肇始契機。當著手寫這本書時，感謝妻小、家人的體諒與包容，無數個周末假期甚至過年長假，都沒能陪家人稍事休閒。感謝老同事鄒建國的熱情支持、協助校對，並且給予修訂和補充意見。感謝我的老師、公司主管及社會賢達友人們的肯定與支持，並惠予撰寫推薦序。感謝天賜機緣，承秀威協助本書編校設計及出版發行。念茲在茲，真的發自肺腑，由衷地感謝我的家人、師長、公司主管及眾親朋好友們的支持與協助！感謝老天爺為我安排過去這些年來五味雜陳的因緣際遇！

　　值本書出版之際，逢母親七十大壽，驚覺雙親昔日青絲漸稀覆霜雪、身已佝僂容顏老，誠感念父母養育恩德之浩瀚，惟汗顏馬齒徒長無以光耀門楣，忝以此書，作為向母親祝壽之賀禮！若然本書能有些許助益於社會大眾，願以此功德迴向父母雙親，祝禱雙親大人身體健康、元辰光彩、福壽雙全、平安喜樂！

林家亨

出版序

十年一劍序難言　戰馬削蹄化塵煙
圭柔山上掛書劍　明慈寺下耕福田
百甲桂竹留青簡　一葉輕舟渡有緣
千江有水千江月　萬里無雲萬里天

　　1985 年 9 月，一個拿著大六法全書到處晃的法律系大一新生，堅信法律是捍衛社會公理正義的最後防線，滿懷對司法工作的崇高理想與澎湃熱情，但是在一次老師安排到台北地方法院的參觀活動時涼了半截，原來執行司法工作莊嚴神聖的法庭，竟然連一扇窗戶都沒有！原來以法律捍衛社會公理正義的法官的辦公室，竟然都堆案如山，擋住了透出窗外的視線！原來除了公證禮堂裡有新人公證結婚的歡樂與眾人的祝福外，整個法院裡面幾乎都瀰漫著劍拔弩張、相互攻訐的肅殺氣息！這樣嚴肅的司法工作環境，出乎生性阿 Q 又浪漫不羈的我的想像之外，驚覺自己是否選錯系、入錯行了？不過既來之，則安之，阿 Q 性格支持著我，最終還是把四年法律系課程讀完畢業了。

　　大學畢業後旋即履行憲法第二十條服兵役的光榮義務，分發到基隆團管區，負責後備軍人及退休榮民的法律服務工作，以在校所學有限的法律專業知識，處理社會上千奇百怪的法律爭議案件，正式開啟了以法律捍衛社會公理正義的神聖工作！

有一件個案令我印象特別深刻，是我剛到團管區沒多久就受理的一個案子，一位剛退伍的後備軍人，老家在苗栗山區務農種柑橘，他們家幾代人走了近百年的山路，有一天被鄰地新地主圍起了地界，並立上「私人土地　禁止通行」的告示牌，人車不得通行下，滿山即將收成的柑橘農產品無法運輸下山，與新地主數次細數百年近代史的溝通都無功而返，最後這位後備軍人代替家人來團管區尋求法律協助。我受理這件案子並瞭解整個主客觀因素後，我以警備總部基隆市團管區後備軍人法律服務處的名義，擬了一份正經八百的公函回覆給這位後備軍人，內容只引申說明了民法物權篇有關「袋地通行權」的相關規定，其用意是給這位後備軍人弟兄「拿著雞毛當令箭」用，讓他拿著這份公函，依照裡頭分析的法律權利義務關係，再去與鄰地的新鄰居誠意溝通但據理力爭。說實在的，初出茅廬，初次把脈開藥方，我也不知靈不靈，但法律是這麼定的，教科書上是這麼寫的，我只能依樣畫葫蘆，同時獻上最真摯的祝福，祝這位後備弟兄好運！一個多月後，這位後備弟兄回來團管區找我，還扛了兩麻袋老家種的橘子，謝謝我幫他們家順利解決了出路問題，那地主另外開了一條截彎取直的聯外道路，比原來的山路還更便捷好走。第二年冬天，到了柑橘收成的季節，這位後備弟兄又扛了兩麻袋老家種的橘子來團管區謝我，橘子更甜了！隔年夏天數完饅頭光榮退伍！

退伍後的第一份正式工作，在美商花旗銀行，通知面談的時間在周六上午，剛好早已約好朋友去登山露營，猶豫了一下還是決定以露營為重，於是那天我穿著 T 恤、牛仔褲配舊鞋還帶著大登山背包，就直闖花旗台北總行去面談，大概是一副充

滿活力的陽光青年模樣獲得青睞，當場就被錄取，就這樣誤打誤撞的進入花旗銀行工作，一待就是六年，從台北總行法務催收專員做到派駐桃園分行的授信主管，也從台北內湖搬到桃園定居。剛到花旗桃園分行的前半年，是我至今職場生涯中最快樂的時光，當時的首要工作之一，就是瞭解桃園縣市各地的建設發展情況及不動產行情，因此幾乎每天都跟著銀行的不動產估價師出去看貸款客戶的房子及周邊環境，帶著寓教於樂的心情走遍桃園縣境各地，勤作鄉鎮市勘查筆記，也順便勘查美景與美食，這樣勞心勞力的工作，真的非常人所能勝任！後來因為花旗銀行部門組織整編，所有派駐在台灣中南部各縣市分行的授信主管都要調回台北總行徵信部，在那時刻，我思索去留，當時覺得花旗銀行是在台灣連年獲利第一名的外商銀行，但對台灣本土的實質回饋貢獻太少，曾經在一次花旗內部的教育訓練課程中提出此感想與建言，但似是曲高和寡，更被視為是自命不凡的異類，於是在那個必須異動的機緣下，決定不再替外國人賺錢，1998 年 3 月 14 日，確認所有文件都打包裝箱完畢，人員都離去後，將花旗桃園分行徵信部辦公室熄燈、上鎖，離開了當時人人稱羨的外商銀行，也正式離開了銀行界。

　　離開外商銀行，周休二日後隨即投身本土製造業，於同年 3 月 17 日進入「致福股份有限公司」的法務室擔任法務專員，從金融業轉入製造業，而且是國際代工製造業，又成一介新兵，減薪降級從頭摸索學習，秉持對工作的熱忱，從頭學習雖然累人，但在新領域學習新事物，埋頭苦幹的日子過得很充實。只是不巧，轉戰製造業的第一年，竟然就碰到公司大裁員，從各事業部工廠作業員裁到總部各幕僚單位人員，當時法務室只有

兩名法務,已經是全公司人數最少的部門了,原以為法務應該不會被裁員,但是我已有了心理準備。沒想到就在農曆過年的前一周,另一位資深的法務被通知裁員了,我這隻入行不到一年的新兵菜鳥反而被留了下來,有些錯愕與不解。過完農曆年後新主管(財務長兼管了法務部門)上任我才知道,因為我積極學習的工作態度,也因為我這到職不滿一年的菜鳥,竟然能為公司連本帶利收回一筆三十多萬美金、掛了三年壞帳的國外貨款,工作績效讓我當時的主管肯定我的實力與潛力,認為我值得被留下來委以重任,現在回想起來,當時的主管真是英明,那時候公司正值多事之秋,原來只是大風暴的前奏而已,適逢致福公司成立二十年來最大的經營危機,留我下來,是因為還有很多國外的硬仗等我去打。果然,隨後的日子裡逐漸接手重案後,開始東戰西征穿梭於國際,戰場幅員東至美國加州、加拿大多倫多,西至法國巴黎、英國倫敦,北到瑞典斯德哥爾摩、芬蘭赫爾辛基,南到香港大陸,有如到樓下散步,只差沒飛越過大西洋,不然就可以集滿飛行地球一圈的機票根了!

　　致福於 1999 年 9 月被光寶集團併購接掌,致福員工忍辱負重、勵精圖治,浴火重生的努力稍見成效時,於 2002 年 11 月與光寶集團旗下的光寶、源興及旭麗共四家公司「四合一」合併為一家公司,合併後公司更名為「光寶科技股份有限公司」。從致福被光寶併購後進行海內外企業瘦身及重生再造,到光寶四合一後法務部門人事與工作的整編,那一段過程回想起來,是我職場生涯中的黑暗時代,自嘲是「7-Eleven」員工,每天七點就到公司,過了晚上十一、二點才離開公司,在家的時間比住飯店還短,也曾經好幾次就地夜宿公司,每天都有做不完的

工作，一個人當兩個人用做三個人的事，但還是領一份薪水，也沒有加班費，更沒有上市公司員工分紅配股，因為那幾年致福沒有獲利盈餘，唯一一次犒賞認股機會認購的「東森固網」股票卻套牢到現在。而一股持續蠻幹往前衝的傻勁兒，憑的只是想讓公司敗部復活、反敗為勝的使命感與責任心，以及能與一群有同樣傻勁兒的鐵血戰士共事的榮幸！日復一日，直到一日醒來，半邊顏面神經麻痺不聽使喚……，那段黑暗時代的箇中甘苦，如人飲水矣！但也因為在這樣煉鋼爐式的工作壓力環境下，經歷、處理的案子種類與數量比一般同業多許多，被迫在一年的時間裡學成兩年的功夫，加快了我在企業法務這個領域裡學習與成長的速度。如今回想起來，仍然可以清晰感受到，彷彿打過二次世界大戰般的驚懼與疲憊，但也為自己能夠在常年的磨難考驗裡堅守陣地，而感到頂天立地、俯仰無愧！經歷過程是痛苦酸楚，而回憶則是歷經痛苦後的雲淡風清，引用二戰名將麥克阿瑟將軍在退休前，回到西點軍校演講中的一段話：「**入伍生的日子讓我懷念，但給我一百萬美金要我重新入伍，我不願意；給我一百萬美金，要買走我曾經入伍的權利，我也不願意！**」

疾風知勁草，板蕩識忠臣，能共富貴者多，能共患難者鮮矣！光寶四合一之後，原先四家公司的法務人員也理應合併為一，奈何各有鴻鵠之志，先後各奔前程矣。2003 年 3 月 17 日，光寶執行長佈達由我出任「代法務長」職務，是日恰巧是我轉戰製造業到致福公司就職屆滿五周年，那一天在敦南光寶總部 13 樓，一如平日忙到半夜，離開辦公室前看到這一則人事令佈達，我留下這樣的註腳：「**……這是值得榮耀的一刻，唯願榮**

耀與所有堅守崗位的致福老伙伴們分享，也請伙伴們為我禱告，因為這是另一項危險任務的開始……。」

當時承先啟後的諸多重點工作中，有一項是當時的執行長（現光寶集團總裁）林行憲先生交辦的，有關合約的教戰手冊，也就是一般國際代工製造買賣合約重點的教育訓練，當時已經大致將合約重點都臚列出來了，只差更進一步申論說明，可惜之後即因法務部門人事的紛擾異動而未竟全功，隨後筆者也於2004年3月離開光寶總部外派北京。記得我離開光寶內湖新大樓22樓的那最後一夜，我依然是最後一個離開辦公室巡場關燈的人，在關上最後一盞燈前看到不知誰留下的一本書，書名叫《光‧就在人生轉彎處》，我苦笑了一下，這是老天爺在鼓勵我還是在消遣我？隻身在北京的那一段日子裡我領悟了，原來離開了繁華的京城，京城外的天地是如此遼闊，而在遼闊的天地中，人是如此渺小，欲望需求也渺小了，心胸視野卻開闊了！真的，光——就在人生轉彎處！我拐了好幾個大彎到北京，再彎到康西大草原，在細雨紛飛、一望無際的草原中頓悟：**草比人強不畏閃雷乍響，玉宇穹蒼只緣土牆芬芳，活在當下即是福，隨遇而安莫強求。**

再返台後即正式自光寶離職到了閎暉，一樣的教育訓練工作需求，筆者遂開始利用工作之餘的時間，將過去處理合約及相關爭訟案件的經驗心得，一點一滴集結、匯總記錄下來。記錄寫作期間，恰巧輔大校友彭思舟君邀約共著有關國際貿易實務的叢書，更鞭策筆者加速此書之寫作進度。此書可謂為筆者在代工製造業過去十年裡，ODM業務相關合約工作的心得經驗之自我總檢，也為自己的工作生涯留下部份註腳，同時得以藉

此分享同業與有志之士，也算是完成一份未竟之歷史使命！此書初稿乍成時曾示以師友，師友問：求名求利乎？……君不聞唐詩《劍客》曰：「**十年磨一劍，霜刃未曾試。今日把似君，誰為不平事？**」。為此出版序，詩以蔽之。

戊子鼠年中秋

推薦序

（一）

　　家亨亦工亦讀，勤奮敬業，在人大攻讀博士學位的時間不長，又見其新著問世，茲欣然為之作序。

　　這是一本法律實務專著，讀後掩卷而思，感觸良多。家亨雖是法學出身，骨子裏卻對法的訟爭品格和埋首書齋的純學問不以為然，而將法的知識和學理融入代工產業實踐，既以自己的興趣和方式踏踏實實地貢獻社會，又給讀者奉上了這樣一本以法學來提升代工業各種做法的理論層次和品味的作品。我在學校教書，與家亨從事的行當並不相同，但兩人實有相通之處，家亨對法律人的理解及其處事之道，我是十分讚賞的。

　　不必諱言，中國大陸從「左」的時代一路走來，好高騖遠和不屑實務研究的風尚猶存，代工業出現也有二十多年了，市面上竟難覓同類專著。在這個意義上，本書也是填補了大陸出版界和書市的一個空白吧。外資湧入，帶來了先進的設備、工廠、設計、產品、管理和理念，把億萬國人尤其是農民，訓練成了適應現代市場經濟要求的職工，也有不少人翅膀稍硬便逕自做起老闆來，使得改革開放成績斐然。然而，發展、繁榮初見成效，社會上就出現了做「世界工廠」丟人現眼、「不為國際資本打工」、不該「以市場換資本和技術」之類的論調，浮躁之風油然而生。殊不知，不為國際資本「打工」，我們那些過時的

裝備、幾十年一貫制的產品、被「大鍋飯」腐蝕壞了的勞動者、政治化和行政化的企業經營管理如何能在競爭中脫胎換骨、更新換代？還是一窮二白的社會、國家又怎可能在短時間內裝備起那龐大無比的農村過剩勞動力大軍？如小平先生所講，其結果只能是死路一條。

家亨在書中提到的一個案例也給我留下深刻的印象，那就是大陸的某些企業在與外商打交道時，業不精、術不通，不明察細究合同，到頭來發現利潤都被對方拿走，便祭出道德譴責、悲情或「民族大義」，結果當然是徒勞的，情緒不可能替代專業、腳踏實地和法治。遺憾的是，這種現象在大陸並非偶然，而是有某種普遍性的。據我所知，近年有不少海歸人士創辦的公司，發憤做出高級、高檔的設計，大陸卻沒有企業接得了、願意接它的活，只好到台灣去高價請人代工。台灣的企業在代工中成長壯大，使台灣地區在高科技產品領域的競爭力躋身於世界前列，本書可謂從一個側面揭示了箇中奧秘。

因此，本書一方面可以作為代工法務和相關法學研究的參考，藉以瞭解豐富多彩的工商業實踐是如何與經典的合同法則相結合，並不斷賦予其新動力和生命力的，從而使經營和學問保持長青；另一方面，它對我們思考整個中國經濟、社會的發展及其走向，也不乏哲理的啟迪和教益。

中國人民大學法學院教授、博士生導師

（史際春）

2008 年 3 月 22 日　於北京

（二）

　　法律人的天地，絕不能局限於法庭之中，法學者的工作也不能只限於訴訟之中，而應運用其學識與智慧，走向社會每一個角落，我深信學習法律除了竭力追求社會之公平正義得以實現外，更應該以一個敏銳且熱忱的心，去觀察社會所反映出的事實及問題之所在。本書作者林家亨，是我中國人民大學法學院的博士班同學，家亨專攻中國大陸經濟法之研究，表現極其優秀，並在台灣代工製造企業界已積累了十年以上的法務實戰經驗，其不僅嫻熟製造商之生存獲利需求與國內外客戶極盡轉嫁成本與風險的能事，更從維護買賣雙方當事人應有權益與衡平要求之處理經驗中，累積了許多處理代工製造買賣合約的重要心得，足供國際代工製造買賣從業人員，以及有意進入此產業領域的法律人，作為學習材料與教戰守則。今欣逢家亨費心地將此重要心得編著成書，即將出版，本人得此殊榮，為此序文鄭重推薦本書。

台灣台北地方法院所屬民間公證人
重慶聯合事務所　所長

謝永誌（謝永誌）

2008 年 4 月 3 日　於台北

（三）

　　代工製造乃台灣製造業之主流商業模式，我個人參與這個產業多年，深深覺得代工製造業是一個艱苦的行業，因為它所具備的技術門檻不高且競爭者眾，故客戶之強勢已到予取予求的地步，每天很苦卻也這樣走了過來，從六、七〇年代起算，也過了約四十年了。代工製造一路拉拔台灣產業的規模，並提昇了從業人員的格局，從一年十幾、二十億，到今天動輒百億、千億的營業額，讓許多台灣公司儼然具備國際級公司的架勢，少數業主更成為國際名人，累積的財富更是驚人。不過，如果深究其產業本質，其實是非常弱勢的經濟活動，而最能證明代工製造乃相對弱勢的經濟活動者，莫過於其與客戶簽訂之買賣合約了。林家亨在本書中從一般合約的前言、產品、開發、生產、交貨、售後服務及各類非商業性條款，均一一闡明其定義、內涵、陷阱，還用實例指出其影響，為不可多得之教戰手冊，我非常欣賞他的用心，且極為肯定本書的實務價值。

　　我與林家亨曾在光寶同事多年，知道他做事執著認真，是拼命三郎型的人才，曾經連續加班數天數夜，以致某天突然顏面神經半邊麻痺，經過數個月的休養才慢慢恢復，一時在公司傳為「美談」。多年不見，他又本著拼命三郎的精神，將十年的功力涓滴為文成此鉅作，這不只是他個人的成就，也是老朋友們的驕傲，故樂為之序。

華宇集團執行長

（蘇元良）

2008 年 4 月 30 日　寫於新竹芎林

（四）

　　近幾年來，在兩岸三地經常會聽到政府機關提出發展「文化創意產業」的施政口號，這主要是由於傳統的工業發展已經到了一個產業進行轉型的關鍵點，以第二級產業為主的時代，因為附加價值愈來愈低，在市場上逐漸失去了競爭能力，只有創新，發展新的設計及新的 IT 技術，才能增加自己本身的附加價值，避免被市場所淘汰。傳統的生產代工廠（OEM），由於缺乏了現代市場兩個最主要的重點：「品牌」及「管道」，所以其利潤空間亦愈來愈小，可替代性則愈來愈高，在整體營運上日益困難，故由 OEM 時代升級進入 ODM 時代，甚至於更進一步到 EMS、CMMS 等全面的電子代工製造服務，實在是大勢所趨，不得不為之舉。ODM 中的「D」（Design）包含了創新、創意的設計意義在其中，也就是說，廠商除了提供單純的生產服務外，還需要提供「設計」方面的服務，其中包括了產品的外觀設計、功能使用設計、科技設計等等。由於 ODM 廠商所提供的服務內容遠較 OEM 來得更多、更複雜，所以在合同的規範上需要特別去注意及因應。

　　跟家亨學長有很特別的緣份，他一方面是我臺灣輔仁大學的學長，沒想到因應兩岸三地的交流發展來到中國大陸進修後，他又成了我中國人民大學的學長，所以不管是在台灣還是大陸，不管是本科、碩士及博士，我們都在同一所大學度過，這一份情誼極難能可貴。在相識多年中，一直都知道學長對 ODM 等國際代工製造業的法律問題有很深的研究及瞭解，最重

要的是其擁有多年的實務經驗，這次他把多年心得整理出版，
實在是業界之幸、讀者之福，誠意向大家推薦！

澳門文化創意產業促進會秘書長

徐中孟 （徐中孟）

2008 年 5 月 5 日　於澳門

（五）

　　本人有幸於 1972 年經溫世仁、林百里二兄引薦加入三愛電子、金寶電子，後與友人於 1979 年創立致福集團，1991 年股票公開上市，2002 年與光寶集團合併，2003 年另成立掌寶科技，研發產製多媒體產品，以迄於今，共歷三十六年。本人親身見證、參與了，創造普世產品「MIT」（Made in Taiwan）的經濟奇蹟，在台灣電子業界風起雲湧的輝煌年代裡，前後經歷了電子計算機、電話機、遊戲機、電腦主機板、數據機、網路卡、Notebook、手機，以至現今的液晶電視等不同世代的產品。在這世代演變的過程中，眼見台灣電子精英們不斷推陳出新，以高度創新的研發力，追隨美日腳步，甚至超越他們，攻城掠地，進軍全球市場。生產基地由台灣南向至東南亞，再西進到大陸；生產合作的模式，由最早期純代工的 OEM，進而介入研發到 ODM，再進入到 EMS 規模，也開始 OBM 發展自有品牌，將台灣的代工製造事業推上了多彩多姿、多樣化、大規模且國際化的顛峰。

　　當集團各公司隨著事業的不斷拓展，當國內外的客戶及供應商越來越多，而各自又有大同小異的交易條件時，合約便成了最基本且必備的商業法律文書，既藉由買賣合約的簽署，象徵業績的增長與事業版圖的壯大，也依據合約的內容，實際規範買賣交易的基本權利與義務，掌控其中可能發生的風險。在商場難免的爭議折衝中，曾因為買賣合約內容條件簽訂得宜，確保了權益，但亦曾因為合約條件不利而吃了大虧！正因如此，讓我深刻體悟到，一紙代工製造買賣合約條件內容的利弊

好壞,對國際代工製造業者營運的損益風險,潛在影響何其之大!

　　本書作者林家亨君是我昔日「致福集團」的法務高階部屬,他平日工作承上啟下,維護集團的法律權益,親力親為,不遺餘力,處理國內外棘手的法務案件,可謂戰無不勝,攻無不克,多年後見其專業與幹練又更上層樓。至情至性的家亨,除了一般白話文學詩詞文筆過人,對企業法務工作的專業程度,更是其中的佼佼者,不僅敬業負責,更樂於與人分享工作的寶貴經驗與心得,今見其將多年負責國際代工製造買賣相關合約的實戰經驗彙集成書,再次驗證其樂於分享的美德。但更值得一提的是,在台灣過去未曾見過有關代工製造買賣合約的專業書籍,本書可說是「啟業界之先」,別具意義!

　　作者於本書中將代工製造買賣業務的作業流程及合約重點,循序漸進、深入淺出的說明,內容豐富、詳細而實用,引證的案例更讓人印象深刻,實為不可多得的企業實務用書,值得所有國際代工製造買賣業從業人士仔細參閱與思考。今欣見此書即將出版問市,本人樂於在此鄭重推薦!

掌寶科技股份有限公司
執行長兼總裁

（江英村）

2008 年 6 月 25 日

（六）

　　我與家亨相識始於其服務致福公司期間，家亨負責公司法務，為人處事深思熟慮、用心盡責，常是最後一位下班、為公司關燈的同仁，是個值得信賴的同事。更難得的是，家亨在公務繁忙之際仍挪出時間持續深造，精進向上的精神令人感佩。

　　家亨任職於「光寶四合一」時為代理法務長，我曾囑其將四合一之各家公司與世界大廠 ODM 合約匯集，取其精華，成一 ODM 合約教戰手冊，以做為策略、關鍵條款、協商之指導原則，亦可為集團內部擔當主管以及參與合約協商同仁的訓練手冊，此為家亨著作此書之濫觴，再加上家亨博覽各家精華，而成就此書。

　　ODM 模式乃現時台灣產業之主流，此書或可收野人獻曝、拋磚引玉之效，此乃家亨對於此書的用意與用心，我亦深感贊同。希望此書對於業界有所助益，也盼各界不吝給予家亨指教為幸。

光寶集團總裁

林行憲（林行憲）

2008 年 6 月 26 日

悼　念

　　在出版序的最後提到，此書初稿乍成時曾示以師友，師友問：求名求利乎？這位亦師亦友者，就是曾文雄老師。曾老師是中國政法大學（北京）經濟法法學博士、陸委會台商張老師、海基會台商財經法律顧問、廣州／杭州／煙台仲裁委員會仲裁員、勤業眾信會計師事務所中國業務顧問，是台灣少數具豐富兩岸實務經驗的大陸財經、勞動法律專家。曾老師平日忙於工作之餘，更熱心於指導提攜後進，於公於私，都是我經常求教請益的師長，也是我完成此書時必然要邀稿求賜推薦序者。在一次餐敘中示以書稿，蒙曾老師口頭嘉許，並問我出這本書的目的為何？求名或是求利？老師熱心地要幫我推薦這本書給出版社，我笑答只是為了結一樁心願、一項史命。詎料，幾日後驚聞曾老師突然住院診療，復出院在家休養，迄至驚聞仙返厄訊，僅短短幾個月的時間，以身教示人生的無常！

　　曾老師是我服務公司的法律顧問，也是一位書畫藏家性情中人，在曾老師生前，我們多次在談完公事之餘，彼此邀約要找個時間，找彭思舟（曾老師指導的博士生，也是我輔大的校友，現任臺北海洋技術學院國貿系助教）一起到三芝淺水灣，找一家海邊的餐廳，吃飯、看海、喝咖啡純聊天，Just men's talk！但約了快兩年了都沒成行。就在思舟告知曾老師仙返厄訊的當天中午，我與思舟當下臨時起義就去了淺水灣，找了一家離海很近的餐廳，選了戶外一個看海視野絕佳又有樹蔭的位子留給曾老師，天湛藍、海碧綠、浪花白，色不異空！一張桌、兩艫

人、三杯水，空不異色！三缺一的聚會，三國獨缺文雄，只見滾滾長江東逝水，浪花淘盡英雄，是非成敗轉頭空，青山依舊在，幾度夕陽紅……。

謹以本文，悼念亦師亦友的曾文雄老師！

作者
2008 年 7 月 22 日
大暑

目　次

感　謝 i

出版序 iii

推薦序 xi

悼　念 xxi

前　言 1

第一篇　總　則 7

第一章　國際代工製造買賣的常見類型 9

　一、OEM（Original Equipment Manufacturing）...................9

　二、ODM（Original Design Manufacturing）.........................10

　三、OBM（Own Brand Manufacturing）............................11

　四、EMS（Electronic Manufacturing Services）....................12

　五、其他 13

第二章　合約的重要性 19

第三章　合約的組成要素 27

　一、「人」的要素 28

二、「事」的要素 28

三、「時」的要素 29

四、「地」的要素 30

五、「物」的要素 30

第四章　國際代工設計製造買賣相關合約 35

第五章　心　法 43

一、文字的藝術與陷阱.. 43

二、「二〇八〇」比例法則.. 45

三、「成本」與「風險」 47

四、基本原則.. 53

第二篇　分　則 61

第六章　合約前言..63

一、當事人（Party、Parties） 63

二、目的（Purpose） 67

三、定義（Definition、Glossary） 67

【案例研討】小條文立大功，禁止競業也要目的性限縮 74

第七章　研發階段的合約重點 83

一、產品（Products） 83

二、機密資訊保密協定（Confidential and Non-Disclosure） 84

三、開發時程（Development Schedule） 86

四、智慧財產權（Intellectual Property Rights，簡稱「IPR」）

.... 87

五、環保要求（Environment Protection）.................................93

六、技術支援（Technical Support）...95

七、測試與驗收（Test & Inspection）......................................95

八、樣品承認（Sample Approval / Recognition）....................96

九、量產製造權利（Mass Production Right）..........................98

十、競業禁止（Non-Competition）...99

十一、模具（Tooling）...101

【案例研討】產品未量產，誰付模具款？.......................104

第八章　生產製造階段的合約重點.............................. 109

一、採購量預估（Forecasts）..109

二、訂單（P/O）..115

三、防火牆（Fire Wall）...121

四、勞工條件限制（Restrictions to Labors）........................122

五、稽核（Audit）..122

【案例研討】慣例≠義務，談 Forecasts 與 P/O.................124

第九章　交貨階段的合約重點...................................... 129

一、包裝及標示（Packing & Labeling）................................129

二、商標、服務標章（Trademark、Service Mark）..............131

三、交貨期限（Lead Time）..132

四、交貨運輸方式（Delivery Term）....................................134

五、交貨遲延（Delay Delivery）...137

六、交貨地點（Destination）..139

七、物流倉庫（Warehouse、Hub）......................................140

八、驗收（Inspection）...148

九、付款（Payment）... 152

【案例研討】貨拉不回又不付錢，Warehouse 聽誰的？....... 156

第十章　售後服務階段的合約重點.................................161

一、保固期內（In-Warranty Period）..................................... 161

二、保固期外（Out-of-Warranty Period）.............................. 171

三、重大瑕疵（Epidemic Failure）....................................... 174

四、賠償責任上限與保險（Limitation of Liability & Insurance）

.... 182

五、維修服務合約（Repair Service / Maintenance Agreement）

.... 183

【案例研討】重大瑕疵要負責，但火燒 PC 是個案............. 184

第十一章　其他約定條款合約重點.................................187

一、合約期間及終止（Term and Termination）...................... 187

二、不可抗力（Force Majeure）... 194

三、權利義務轉讓（Assignment）... 197

四、爭議處理（Dispute Resolution）..................................... 198

【案例研討】業大分家是喜事，別忘了權利義務轉讓事！... 205

總　結...211

附　錄...215

·2000 年國際貿易術語通則（INCOTERMS 2000）........... 215

·聯合國國際貨物買賣公約

The UN Convention on International Sale of Goods（「UN-CISG」）

.... 262

前　言

　　國際代工製造買賣，是同時具有多元意義的經濟行為，從積極面來看，它是國際的企業公司間產銷技術與經驗交流、優勢人力或物料資源共享，共創經濟利益的合作行為；從消極面來看，它是一種轉嫁成本、轉移風險的商業策略行為，是經濟行為兩造當事人中相對的強者，利用本身擁有產品設計能力或銷售通路上的優勢，將產品產銷過程中所需建廠、僱工、銷售與品質保固售後服務等等的成本與風險，以及可能造成環境破壞、資源耗損的結果，轉移、分散給經濟行為當事人中的相對弱者。在國際社會中，以上兩種不同目的與需求的國際代工製造買賣行為，無時無刻都在同時並存進行著，互補有無，各取所需，各有不同的需求考量，也許只是階段性、策略性的目的，也許已經建立長遠合作的默契，惟無論何者，都無礙於國際社會之間，產品製造買賣交易的現實需求。過去七〇年代的台灣，因為國際代工製造買賣業務的發達，創造了普世用品「Made in Taiwan」（簡稱「MIT」）的經濟奇蹟，九〇年代的中國大陸也因為國際代工製造買賣業務的蓬勃發展，在全球經濟景氣循環到了谷底的二十世紀末，創造了「Made in China」（簡稱「MIC」）的另一個更驚人的經濟奇蹟，其他如韓國、越南、馬來西亞、菲律賓、印尼等許多已開發或開發中國家，也都積極以從事國際代工製造買賣，來吸收外來資金及產業技術，藉此快速提升國家經濟實力。

　　必須正視的問題是，幾乎所有掌握經濟優勢的已開發國家，都盡可能地把普世需求產品的生產製造工作，外包給其他國家來代工，產業別包羅萬象，汽車、電子、電機、網路通訊、能源、生化製藥等，幾乎包含了當今所有的熱門先進技術產業，甚至於紡織、塑膠、造紙、橡膠、鋼鐵、建材等傳統產業，舉凡世界知名品牌的產品，幾乎無所不包。相對的，開發中國家也積極地爭取這些代工製造的機會，希望能引進外來資金、技術與工作機會，藉此提升經濟水平。甚至是已開發國家的廠商，也希望藉由代工機會來學習、吸收他人更先進的技術、更創新的產品概念，瞭解產品與市場變化發展的趨勢，增強自己在國際市場上的競爭能力，甚至希望能搶業界的龍頭領導地位。以台灣本身為例，過去以國際代工製造起家，在壯大了企業實力與經濟規模之後，一方面已經將產品生產製造的低階過程轉移到大陸、越南等其他國家地區代工，以降低生產成本，一方面也不斷地爭取其他國際級企業、世界知名品牌產品的合作開發或代工製造機會，以不斷提升產品研發能力與市場競爭力。在這樣不同程度的個別經濟需求目的下，從事代工製造買賣既然無可避免，代工製造者必須要能知所取捨，要熟悉國際代工製造買賣的運作模式，評估自己承擔成本與風險的能力，預做必要的準備與規劃，甚至再將成本與風險合理分散、轉移給其他協力廠商，這是從事代工製造者在達到經濟目的之餘，也要懂得如何趨吉避凶的必修課程。而這一切的準備工作形諸於外，便是一紙載明了彼此權利與義務的代工製造買賣合約。

　　曾經在報紙上看過一則半版的廣告，是國內某家零組件供應商想藉由訴諸輿論，控訴、痛批其與某國際通訊大廠簽署合

約裡的諸多不公平、不合理條款，聲稱可能造成該廠遽遭周轉不靈，發生倒閉危機，並公開呼籲國內同業共同譴責該國際大廠的不平等合約的要求，筆者把這則報紙廣告引為公司內教育訓練的案例教材，據以告知兩個基本觀念：第一，先不論該廠商所言內容是否屬實，其具體指名道姓告知大眾，其與某通訊大廠簽署合約，並列舉若干合約條文內容，已明顯違反了保密義務在先；第二，該廠商所述合約顯失公平合理的若干條款，如果該廠商的確認為顯失公平合理，為何還要簽署該合約？為何不事先向客戶反映討論？事後發現依客戶的合約條件執行起來，已造成營運管理上的困擾、風險與損失，此時再來公開登報訴諸輿論，為時已晚，且非常不智！由此廣告案例也可看出，製造買賣合約的內容，攸關製造商權益的得失成敗甚鉅，製造商不得不事先審慎以對。但是因為不同產業的不同產品，其代工製造、交貨方式甚至是售後服務的過程，可能各有不同的買賣交易條件要求，而買賣雙方也常因供需地位的強弱而影響談判籌碼的多寡，使得合約條件不見得都能盡如人意，達到百分之百的全勝境界，但至少要能瞭解整部合約潛在的風險所在，及其影響的層面和範圍，才能預做風險管控的因應防範，盡可能達到趨吉避凶的效果。有些代工製造商為了爭取客戶訂單，常常是委曲求全，勉強接受了客戶不合理的買賣條件，甚至是不明究理的就盲目簽下客人的代工合約，結果造成接單越多損失越多的窘境，最後不但落得血本無歸，甚至因嚴重虧損而宣告歇業，這是所有從事代工製造業者所不得不小心應對的事實。

　　策略學聖經《孫子兵法》十三篇裡，第一篇始計篇言：「**兵者，詭道也**」，意指用兵作戰，是一門詭詐之術，是爾虞我詐的

3

謀略戰術，而商場如戰場，商場上的合約，如同戰場上的兵法，
攻守進退之間，全賴熟知敵我之兵法，並能將兵法運用自如，
知己知彼，進退有據，方能化險為夷，立於不敗之地。特別是
分工細密、程序繁瑣的國際代工製造買賣合約，國際大廠的買
方無不挾談判地位之優勢，竭盡轉嫁風險與成本給製造商之能
事，在合約的字裡行間，或開門見山、直接了當的明文強硬規
定，或避重就輕、暗藏玄機的大玩文字遊戲，一份代工製造買
賣合約的簽署，幾乎已經注定了交易買賣雙方的損益成敗，代
工製造買賣合約之重要性，不言可喻矣。偏偏這是一門學校沒
教的課程，在製造業界也沒有一部放諸四海而皆準的指導範
本，即使是在國際代工製造買賣業的從業人員，十有八九將看
合約視為苦差事，解讀國際代工製造買賣合約更是視為畏途，
而外界一般不熟悉國際代工製造買賣全程業務的法律顧問也難
窺其堂奧。解讀國際代工製造買賣合約，確實是一件苦差事，
慢不得也急不得，在業界幾乎都是在職訓練，邊做邊學，若能
有前輩指導，師徒相傳，藉由實務經驗的傳承、分享而快速掌
握要領，已經算是幸運的了。筆者在代工製造業界前後屆滿十
年的法務工作經驗，熟知製造商的生存獲利需求與國內外客戶
極盡轉嫁成本與風險之能事，從衡平買賣雙方的要求，以及許
多因買賣交易所衍生的商業糾紛、爭議問題的處理經驗中，累
積了些許有關代工製造買賣合約的心得，除了是自己工作應用
所需，也是對公司內部員工教育訓練的重點課程，但在有限的
上課時間裡，只能提綱挈領地講述基本觀念與重點，難以暢所
欲言、盡述全貌，因此利用工作餘暇，將多年累積心得逐一記

錄下來，希望能為國際代工製造買賣從業人員，以及有意進入
此產業領域的有心人士，提供一份足堪引為參考的資料。

　　所謂的國際代工製造買賣合約，仍是一個概括性名詞，其
中包含了許多不同的交易形態、業務範圍及作業流程，因不同
的交易形態及作業流程而各有不同的合約專有名稱，本書僅以
其中最具代表性的《代工設計製造買賣合約》，也就是所謂的
《ODM 合約》，做為解讀闡釋的主要對象，因為《ODM 合約》
的內容架構，可以說是所有代工製造買賣合約的基礎結構，當
讀者熟悉《ODM 合約》的主要架構，與個別評估利弊的思考邏
輯之後，自然能觸類旁通、一通百通，輕鬆解讀其他類型的代
工製造合約。

　　惟合約內容可長可短、可繁可簡，可開門見山、平鋪直敘，
也可聲東擊西、避重就輕，箇中虛實變化，無一定制，若再加
上外文合約用字遣詞及文法之難易不同，則更難以一概全矣！
因此，本書著重在破解《ODM 合約》的繁雜結構，將其化繁為
簡、去蕪存菁，依據實務運作時，不同作業階段的前後順序，
逐一解析 ODM 業務的各階段運作流程，再按此流程說明《ODM
合約》的基本框架結構和合約重點，並闡釋其中每一項重點的
評估考量原則概念，希望藉此幫助從業人員，快速認知《ODM
合約》的基本框架結構，及個別的評估考量原則概念。如此，
當面對來自全球不同的客戶、不同的《ODM 合約》時，萬變不
離其中，方能以不變應萬變，洞悉其中的利弊風險所在，適時
與客戶協商溝通並修訂、補充合約內容，求其合理性與可行性
的極大化，即使必須勉為其難地簽約，也能清楚知道潛在風險
的所在，預做分散風險的準備工作。

　　至於合約文字用詞的個別變化，特別是英文合約，則不在本書闡述之範圍，其亦無速成之法，除了多閱讀英文書籍勤練基本功之外，必須從實務閱歷中去累積專業英文的實力，閱讀英文合約是最直接有效且可現學現賣的學習方法，特別是國際大廠依買方與賣方的不同立場所撰擬的各類型合約，並勤做筆記，加以歸納整理，日起有功，終至胸有成竹、進退自如之境。

　　本書自分則第六章起，每一章的最後都附有一【案例研討】，這些案例基本上都是筆者曾經處理過或正在處理中的真實個案，但因為保密義務的基本要求，筆者將真實個案稍加改編人物及劇情，但真實呈現案件的爭議核心及關鍵問題，案例重點不在於事後如何解決爭議，而在於事前如何預防爭議的發生，希望 ODM 從業人員能從案例中得到一些警惕，並能進一步轉換成為事前預防、風險管控的基本觀念，並落實應用到合約解讀與溝通談判的簽核過程。

　　解讀 ODM 合約是一門學校沒教的課程，在製造業界也沒有一部放諸四海而皆準的指導範本，在目前的中文圖書市場裡似乎也難覓類似的專業書籍，筆者謹以野人獻曝之姿，期望能有拋磚引玉之效。本書全文內容，或因法務人員天性保守之立場，或因經驗所學仍有偏頗不足，立論詮釋難免仍有思慮不周、疏漏謬誤之處，特別是本書中所提到 ODM 的每一個作業階段，僅能就與合同有直接關聯部份介紹其梗概，更專業的作業細節說明，仍然有待向 ODM 各個不同作業部門的專業人員進一步求教請益，也藉此機會就教業界先進賢達，尚祈不吝予以賜教匡正為禱！

第一篇

總　則

第一章　國際代工製造買賣的常見類型 / 9

第二章　合約的重要性 / 19

第三章　合約的組成要素 / 27

第四章　國際代工製造買賣相關合約 / 35

第五章　心　法 / 43

▶▶▶▶ 第一章

國際代工製造買賣的常見類型

一般最常見的國際代工製造業務，以 OEM、ODM、OBM 及 EMS 四種型態為主，同時也有其他複合型態及新發展出來的代工型態，這些型態個別的意義及運作模式概要說明如下：

一、OEM（Original Equipment Manufacturing）

OEM 就字面文義解釋，是指「原始設備製造業」（Original Equipment Manufacturing），也可以指「原始設備製造商」（Original Equipment Manufacturer），意即只提供設備單純代工的製造商，產品的原型設計、細部規格，包括生產流程等都由客戶提供，有些客戶甚至連產品生產用的模具、應使用的檢測儀器設備、原物料供應商及其他協力廠商等，都具名指定或自行提供，僅僅單純委託有量產設備及能力的製造商幫忙代工生產或組裝產品，且必須提供售後維修服務。

OEM 業務通常是運用製造商充裕的人力、物力資源，以較低的生產成本來提供國際市場上所需產品製造或組裝的委託代工服務，完全依照 OEM 客戶指定的規格及其他生產配套指示來生產，必須有精良的代工製造能力，這也是許多經濟開發中國家藉以帶動經濟成長的重要業務，早期的台灣及現在的中國大陸，可以說都是靠著 OEM 業務起家，賺取外匯同時學習技術，打下日後經濟發展的基礎。

二、ODM（Original Design Manufacturing）

ODM 就字面文義解釋，是指「原始設計製造業」（Original Design Manufacturing），也可以指「原始設計製造商」（Original Design Manufacturer），意即設計者兼製造者，已不是單純的幫客戶代工製造或組裝產品而已。ODM 與 OEM 的不同，在於增加了「設計」（Design）的功能服務，兼有設計、改良及製造能力的製造商，就客戶某項準備進行開發的新產品，依據其對新產品的功能、目的、目標客戶等需求或想法，幫客戶從產品的外觀原型工業設計（Industrial Design），以及內部規格機構設計（Mechanical Design），提供不同設計款式與價格的產品供客戶選擇，然後完成生產製造，並提供交貨後的售後維修服務。

與 OEM 業務相較之下，ODM 的技術層次較高，台灣有許多公司不但有量產能力，更有非常精良的產品設計及改良能力，能為客戶提供建議，縮短製程、提高生產效率及產品良率、

節省生產成本；提高產品品質的穩定度，相對降低了售後維修成本，因此 ODM 業務在國際間有較高的議價空間及市場競爭能力，同時也有能力去發展自我品牌的商品。

三、OBM（Own Brand Manufacturing）

OBM 就字面文義解釋，是指「自有品牌製造業」（Own Brand Manufacturing），也可以指「自有品牌製造商」（Own Brand Manufacturer），有些製造商擁有完整的產品設計、製造及市場銷售能力，且願意負擔龐大的廣告行銷成本，來經營自有品牌的產品，便能以 OBM 模式自產自銷，直接從事市場的競爭與經營。台灣有許多的 OEM、ODM 大廠，發展到最後都同時發展 OBM 業務，以自創品牌的商品行銷全球，台灣一般消費者已經非常熟悉的品牌，例如：宏碁（acer）及華碩（ASUS）的筆記本電腦，光寶（LITEON）的光碟機，正新（MAXXIS）的橡膠輪胎，巨大（Giant、捷安特）的自行車等，都是 OBM 大廠知名的代表。

當然，OBM 業務同樣也可以採取 OEM 模式委託別人代工，以節省自己的生產成本；也可以採 ODM 模式委託他人設計並製造，產品開發完成後，打上自有品牌來量產銷售，更可節省自己研發產品的成本，同樣可以達到經營自有品牌產品的目的。

四、EMS（Electronic Manufacturing Services）

　　EMS 就字面文義解釋，是指「電子專業製造服務」，為專業電子製造服務商，提供全球各地具經濟規模生產的電子專業代工製造服務，鴻海集團的富士康（FOXCONN）為其中最知名的代表。EMS 與 OEM、ODM 的不同，在於 EMS 提供了全球運籌通路與全球組裝工廠，一旦 EMS 有此全球優勢，可以減低成本與加快速度，在相關區域生產，不會有成品進出口的問題，因此減少了稅務成本；同時經由全球布局的組裝工廠，與全球的運籌通路系統，能夠加快組裝與出貨的速度，也就是說，EMS 廠商可以在速度與成本上達到最佳的狀態。此外，EMS 廠商基於與搭配的零組件廠商（衛星體系）關係密切，因此通常會順向整合相關上游的零組件廠商（併購或是策略聯盟），進一步將相關營運與採購成本壓縮到最低[1]。

　　EMS 與 ODM、OEM 另一個不同之處，在於強調的是「S」，即 Service、服務，強調「製造服務」的觀念，簡而言之，「製造」已經不是單純的幫客戶把產品生產出來而已，更強調包套的製造服務（Package of manufacturing services），要能同時提供給客戶提高工廠產能效率、強化物料管理、節省製造成本，而且能配合客戶市場所在快速交貨的全套服務。EMS 代工製造服務，客戶只要提出所需要的某項零配件產品概念，EMS 廠就能

---

[1]　參閱張殿文著《虎與狐——郭台銘的全球競爭策略》，2005 年 1 月初版，天下文化出版社；以及財團法人國家實驗研究院科技政策研究與資訊中心科技產業資訊室，http://cdnet.stpi.org.tw/techroom/analysis/pat055.htm。

為客戶「量身訂做」，提供製造服務，除提供產品設計、制定產品規格、申請規格認證、生產所需模具及機器開發外，更於全球廣設生產線及維修據點，提供全球量產製造、快速交件及後續保固維修的整體服務。EMS 提供給客戶的服務層面更廣，更具有市場競爭力，但相對的，其自身比一般 ODM、OEM 廠負擔的成本及風險更高，也唯有已經成功整合全球上下游零組件廠商的資源、已具有相當經濟規模實力與基礎的大廠，才有能力提供 EMS 電子專業製造的全套服務，而非一般代工製造廠可以勝任，也因此造成 EMS 廠大者恆大的現象。

五、其他

除了上述四種最普遍常見的代工型態外，以下幾種是比較陌生的代工型態：

（一）CEM（Contract Electronic Manufacturer）

CEM 與 EMS 的概念相近，就字面文義解釋，CEM 是指「電子專業製造服務業」（Contract Electronic Manufacturing），也可以說是「電子專業製造服務商」（Contract Electronic Manufacturer），都是從事專業的電子製造服務。但 CEM 與 EMS 不同的是，EMS 強調主動的、包套的製造服務，而 CMS 則是依客戶在合約內明確列舉的內容範圍提供製造服務，性質上較類似 OEM，缺乏主

動參與設計的能力，這也是台灣許多 CEM 廠無法進一步提昇到 EMS 廠的瓶頸因素。

（二）DMS（Design and Manufacture Services）

DMS 是 ODM 與 EMS 的混合體，是新型態的設計製造服務，提供給客戶的服務範圍又更廣了，從最前端的產品開發、規格設計，到後續的生產製造、保固維修等所需，一切包套服務。

（三）CMM（Component、Module and Move）、CMMS、eCMMS

「CMM」是「Component」（零組件）、「Module」（模組或元件）及「Move」（移動）的總稱，是台灣鴻海集團獨創出的新代工模式，也是鴻海集團在既有 EMS 的雄厚實力基礎上，以零組件和模組的設計為核心，以其全球化生產、交貨與售後服務能力為配合，擁有從設計開發到工程服務、小量生產、大量生產、關鍵零件再到全球製造、交貨與客戶服務的整合能力。這種代工模式不但具備電子專業服務（EMS）模式在成本、品質和規模的三大優勢，不管在那一個組裝層級，都可以迅速模組化，提供客戶產品兩地設計、全球出貨及售後服務的附加價值。CMM 模式涵蓋所有的 3C 產品，並且把服務的範圍從零組件，延伸到機械模組、電子模組、系統組裝和測試，客戶可以向鴻海採購任一零組件或模組，也可以要求

鴻海進行成品組裝，是可以完全依照客戶的需求量身打造的新服務模式。

「CMM」是鴻海在 2000 年以前的主要經營方式，之後發展出新的經營模式，包括 2001 年起的「CMMS」（Component Module Move Service），多了一項「Services」（服務）。CMMS 內涵包括兩部分，分別為「共同設計開發製造」（Join DeVelopment Manufacture，簡稱「JDVM」）與「共同設計服務製造」（Join DeSign Manufacture，簡稱「JDSM」），CMMS 的「Services」主要是指共同設計服務，這種設計服務是免費的，是「共同設計服務製造」（「JDSM」）的基本一環。鴻海自創的「CMMS」（「JDVM」與「JDSM」）具備 EMS 的全球經濟規模，可壓低成本、加快速度，同時又配備 ODM 廠商優勢，整合台灣廠商優良的設計能力。更有甚者，鴻海的 CMMS 模組還包下了產品相關的售後服務維修，也就是說，品牌廠商只需要開出需求規格，鴻海即可利用 JDVM 與 JDSM 的能力，協助廠商由產品設計一路做到全球出貨，並且連售後服務所需要的零組件更換，也涵蓋進來[2]。

自 2003 年以後，又發展成「eCMMS」，鴻海透過 e 化全球連線，把全球各研發中心 24 小時連線、設計開發模具，所以稱之為「eCMMS」。這裡的「e」指的是「e 化」、「資訊流」，讓從設計、生產到出貨更加精確快速，此時鴻海擁有全球行銷綜效，且已經達到全球行銷綜效的極致了，鴻海所能提供的產品從上到下垂直整合，一條鞭、一條龍的服務經營模式，滿足客戶一站一

---

[2] 同註 1。

次購足（One-Stop Shopping）的需求，節省交易成本，這正是鴻海吸引客戶、保持長期競爭優勢地位的經營模式。[3]

　　以上出現在目前國際代工製造市場中的模式，應依據產品特性及買賣雙方的目的需求、技術能力、市場計劃、全球產銷流程、經濟成本、甚至是法令限制層面等，種種主客觀因素的綜合考量下，來決定採取那一種模式最為適合。不論採取那一種模式，重要的是其中買賣雙方的權利義務如何規劃約定，特別是有關產品的生產製造及交貨的整個業務運作流程（Business Operation Flow），以及針對產品的專利權、著作權、商標權等智慧財產權的權利歸屬如何決定或約定，萬一發生被第三人指控智慧財產權侵權時的責任歸屬，產品發生瑕疵時的責任歸屬等等，這些都是合約談判實務上必須面對的問題，潛在的責任風險影響差異很大，製造商不得不審慎地逐一瞭解與確認！

---

[3] 參閱伍忠賢著，《鴻海藍圖──鴻海集團沒寫出來的功夫》，第 77-87 頁，五南圖書出版股份有限公司，2007 年 2 月初版。

第二章

合約的重要性

如前所言，商場如戰場，商場的合約正如同戰場的兵法，《**孫子兵法**》始計篇第一開宗明義言：「**兵者，國之大事，死生之地，存亡之道，不可不察也。故經之以五事，校之以計，以索其情：一曰道，二曰天，三曰地，四曰將，五曰法。……凡此五者，將莫不聞，知之者勝，不知者不勝。……夫未戰而廟算勝者，得算多也；未戰而廟算不勝者，得算少也。多算勝，少算不勝，而況無算乎！吾以此觀之，勝負見矣。**」。孫子明言，戰爭是一個國家的頭等大事，關係到全國軍民的生死，以及國家的存亡，是不能不慎重加以觀察及瞭解的。而孫子以道、天、地、將、法等「**五事**」[1]，做為觀察及比較敵我雙方強弱虛實的重點，用

---

[1] 《孫子兵法》始計篇第一：「兵者，國之大事，死生之地，存亡之道，不可不察也。故經之以五事，校之以計，而索其情，一曰道，二曰天，三曰地，四曰將，五曰法。道者，令民與上同意，可與之死，可與之生，而民弗詭也。天者，陰陽，寒暑，時制也。地者，遠近，險易，廣狹，死生也。將者，智，信，仁，勇，嚴也。法者，曲制，官道，主用也。凡此五者，將莫不聞，知之者勝，不知者不勝。故校之以計，而索其情。曰：主孰有道，將孰有能，天地孰得，法令孰行，兵眾孰強，士卒孰練，賞罰孰明，吾以此知勝負矣。」

來預測戰爭勝負。而這「五事」的觀察及比較結果，是所有的將領都必須知道的，事先知道者就能夠打勝仗，不知道者就不可能打勝仗。所以在未戰之前，必須先經過沙盤推演，進行周密的分析、比較、謀劃，如果結論是所占的有利條件多，勝算較高，如果結論是所占的有利條件少，勝算就較少。只有勝算較高者，在進行實戰時才可能獲勝，勝算較低者，在進行實戰時獲勝機會相對較少，更何況是戰前不做任何觀察、分析及比較者，在實戰中根本就不可能獲勝。孫子僅依據如此事前「廟算」的結果，不必實戰即可預見勝負結果了。

將《孫子兵法》所言對照於商場，商場買賣交易關係到整個公司的盈虧損益，決定公司是否可以恆久永續經營，或是早早倒閉關門，更直接影響到公司全體員工的福利，甚至是裁員、失業與否的生計問題，也同樣是不能不慎重加以觀察和瞭解的。而負責進行買賣交易的公司主管，就如同前述《孫子兵法》裡的「將」，「**凡此五者，將莫不聞，知之者勝，不知者不勝**」，公司裡的「將」，必須能夠事先洞悉買賣交易雙方的各項主客觀條件，評估買賣交易的盈虧損益風險，若是評估的結果，賺錢的勝算高、承擔的風險低，那麼這就是一筆好交易；反之，則可預見這筆買賣凶多吉少，只怕賠了夫人又折兵。而要能夠事先預知買賣交易各項條件的優劣勝負與吉凶禍福，最直接而明確的基本判斷依據，就是一紙買賣合約。

在講述國際代工製造買賣合約的教育訓練課程裡，通常都要先與學員溝通、討論一個基本觀念，那就是，一紙書面的合約到底重不重要？難道沒有合約就不能進行交易買賣嗎？難道說把許多交易買賣條件都鉅細靡遺的寫下來，真的比較好嗎？

這不是回答「○」或「×」就可以完整回答的是非題，而必須考量許多主客觀時空因素的變化，在貨物買賣模式單純、商賈重信用的古早社會裡，所謂一言九鼎的君子協議，也許在老主顧之間還很管用，但是隨著貨物買賣流通的國際化，書面契約取代了筆手劃腳的口語交流與承諾；買賣交易模式的多樣化與複雜化，更使得許多買賣交易執行運作的細節，不得不以書面記錄下來，以至於逐漸形成了國際貿易特別需要的書面合約形式，而現今的國際代工製造買賣合約，對從事國際代工製造買賣業務的人來說，更是買賣雙方憑以行使權利、履行義務的重要依據，甚至已經成為國際代工製造買賣業者的公司規模與專業形象的象徵。

在國際代工製造買賣業界，很多實際負責與國際客戶或供應商交易往來的人員，下至基層業務人員，上至高階主管，都會輕忽了合約的重要性，有的人認為這個業界競爭太激烈，搶國際客戶的訂單很不容易，能拿到客戶的訂單已經很謝天謝地了，客戶要求簽署的合約就不必太計較內容，更不敢與客人正面爭辯、談判合約內容的公平性、合理性與可行性的問題。也有從業人員把客人的合約視為訂單的保障，以為只要先簽訂了合約，就不怕拿不到客人後續的訂單，只從業績需求面來考慮，完全不顧合約內容條件的潛在風險。有些從業人員則根本是合約文盲，以為簽約、接單、生產、交貨、收貨款是必然的過程，對客戶設計的買賣合約字裡行間的玄機根本就不在意，甚至完全沒察覺，以為只要能順利簽約、出貨、收貨款，完成買賣交易就好，合約內容任憑客人寫長寫短，都已經不重要了。至於

有些心存僥倖的業者，抱著搶一次訂單撈一票的心態，就更無心去研讀合約內容許多枝節的要求了。

然而，這樣的國際代工製造買賣合約，真的可以大而化之的輕忽它嗎？試想，合約如果不重要的話，許多國內外國際級的大企業何苦要聘請專業法律顧問來制訂一份鉅細靡遺的合約？合約如果不重要的話，為何常見到買賣雙方為了合約內容各執己見、爭論不休的情況？合約如果不重要的話，生活中就不會出現種種不同的合約來約定種種不同的法律行為。再從另一個角度打個比方，就個人而言，我們買一部幾十萬元的汽車，汽車公司都會要求與購車的客人簽署一份汽車買賣合約，載明買賣標的物的內容、售價及售後服務等雙方基本的權利義務，那麼，國際代工買賣動輒數十億、上百億元的交易金額，牽涉到更多、更繁瑣的交易流程，這樣的買賣合約能等閒視之嗎？在這些國際級大企業客戶釋出訂單委託代工製造的同時，客戶聘請專家精心設計撰擬的代工製造買賣合約，代工製造業者能不戰戰兢兢地謹慎審閱嗎？

再從另一個消極面來說，當日後買賣交易發生商業糾紛，甚至於涉及違約金或損害賠償請求時，這樣的國際企業間的商業糾紛應該如何解決？違約金或損害賠償金額要如何計算？採一般民事訴訟或商務仲裁方式解決？應該適用那一國的法律來解決爭議糾紛？管轄法院或仲裁機構又應該如何決定？這些問題最好都在合約內就事先明白約定好，以免日後發生爭議必須進行訴訟時，再來面對程序問題的技術性干擾。

也正因為合約有其重要性，有些國家特別頒訂相關的法律來規範合約的種類、基本要件及原則，例如美國的《Contract

Law》、中國的《中華人民共和國合同法》以及於歐盟國家共同適用的合同法原則《European Contract Law》，但這些規範合約的立法內容，至多也只能將種類繁多的合約臚列出最大公約數的基本架構，做為立約當事人之間訂立合約的參考，與規範合約效力的基本依據。

　　在實務運作上，個別不同目的的合約，有許多個別不同的條件需求，必須由當事人在實際執行過程中，就不同合約目的需求的細節條件去補充，而國際代工製造買賣合約，更是具有獨特條件需求的複雜合約之一，從產品設計開發、接單量產、交貨到售後服務等前後過程，許多執行細節相關的權利與義務，都必須以書面合約來詳細記載、約定，甚至必須以不同的合約來個別約定，因為在每一個作業的環節中，都有個別不同的專業性與複雜性，也因此使得一筆國際代工製造買賣業務，買賣雙方當事人間簽署了好幾份不同性質的合約，這在國際代工製造買賣業是非常普遍的現象。尤其是現在的國際代工製造買賣過程分工越來越細，個別合約義務與風險的切割轉嫁越來越明顯，國際代工製造買賣已經不純粹是買賣雙方當事人之間的事而已，而是整個上下游供應鏈的結構關係，包括了指定供應商、代工廠及運輸、倉儲業者的介入，而與買方或賣方有個別不同的權利義務關係，因此現在的國際代工製造買賣業務，往往除一份買賣主約（Master Agreement、Frame Agreement）之外，尚有許多個別的配套合約必須簽署，或者於同一份的買賣主約後，以附錄、附件（Annex、Appendix、Exhibit）的方式呈現，或者以個別獨立的合約方式約定，製造商都必須個別去協商合約的條件和內容，這已經是個既成的趨勢了。

雖然說，在現今國際社會普遍都已經法治化的前提下，許多的交易行為即使沒有書面合約的約定，萬一發生爭議糾紛時，也可以依據國際法、國內法的相關法律規定或法理原則來評判處理。但筆者常言，合約是買賣雙方禮尚往來的協議文件，也是先小人後君子的文字遊戲，除了基本的交易內容及雙方的權利義務外，當事人雙方先把萬一發生爭議糾紛的最壞狀況時，評判彼此責任、義務的標準及處理方式都先約定清楚了，在雙方都可接受的遊戲規則前提下，將其書立成合約條件，再來進行君子交易。即使是明知賠錢的交易，但為了某些非金錢對價的商業目的策略考量，而必須接受一筆不賺錢的交易時，更是要注意合約裡相對條件的約定。反言之，如果連基本的遊戲規則、合約條件前提都無法達成共識，一方認為風險過大或無合理利潤可圖，那麼這樣的買賣交易也就不宜勉強為之，以免徒勞無功，甚至後患無窮。

合約的重要性

- 不重要就不必訂合約！
- 不重要就不必請法律顧問專家代擬合約！
- 不重要就不會有合約談上一年還沒定稿！
- 不重要就不會常有人談合約談到翻臉！
- 不重要就不會有大陸《合同法》、
　　　　　　　　美國《Contract Law》、
　　　　　　　　歐盟《European Contract Law》

合約

第三章

合約的組成要素

　　一般而言，日常生活或工作中要完整陳述一件事情，通常會論以「人、事、時、地、物」五大要素，如同英文的「5W」——Who、What、When、Where and How，來串連成一個事件的基本架構內容；而中國兵聖孫武所著《孫子兵法》第一篇始計篇裡，以道、天、地、將、法等「五事」[1]，做為決勝於廟算的五大比較元素，有異曲同工之妙。合約亦然，在教育訓練課程裡，筆者通常也告知學員以「人、事、時、地、物」五大要素，做為檢驗或撰寫一份合約的基本構成要件，但在此要先特別強調的是，這五大要素只是為了方便記憶及掌握檢驗要點，特別是在過程繁雜的國際代工製造買賣合約中，這五大要素在不同的階段有不同的任務角色與意義，好比太極生兩儀，兩儀分四象，四象化八卦，八卦生十六方位，由此五大基本要素推衍出整份國際代工製造買賣合約的基本框架結構。有關這五大基本要素，於分則的各階段中再分別詳細論述，在此先就這五大要素的觀念內容概要說明如下：

---

[1] 同第 17 頁。

一、「人」的要素

　　訂立合約的雙方當事人，是構成合約的最基本要素，合約的全篇內容無非都是為了雙方當事人的權利義務所做的約定，所以立約雙方當事人的基本資料當然要先定義、確認清楚。然而在國際代工製造買賣合約中，「人」的要素往往是指法人（Legal Entity），也就是公司，若公司是立約的主要買賣雙方當事人，其權利義務效力所及範圍是否包括了其所屬母公司（Parents Company）、子公司（Affiliate）及其他直接或間接轉投資的關係企業（Subsidiary），都必須約定清楚。國際代工製造買賣合約中往往也會牽涉到第三方的權利義務，最常見者如保證人（Guarantor）或客戶指定的供應商、代工廠等再轉包的次立約人（sub-Contractor）。此外，有關個別合約條件的適用對象的約定，例如：客戶的機密資訊只限定與執行合約目的有關且必要的人員可以知悉，執行產品生產製造的作業人員不得為非法勞工或未成年人等有關於「人」的限制，其定義、資格、權利義務範圍等等細節，也都必須逐一約定清楚。前述各項與「人」有關的要素內容，請參閱本書各章中之個別詳細論述。

二、「事」的要素

　　這是合約的重心，指的是合約所要規範的主要目的事務，例如：產品買賣、委託代工製造、智慧財產權授權、技術合作、

貨物承攬運送等。在國際代工製造買賣合約中,「事」的要素內容就比較繁瑣而複雜了,在以代工製造買賣為主軸下,前前後後的整個運作程序必須規範、約定的相關事務很多,筆者將其分成「產品研發」、「生產製造」、「交貨」及「售後服務」四大作業階段,在這四個不同的作業階段裡各有不同的事務重點,買賣雙方也各有不同的權利義務,這些都是屬於「事」的要素,都必須鉅細靡遺的加以規範、約定。前述與「事」有關的要素內容,請參閱本書各章中之個別詳細論述。

三、「時」的要素

在國際代工製造買賣合約中,許多權利的行使或義務的履行,都有一定的期限,有期限就有期限的起算點與終止點,例如:合約的生效日、合約有效期間、產品開發的時間表(Milestone)、交貨日期(Delivery Schedule)、產品驗收期限(Term of Inspection)、付款日(Due Date)、付款條件(Payment Term)、保固期(In-Warranty Period)等,其他如禁止競業的期間、保密期間、模具保管期間、產品停產後仍負供貨義務的期間、產品相關文件資料的保存期間等等,這些牽涉到時間的要素,以及這些期限開始與終止的條件、特殊事由、相關權利及在此期間應負的作為或不作為義務等等,也都必須要清楚約定,避免日後發生爭議。有關「時」的要素內容,請參閱本書各章中之個別詳細論述。

四、「地」的要素

在國際代工製造買賣合約中，許多權利的行使或義務的履行，都會牽涉到地點，例如：產品生產地點的約定及限制、交貨地點、運送責任的起迄地點、取得獨家銷售權的地區、禁止競業的地區、免費提供技術協助的地區、智慧財產權不侵權保證的適用地區、智慧財產權授權使用的地區、提供售後服務的地區、解決商業糾紛時的準據法及管轄地等。前述有關於「地」的要素內容，請參閱本書各章中之個別詳細論述。

五、「物」的要素

這裡的「物」要從廣義及狹義兩方面言之，就字面上狹義解釋，指的是一般的動產或不動產的物，包括產品、模具、原物料、零組件、廠房或生產線區隔等相關問題。而廣義的物，則是指評估、判斷的方法、工具或標準，即如同「5W」中的「How」，因為在合約中有許多權利的行使或義務的履行，會牽涉到計算或判斷的標準或依據，例如：產品基本規格建立、檢驗方法或標準的設立、付款遲延利息的計算、瑕疵率的計算公式、違約金的計算、其他損害賠償的範圍計算基準、損害賠償責任的上限等等。更進一步言之，當發生爭議糾紛無法順利協商和解而必須訴訟解決時，像這樣的國際企業間的商業糾紛應該採取民事訴訟或商務仲裁方式解決？適用那一國的法律？以

及管轄法院或仲裁機構的決定等，這些都最好事先在合約內就明白約定，以免日後發生爭議必須進行訴訟時，再來面對程序問題的技術性干擾。這些規範內容雖然不一定都會有使用到的機會，但卻是在國際代工製造買賣合約中必須備而不用、不可免除的重要條款。前述有關於「物」的要素內容，請參閱本書各章中之個別詳細論述。

　　如果將合約全貌比擬為一幅地圖，則以上所述之「人、事、時、地、物」五大要素，就如同地圖裡標示位置的經緯座標，如果將人與事的要素視為地圖中的經度縱座標，那麼時、地、物的要素就是地圖中的緯度橫座標，由經緯座標的相互配合，來清楚標示、確認合約地圖中的每一個位置，是做為檢驗與搜索合約內各不同區域的輔助工具與衡量尺標，各有其不可或缺的重要性。而地圖中的寶藏或是機關，就是買賣雙方個自所重視的重點內容，是產品的售價、交期、獨家銷售權利？還是產品的專利技術等智慧財產權的取得？還是產品瑕疵維修及賠償責任的成本及風險的轉嫁？買賣雙方的心中個自有算盤，就有賴雙方個自費心地在合約條文中，如何去巧取寶藏或是暗藏機關了！

　　在此必須一提的是，雖然大多數情況下，合約的條件內容是訂得越清楚明白越好，以避免日後因合約未約定或含糊不清的文字約定而衍生爭議；但有時候也必須技術性的避重就輕，將某些條件故意略而不提，或只是做原則性地概括約定，刻意保留灰色、模糊的地帶，留待日後發生爭議時有彈性解釋的空間。但是這樣的技術性保留，有利有弊，在運用上必須非常謹

慎，通常是在製造商本身已經非常熟悉整個買賣交易的作業過程，且依據過去經驗已能事先預見日後可能會發生爭議的問題，評估合約談判簽署的當下，可能一時無法如願取得較有利的合約條件，因此寧願以退為進，略而不提，留待日後發生爭議時，再視客觀情況來採取最適當的處理方法，屆時即使不能平和達成和解，最壞的狀況就是以仲裁或訴訟的方式，依據法律一般原則來解釋處理，如此則尚有依法律公允處理的機會，否則，若因為在市場供需情勢不對等的談判地位下，勉強接受了明知不公、不利的買賣條件，等於是一開始就先簽下棄權條款，則只有吃虧到底，無以抗辯。

<u>合約的組成要素</u>

「**5W**」－－ Who(人)、What(事)、When(時) 、
　　　　　Where(地) 、Ho<u>w</u>(物、方法)

「 五事」－－道、天、地、將、法

▶▶▶ 第四章

國際代工設計製造買賣相關合約

　　國際代工設計製造買賣是一種複合性、多元化的交易，從產品設計開發、接單量產、交貨到售後服務等前後過程，許多執行細節相關的權利與義務，都必須以書面合約來詳細記載、約定，甚至必須分別以不同的合約來個別約定，因為在每一個作業環節過程中，都有個別不同的專業性與複雜性，也因此使得一筆國際代工設計製造買賣業務，買賣雙方當事人間簽署了好幾份不同性質的合約，這在國際代工設計製造買賣業是非常普遍的現象。尤其是現在的國際代工設計製造買賣的過程分工越來越細，個別合約義務與風險的切割轉嫁越來越明顯，國際代工設計製造買賣已經不純粹是買賣雙方當事人之間的事而已，而是整個上下游供應鏈的結構關係，包括了指定供應商、代工廠及運輸、倉儲業者的介入，而與買方或賣方有個別不同的權利義務關係，特別是當賣方與買方簽署完成代工合約的時刻，其協力廠商便成為支援賣方履行代工合約義務的重要合作夥伴。因此，現在的國際代工設計製造買賣業務，往往除一份買賣主約之外，尚有許多個別的配套合約必須簽署，衍生出許

多與國際代工設計製造買賣有關的合約，製造商必須個別去協商合約條件和內容，這已經是個既成的趨勢了。筆者從賣方、製造商的立場，依據整個代工設計製造業務的流程，與上下游協力廠商間的關係，概要說明如下。

賣方與其上游客戶買方，通常會簽署的合約包括保密合約（Confidential and Non-Disclosure Agreement，簡稱「NDA」）、代工設計製造買賣主合約（Master Purchase and Supply Agreement）、品質保證合約（Quality Assurance Agreement）、環保有害物質禁用限用協議書（Environmental Protection and Prohibition of Substances Agreement）、倉儲管理合約（Warehouse Service Agreement、Just In Time、Service Agreement、Inventory Management Agreement）、售後服務合約（Maintenance Services Agreement、Repair Service Agreement）等，這些合約的名稱大同小異，重要的是其實質內容，事實上這些合約也可以全部寫成一份代工設計製造買賣主合約的不同條款，但因為現在的趨勢分工越來越繁鎖，每一個環節要約定的作業細節及相關權利義務都非常多，如果要將全部環節都寫在一份合約裡，可能會讓合約厚如書本，既不方便雙方閱讀，更可能因此延長雙方談判及達成共識的時間，往往因為某部份條款一時無法達成共識，而使得整份合約都延宕下來，無法簽結。所以在現今國際代工設計製造買賣業務按階段性分工的趨勢下，合約也逐漸化整為零，按階段性個別簽署，於不同的作業階段簽署不同性質目的的合約。

按作業階段的過程來說，通常雙方合作之初先簽署保密合約，先約定言明不論日後買賣是否成立，雙方都不得揭露有關產

品或是雙方認為具機密性的機密資訊，然後買方才正式將產品的相關資料交付給賣方，進入產品的開發階段。待產品開發完成後，再進一步簽署正式的產品買賣合約，而往往在這個階段出現一種過渡的現象，那就是合約的買賣條件尚未達成共識，但買方為了搶得市場先機，已準備正式下採購訂單（Purchase Order，簡稱「P/O」）給賣方，於是先要求賣方簽署產品品質保證合約、環保有害物質禁用限用協議書，保證產品質量及出現瑕疵時的處理方式與賠償責任，接著就先正式下訂單，開始進行生產了，同時繼續協商買賣主合約，及後續需要的倉儲管理合約、售後服務合約等。

　　至於這些在同一個買賣目的下，但因不同作業階段不同權利義務需求的約定，究竟是化整為零，分別立約為宜，或是合而為一較為有利，這很難一概而論，必須在對客戶的信用及產品的成熟度都相當熟悉的前提下，才能客觀判斷，根據筆者的經驗，若是初次交易合作的客戶，特別是經過國際徵信公司徵信調查之後，發現對方曾有不良的信用記錄，或是公司資本額與採購金額顯不相當，履約能力顯有疑慮的公司，最好是把所有交易條件一次談清楚，書立一份合約，避免徒增日後不必要的爭議困擾。反之，如果是已有良好合作經驗的客戶，或是國際信譽卓著的大客戶，則配合客戶要求於不同階段簽署不同合約，再個別折衝談判、掌握合約內容，其風險相對較低，並無不可。

　　有一點必須特別提請注意的，由於代工製造業務階段分工越來越細，個別的條件要求也衍生成個別合約的多樣性，許多國際級的大公司都已經把前述經常需用的 ODM 配套合約標準化、制式化，而且 e 化、網路化，放在公司的網站裡，要求製

造商必須依照網址的指示，自行上網進入客戶公司的網站裡，點閱、下載相關的合約，完成簽署後再寄回給客戶。有些甚至於已經不是「合約」的名稱及形式，而直接成為客戶的制式作業準則或要求標準，如同對國際標準組織 ISO 各項標準認證的基本要求一樣，常見的例如：產品標準規格、產品保證責任、交貨與倉庫庫存管理作業、環保有害物質禁用限用標準，甚至於是有關訂單與交貨流程的相關規定，都轉化成公司的標準作業規定，然後只要求製造商簽署一張（One Page）簡單的「承諾書」、「確認書」、「同意書」、「切結書」、「Declaration」或「Commimtment」，不論這單張文件叫什麼名目，內容就是簡單敘明要求製造商上網點閱相關要求內容的網址，閱讀完之後簽署這份單張文件並寄回給客戶，就表示同意了客戶的所有要求。這種方式已漸成趨勢，對買賣業務龐雜的國際大廠來說，確實需要借助這樣的標準化、e 化系統來管理其全球的供應商、製造商；但相對的，對供應商、製造商而言，面對 e 化系統，等於失去了與客戶面對面討論協商的機會，如果 e 化文件內容只是一般的作業配合程序規定便罷，但如果其中包括了若干較重要的條件，不見得能接受客戶單方面要求，例如：交貨與倉庫庫存管理作業等，那麼製造商就不能輕易的簽回那僅僅一張看似簡單，但暗藏許多玄機的文件，仍然必須比照一般簽核書面合約的審慎態度，確實地上網點閱，審慎檢視所有的條文規定，如果有任何不合理、不可行的要求，仍然必須個別提出來與客戶討論協商，即使不能變更客戶 e 化系統裡的文件，也可以另外以書面補充變更約定，待一切內容都確認合理、可行之後，再簽回客戶要求的那一頁文件也不遲。

　　賣方與其上游客戶買方簽約的同時，也開始與其下游的協力廠商交涉發包事宜，包括原物料、模具、機器設備的採購，產品委外設計、改良或代工，而這些過程同樣的也必須與各個不同的協力廠商，按照不同的作業發展階段，分別簽署保密合約、代工設計製造買賣主合約、品質保證合約、環保有害物質禁用限用協議書、倉儲管理合約及售後服務合約等，分工與管理作業之繁雜程度，較之與上游客戶之合約，有過之而無不及。其中必須注意的一個基本觀念與原則是：「**責任分攤、風險轉嫁**」、「**Back-to-Back**」，在國際代工製造買賣交易中的客戶，往往是世界知名品牌大廠，對製造商的許多要求是非常嚴格的，當製造商簽署合約、接下訂單之後，必須以與客戶同樣的甚至是更嚴格的標準，轉向要求協力廠商比照辦理。例如，客戶要求製造商提供自交貨驗收通過日起算三年的保固期，產品在保固期內發生任何非人為破壞的瑕疵時，製造商都必須負責免費維修，據此要求，製造商必須要求其協力廠商同樣提供至少三年的保固期，若將產品製造及成品運輸等時間加計在內，則通常必須要求協力廠商提供自協力廠商交貨驗收通過日起算，較三年更長的保固期。反之，前例中之協力廠商若只提供一年免費維修的保固期，即表示產品交付給客戶超過一年後，若發生瑕疵時的一切維修費用，必須由製造商自己吸收承擔，製造商成為上游客戶與協力廠之間承擔保固責任與義務的夾心餅乾。保固期間的責任分攤、風險轉嫁是如此，產品發生重大瑕疵（Epidemic Failure、Systematic Failure）[1]或侵害第三人智慧財

---

[1] 有關重大瑕疵（Epidemic Failure、Systematic Failure）的定義，就是有

產權時的賠償責任等重大責任條款，更必須依「**Back-to-Back**」的原則，藉由在合約中將責任分攤、風險轉嫁給協力廠商的機制，來降低製造商自己承受損失的風險，這是國際代工設計製造買賣的從業人員都必須具備的基本概念。這樣的概念，並不只是消極的要將製造商的責任與風險，分攤、轉嫁給各協力廠商而已，更是積極的對客戶承諾的保障，若是協力廠商不能全力配合製造商來滿足客戶的各項條件要求，製造商個人對客戶各項條件要求的承諾，豈不是成了沒有實質履約能力基礎的檯面話，同時也埋下了日後違約的高度風險。

　　綜上所述，國際代工設計製造買賣相關的配套合約甚多，但無非都是圍繞在買賣主約條件主軸下的周邊配套合約，因此只要能掌握到國際代工設計製造買賣主約的條件和內容重點，面對其他相關的配套合約，自然都能舉一反三而應對自如了。

關重大瑕疵的瑕疵率計算公式，不同客戶往往有不同的定義及要求標準，按電子代工製造業一般而言，產品總出貨量中，當出現相同的（same）、重複的（repeatedly）產品瑕疵，並超過一定的比率時，才算構成重大瑕疵，而各家公司要求的瑕疵率不同，一般普遍較被接受的比率在 1.5%-3% 之間。詳請參閱第六章第三節中的重大瑕疵說明。

第五章

心 法

　　在進一步解析說明 ODM 合約的核心內容之前，筆者先分享個人多年來審閱協談合約，以及引據合約處理商業糾紛案件的心得，濃縮萃取微言大義以成心法，希望能讓 ODM 業務從業人員先有正確的心理建設，並掌握正確的觀念與原則，則不論判讀什麼樣的合約，當可知難而行易也。

一、文字的藝術與陷阱

「雲朝朝朝朝朝朝朝朝散
潮長長長長長長長長消」

　　筆者在教育訓練的課堂上，常引用這一幅對聯來考學員的中文造詣，這幅對聯是大陸十大禪林浙南名勝古剎江心寺門口的一副對聯，江心寺位於浙江溫州市北門外甌江中的小島江心嶼上，是南宋狀元才子王十朋任官於浙南時，有一次遊覽至江

心寺，見雲霧聚散、江潮消長的天然奇景，即興提筆之作。筆者引用這幅對聯來考學員，能正確回答者寥寥，用意在於告訴學員，文字的運用是一門高深奧妙的藝術，同一個字在不同時空位置有不同的讀法與含意，就像這幅江心寺的對聯，每一個中文字都看得懂，但整句對聯的意思就是教人似懂非懂。而中國文字用在負面含意，或似是而非、明褒暗貶，或語意曖昧、不置可否，那更是文字藝術一絕，例如古代皇帝批示朝臣奏摺，現代行政主管批示簽呈公文，只批註一個「閱」字，意思只是表示已經閱讀了、知道了，但若奏摺、簽呈中有要求裁示批准事項，則保留意見不置可否，保留於日後再來解讀的彈性空間，這是中國文字藝術之美，也是中國文字運用技巧的深奧與詭詐之處。

　　同樣的文字藝術運用於合約，就更顯見合約文字意義的多變性，只要有心在文字的謙詞用字上稍加設計安排，於關鍵性條件設下一些別具意義的文字遊戲陷阱，一般未接受過解讀合約專業訓練的人，常常是有看沒有懂，或似懂而非懂，或只看到表面文意而忽略了反面解釋的否定意義，或忽略了其潛藏的附帶條件，或根本就一百八十度完全解讀錯誤。例如在 ODM 合約中常見的「應」與「得」的差別，有關製造商於售後服務期間的義務，「應提供維修備品」或是「得提供維修備品」，「應」是堅定、肯定的要求，是必須、必要的絕對義務；而「得」表示可有可無，可以有選擇性的執行，這「應」與「得」一字之差，對製造商是否有提供維修備品的絕對義務，拘束力就差很多。或者僅修訂補充幾個字，修訂為「應以成本價提供維修備品」，則表示同意負有提供備品的義務，不過是附條件的、有償

的提供維修備品，不是免費提供的，其意義又不同了。一般人閱讀中文合約都會有這樣的困擾與風險，更何況是閱讀滿紙英文字母的英文合約，許多有特殊意義的文字運用常常被忽略掉，例如附帶條件的轉折用字「provided」（Seller shall be liable to indemnify Buyer against and hold Buyer harmless from any and all claims of..., provided...），又例如似有實無的否定用句「In no event」（In no event Seller shall be liable to indemnify Buyer against and hold Buyer harmless from any and all claims of....），在正面表述的直述句中穿差了轉折字或否定片語，使得整句文義發生變化，其潛藏的風險更不言可喻也。

因此，當 ODM 業務的從業人員面對 ODM 合約時，不論是中文或英文合約，不論合約內容長短，都必須抱持著審慎以對的態度，切莫輕忽了合約中可能潛藏的文字陷阱，必須逐字逐句的認真閱讀，仔細推敲思考是否有反義字、聯結性的、附條件的、衍生性的合約文字隱藏其中，一旦發現了，就必須事先還原、一併審閱，才能完整而正確的解讀合約內容。

二、「二〇八〇」比例法則

依筆者之經驗與心得，如果說 ODM 合約可以適用「二〇八〇」比例法則，那麼我們可以把一份 ODM 合約的前後內容，概括地區分為「商業條款」與「非商業條款」兩種不同性質的條款，前者約占百分之八十，後者約占百分之二十。也就是說，一份 ODM 合約的內容，大部份都是針對買賣交易的條件細節做約

定，包括產品的開發、生產、交貨及售後服務等等繁雜的過程細節；其餘少部份是與產品交易無直接關連的條款，例如：不可抗力的事由阻卻違約責任的約定、保密約定、智慧財產權發生侵權時的責任約定、違約責任約定、合約期間及終止事由的約定、權利義務轉讓禁止約定、發生爭議時的準據法及管轄地約定。雖然說一份 ODM 合約中，商業條款占了百分之八十，但是若這百分之八十的商業條款發生任何爭議，或者任何一方違反了其中任何一項約定，就構成違約，而當要追究違約責任時，就必須依據另外百分之二十的非商業條款約定來評斷處理，所以這 ODM 合約中少數的非商業條款，在關鍵時刻也占有其關鍵性的重要地位。簡言之，ODM 合約中的「商業條款」與「非商業條款」都同等重要，二者不可偏廢其一。

從另一個角度來說，當我們解讀 ODM 合約，若裡面有若干條款覺得不合理，有執行上的疑慮時，我們可以把這些疑慮，區分為「商業條件」的疑慮與「非商業條件」的疑慮。針對「商業條件」的疑慮，或者稱為「Business Concerns」，例如客戶要求有權隨時取消訂單而不必負任何責任、產品保固期限為五年、產品停產（EOL）後仍須備料十年，直言之，這些有疑慮的商業條件，其影響所及最多是買賣交易賺錢或賠錢的問題。但是針對「非商業條件」的疑慮，或者稱為「Non-Business Concerns」，或者直接歸類為「Legal Concerns」，例如客戶要求產品所含的專利權等智慧財產權利，都歸屬於客戶所有，但若是發生智慧財產權侵權時，一概都由製造商負責抗辯處理，包括負責最後的賠償責任，這些有疑慮的「非商業條件」條款，其影響所及已經不是單純賺錢或賠錢的問題而已，還包括了法

律上權利與義務的歸屬與負擔問題，影響到為其他客戶代工製造產品的權利與機會。針對這兩種不同性質的條款，斟酌、取捨、考量的出發點是不同的，針對「商業條件」有疑慮的條款，從成本與獲利的角度來斟酌，大不了就是做一筆賠錢生意，若是有其他商業策略目的考量，尚且可以考慮免為其難的接受客戶不合理的、有疑慮的「商業條件」條款；但是針對有疑慮的「非商業條件」條款，牽涉到法律上權利歸屬取捨的問題，這是不能輕言退讓的，必須審慎評估可能的利弊得失影響範圍大小，該堅持的就必須堅持到底。站在 ODM 合約經辦人員或是其他幕僚人員的立場，當面對這些有疑慮的合約條款，自己無從決定，或者也無權決定時，最好就先將其區分為「商業條件」的疑慮（Business Concerns）及「非商業條件」的疑慮（Legal Concerns）兩類，並摘要說明個別的影響程度內容，然後直接呈送給有核決權限的主管來斟酌決定，核決主管便能很快的切入重點並判斷評估，這也是 ODM 合約經辦人員或是幕僚人員應該具備的基本能力。

三、「成本」與「風險」

　　從另一個制高點來俯瞰、綜觀合約，不論合約內容繁簡，不論合約文字如何變化，貫穿其中的中心思想，不外乎對「成本」（Cost）與「風險」（Risk）的管控，降低「成本」及「風險」的管控原則，可以說是貫穿 ODM 合約的任督二脈，也直接反映出製造商在與客戶交易的 ODM 業務中的損益成敗。因此，

國際代工製造買賣業的從業人員，必須對「成本」與「風險」的概念有更深層的理解，並將「成本」與「風險」管控的概念，轉化成為判斷合約條件進退取捨的衡量尺標，深植在心理及潛意識裡，隨時反射動作地引以做為談判、評估合約內容的基本準則。有關「成本」與「風險」的概念重點，闡釋說明如下：

（一）有關「成本」的概念

　　必須從成本管控的角度來考量合約中的商業條款，是否能避免不必要的成本開支、避免不必要的損失？是否能讓公司實質獲利？而有關「成本」的概念，一般從業人員常常會有只看帳面數字的錯誤觀念，筆者在公司內部從事教育訓練時，常提出一個問題來詢問學員，測驗一下新進人員的成本概念：假設有某客戶的應收貨款新台幣一萬元，已經逾期付款超過半年，最後於年底會計作帳結算盈虧時，業務人員即將該筆逾期貨款一萬元以提列壞帳營業損失處理，請問公司損失的金額是多少錢？通常過半數學員的回答都不完整或不及格。這個問題的答案，不能只看會計帳面提列的損失金額數字，而是必須從整體營運成本及營業獲利率（毛利率）來估算，也就是說，假設該公司的產品毛利率是百分之二十，表示每做成一百萬元的生意，扣除所有營運管銷費用成本之後的淨利是二十萬元，做一百萬的生意賺二十萬，等於是做五萬元的生意才能賺到一萬元。因此，如果公司發生一萬元的壞帳損失，則實質損失金額不是只有一萬元，而是過去五萬元的生意都白做工了，等於是五倍的損失額；或者說公司必須再多做五萬元的生意，才能將

這一萬元的損失彌補回來，若再加計融資借貸利息成本、其他周邊效益損失，及為了追償這一萬元貨款而進行催收訴訟的額外成本，則實質損失將超過五萬元！同理，如果公司的產品毛利率只有百分之十，做一百萬元的生意賺十萬元，做十萬元的生意才能賺到一萬元，則公司發生一萬元的壞帳損失，其實質損失金額將超過十萬元，等於是十倍以上的損失額。

在國際代工製造業界，交易金額動輒數十萬、上百萬美元計，假設某公司的產品毛利率是百分之二十，不幸發生了一筆十萬美元的損失，按前述的營運成本及營業獲利率來推算，則表示該公司過去有五十萬美元的生意是白做了。同樣的例子從另一個角度來說明，如果該公司的資本額只有一百萬美金，產品毛利率是百分之二十，先後做了兩筆五十萬美元的生意之後，不幸發生了超過二十萬美元的損失，表示賺來的錢都還不夠填補虧損，若該公司的現金流又控制不當，則有可能使公司的淨值立即呈負數虧損的狀態，萬一資金調度周轉失靈，立即就面臨歇業關門的危機。若以一般消費性電子產品的代工製造業而言，代工業務的毛利率幾乎都面臨百分之四的挑戰，表示做一百元的生意賺不到四元，則同樣金額的貨款損失，所代表的卻是更高額的營業額實際損失。至於造成損失的原因為何，不論是因為客戶取消訂單、庫存或備料過多而報廢損失、客戶違約拒付貨款、品質瑕疵賠償、保固維修成本過高、因專利侵權給付權利金，或是其他任何原因，其對公司造成的嚴重且立即的影響都是一樣的，至於能不能再向客戶或其他人求償，只是有無填補虧損的補救機會而已，何況有時候是連求償、補救的機會都沒有的。

國際代工設計製造買賣業務，本質上也是將本求利的買賣，從業人員應該重新建立成本概念，對成本應該有更實際而廣義的認知，舉凡研發費用、模具費用、機器設備固定資產報廢處理、成品或原物料庫存報廢處理，甚至是辦公室水、電費及影印紙張等，所有費用的不當耗損、浪費，對公司而言，都與應收貨款同等價值，都是公司資金成本的損失，一字以蔽之，都同樣是「錢」的損失。

（二）有關「風險」的概念

從風險管控的角度，要考量的是「可行性」與「合法性」兩個層面的風險。考量「可行性」的風險，也就是考量合約中每一條約定義務是否可以確實履行，考量客戶所要求的各項交易條件是否有執行可能性和達成可能性，例如客戶要求零瑕疵率的品質保證、產品停產（EOL）後仍必須備料十年，如果不可能執行、不可能達成，或者是因為其他協力廠商配合意願與能力等變數，沒有絕對把握可以依約履行者，就必須事先反映意見給客戶，要求修訂合約條件，使其合理、可行。常有經辦人員面對此可行性違約風險問題時的反應是：「如果我們都做不到的，其他競爭同業更做不到，既然其他競爭同業都接受客戶的要求簽約了，我們也簽了吧！」，我常打個比喻回覆經辦人員說：「這是烈士思考法，如果別人都敢跳火坑了，我們就應該跟著跳嗎？」。在代工製造業界雖然競爭激烈，但是否要一窩蜂地不顧違約的風險，跳火坑似的搶訂單，各家製造商還是得三思而後行，自行量力為之。

　　另外要考量「合法性」的風險，也就是考量合約中的條款是否會給公司帶來潛在的法律責任風險，以及當必須依據法律維護權益時，是否有適當、有利的司法環境及運作機制。例如客戶要求製造商按照其提供的產品規格設計去生產產品，但若發生專利權侵權糾紛時，必須由製造商負賠償責任；或是客戶要求製造商必須向其指定的原物料或零組件供應商採購原物料或零組件，但若產品發生品質瑕疵時，仍必須由製造商負起全部的賠償責任，即使瑕疵的發生，是因為客戶指定供應商的原物料或零組件本身發生瑕疵所引起的，也是一樣要由製造商負全部責任。又例如客戶要求製造商先依據預估數量（Forecasts），將產品送交國外其指定的某免稅倉庫，再依據客戶的正式訂單（Purchase Order）自免稅倉庫出貨，交給其當地的工廠或其他代工廠，則必須考量該免稅倉庫內的貨物可否直接內銷到當地，或者必須補稅後才可以出貨、銷售到當地，避免誤陷逃漏關稅的風險，或者增加額外的關稅成本。

　　有關合約風險的評估，筆者要特別一提的是，合約「風險高低」的評估，不能與合約交易的「金額大小」相提並論！常常有合約經辦人送審 ODM 的相關配套合約時表示，因為這份合約涉及的交易金額只有幾千元台幣，或者根本不必付費，所以合約審核上是否可以因陋就簡、便宜行事、加速簽核？例如有關新產品的開發，研發部門送審某軟體的免費授權使用合約，表示簽約後可以立即免費取得某新功能軟體應用於產品上，但其合約內並無軟體侵害他人智慧財產權（IPR）時的防護及賠償責任條款。免費的軟體並不代表沒有 IPR 侵權的風險，因此，筆者仍然堅持該合約中至少必須修訂補充，該軟體授權

人保證所授權軟體為自行開發或已取得合法之授權，絕無侵害第三人 IPR 之虞，一旦發生 IPR 侵權時，由授權人負責出面處理，並負擔一切包括賠償和解的費用。又例如，客戶要求變更產品外觀設計，產品模具也必須重新製作，客戶同意負擔重新開模的費用，但要求簽署一份模具委託製造買賣合約才能付款；如此，這份合約表面上固然是為了重新開模付費的義務約定所需，但關聯的重點更在於產品變更設計後，萬一產品發生瑕疵或 IPR 侵權時的責任歸屬問題，因此必須連同原來的 ODM 主約一併討論，如果於主約內對產品變更設計的相關責任沒有約定，那麼就必須利用這次客戶要求變更設計、重新開模的機會，補充、協議產品變更設計的相關責任。

由於「風險」往往不是立即可見，發生機率的高低也沒有客觀的計算公式可循，因此容易使得一般人降低了對風險的評量標準，也往往流於人為、主觀的取捨判斷，那麼 ODM 合約的經辦人又應該要如何來拿捏判斷呢？特別是當背負著公司年度營運目標的業績壓力下，確實常常要內心交戰，面臨兩難的抉擇。套用前光寶集團總稽核長（現任光寶集團子公司光林電子總經理）黃夢華女士常用來讓經辦人反向思考的兩句話：「**如果這是你的公司，你簽不簽？**」、「**如果你是這家公司的股東，你會不會同意？**」，筆者至今還想不出其他比這兩句話更簡單明瞭而貼切的主觀判斷標準！事實的確也是如此，ODM 代工製造買賣的交易金額動輒以「億」計價，ODM 製造商若是上市公司，則公司資本運用的盈虧損益，更是事關投資股東和社會大眾的權益，ODM 業務的從業人員背負著股東權益的社會責任，因此不能從個人立場來決定風險取捨，不能慷他人（股東）之慨，

更不應該借花（股東權益）獻佛，而應該把自己當成是這家公司的負責人及股東，試想自己願不願意讓公司承受這樣的風險？這是 ODM 從業人員應該牢記在心的基本準則！

四、基本原則

承上所述，當 ODM 從業人士能得此心法，深知合約文字的藝術與陷阱，也知道合約內不等比例的商業條款與非商業條款同等重要，也有了成本與風險的正確概念，在此前提下，筆者將這些心法概念加以具體化，引伸出以下幾個應該堅持的基本原則：

（一）化繁為簡、化簡為精

合約如兵法，也有如兵器，有道是「一寸長一寸強，一寸短一寸險」，兵器長短各有妙用，端視由什麼樣的人使用，在什麼樣的環境下使用，以及想達到什麼樣的制敵、傷敵效果。各個客戶所提出的 ODM 合約內容，經常都是有長有短，無一定制，若是面對龐雜巨著的合約，經辦人員必須懂得將其抽絲撥繭、分門別類，掌握基本的原則，先檢視合約中的重點條款，再閱讀其他重要性次之的條款。若是內容薄如蟬翼、精簡扼要的合約，反而更需要以臨淵履薄的心態，逐一檢視，審慎解讀，其中必然有許多不可缺少的條款必須補充。化繁為簡、化簡為

精，是經辦人員解析合約的方法，再依據合約的不同目的需求，斟酌取捨合約內容，提出增刪修訂的意見。

（二）深謀遠慮、寧缺勿濫

在審慎推敲、分析、解讀每一個條文的表面含意與潛在影響之後，也已經盡了最大的努力與客戶協商溝通、討論爭取修訂機會，如果可以把合約修訂到「Win-Win」（雙贏）的境地，這當然是最圓滿的結果。萬一雖然盡了最的大努力去爭取合理修訂的機會，可惜在買賣雙方談判籌碼不對等的情況下，明知合約非常不利，但礙於公司的業績需求，不得不忍辱負重般地忍痛簽約時，做為業務經辦人員或是會辦單位的幕僚人員，至少要能夠具體指明不利條款，並分析其造成不利的原因及影響，陳報給最後決策的主管參考定奪。不利益的合約，建議寧可不要簽署，以免後患無窮。

（三）義務轉嫁、分散風險

當最後評估合約內容的各項利弊得失，不論礙於什麼原因仍決定要簽署時，應當秉持「義務轉嫁、分散風險」的原則，與各個協力廠商之間完成個別的代工買賣相關配套合約，讓協力廠商來承諾分擔相應的義務，就積極面而言，與協力廠商共同完成客戶的要求，確保整個代工製造買賣業務順利進行；就消極面而言，萬一無法達到合約的要求導致違約責任發生時，

製造商可以轉而向協力廠商求償，藉此分散、降低自己所承受的損失風險。

（四）溝通技巧、共存共榮

當必須與上游客戶或是下游協力廠商簽署合約時，常常會碰到對方提出的公司標準合約，並且表示因為這是公司標準合約，所以不得做任何的修改。遇此情形，筆者常會告知同仁，天底下沒有不能改的合約，因為天底下沒有不能討論的合約，關鍵在於討論溝通的技巧與傳達的理念。依筆者經驗，國際間的名門大戶，不但重視消費者，更重視協力廠商，因為唯有能長期合作的協力廠商的配合，才能長期保持自己產品的競爭優勢。因此，客戶與製造商雙方應該是能夠「共存共榮」的長期合作關係，在此前提下，於合約中如果有任何不利於製造商維持如此關係的條款，製造商都應該提出來與客戶溝通，通常都能適當的修訂，滿足彼此的需求。而往往也因為這樣的溝通過程，更能贏得客戶的信賴，因為這展現了製造商對 ODM 業務整個產品製造前後過程與作業細節，包括其中的成本、利潤、可行性與風險，均充分理解與掌握的專業度，也是對客戶要求的真正尊重與承諾。製造商面對客戶如此，對待、選擇自己的協力廠商也是如此！

反言之，若該客戶擺明就是要一面倒的只轉嫁風險給製造商，把代工製造商當成掠奪資源的殖民地，因此滿紙合約內容盡是利己損人的「殖民地條款」；除非製造商也甘冒違約的風險，抱持只做一次生意的心態虛應了事，沒有共存共榮、長期

合作的信念基礎，彼此爾虞我詐，面對這樣的客戶，製造商更要提高警覺，更應該從嚴審慎評估與其交易往來的風險了，甚至是重新考慮有無與其交易的必要性。

（五）團隊合作、事前參與

一份 ODM 合約的內容，幾乎是牽涉到製造商公司裡的每一個作業部門，包括業務、研發、製造、品管、關務、財務、法務，甚至是人事及總務（廠務）部門，每個作業部門都直接或間接，事前或事後，在不同的作業環節參與了 ODM 業務的運作過程，因此，每一個作業部門都應該為其所負責的業務項目負責，包括客戶在 ODM 合約中所提出的條件要求，如果認為有賠錢或違約的高、中、低度風險，或有任何滯礙難行之處，就應該事前盡快反映意見。從另一個角度來說，沒有任何一個部門的人能夠代表其他部門的人，來確認客戶在 ODM 合約中所提出的條件要求，而且也不應該由任何一個部門的人，單獨承擔合約利弊成敗的責任。因此，一份 ODM 合約應該是由各作業部門的人員事前共同參與，由主要經辦人匯集各單位的意見後，按照前述處理合約的原則，盡早向客戶反映意見，以期能盡早圓滿協商修訂合約；若否，至少也能盡早匯集各部門的意見，陳報給決策主管來裁決，是否就明確拒絕簽署客戶的合約，或者決定簽約並預做義務轉嫁、分散風險的準備，甚至是已經預見虧損，但因策略性考量而勉強簽約，也要開始預先採取認列損失、填補虧損的其他配套措施。

（六）核決作業、風險管控

　　在各項形而上的原則、觀念、心法都建立之後，形而下的風險管控機制也不可或缺，畢竟原則、觀念、心法的學習建立，是屬於個人專業能力的收穫，但是這樣的個人能力運用，有時候可能因為工作勞累或繁重的壓力，時而有所疏忽，而且更無法去分享與傳達給其他人，因此，適當的管控制度的設計是絕對必要的。公司內一般都會針對合約文件的核決簽署訂定作業管理辦法，這就是一種將原則、觀念轉換成風險管控機制的方式，藉由客觀的簽核程序、制度的規定，來避免或盡量減少個人主觀判斷的疏失，甚至是刻意的違背監督義務的行為。當然，核決作業程序作業規定必須嚴格落實執行，同時也要有接受內外部稽核人員進行稽查的機制，否則縱使有再好的風險管控制度，若只是聊備一格、流於形式，則如同以菜籃子提水，徒勞無功，白忙一場。

　　當領悟心法、掌握原則，把一份 ODM 合約解讀通透，讓合約裡所有的不利益條款都徹底現形，若礙於現實需求不得不簽約，也要準備採取義務轉嫁、分散風險的必要工作，但是站在業務負責人員或幕僚人員的立場，仍然要苦口婆心的再次叮嚀提醒，必須把握最後一道的判斷取捨原則，就是所謂的「Balancing the Business and Risk」，與其就字面翻譯說是平衡「生意」與「風險」，毋寧從更廣義的角度來說，是整個「商業目的」與「風險」的平衡考量問題。也就是說，即使決定要簽署一份明知不利益的 ODM 合約，也要先明確知道、審慎評估利弊得失，即使明知不賺錢甚至注定要賠錢，也要能夠先明確

判定，付出這樣的成本代價是否值得，是否能夠達到某種非金錢獲利所能衡量的其他商業目的，例如希望藉由這一次不賺錢的交易，來打開製造商在製造業界的知名度，或者希望能藉此引來其他條件較好的代工製造機會。若是經此取捨評估之後，覺得還是有利可圖，值得一試，那麼就審慎地進行後續作業；反之，若認為根本無利可圖，連一點業務周邊的附加效益也沒有，甚至是弊大於利，那麼這份合約根本就不值得簽署，應該非常堅決地拒絕，否則失之毫釐差之千里，徒留後患無窮矣！

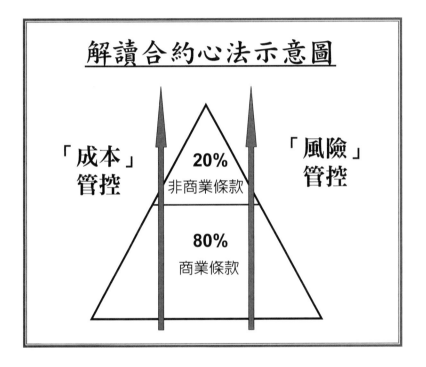

第二篇

分　則

整個國際代工製造買賣合約的內容重點，我們以 ODM 業務為代表，按照整個 ODM 產品買賣交易的前後過程來架構合約內容，可以將 ODM 合約分為產品研發、生產製造、交貨及售後服務四大階段，前後再加上前言說明與其他重要事項的約定，個別說明如下。

第　六　章　　合約前言 / 63

第　七　章　　研發階段合約重點 / 83

第　八　章　　生產階段合約重點 / 109

第　九　章　　交貨階段合約重點 / 129

第　十　章　　售後服務階段合約重點 / 161

第十一章　　其他約定條款 / 187

合約前言

　　大部份涉及國際貿易的合約，一開始都會有一小節的前言或前提（Premise）說明，而其內容一開始不外乎是有關合約當事人、性質、目的及一些合約名詞或簡寫的定義說明或約定，ODM 合約亦然，但大多數負責 ODM 業務的從業人員的通病是，常常認為這只是無關緊要的一般例行性說明而已，而疏於仔細閱讀，輕忽了其潛在的影響性。有關這合約開頭部份的合約重點，僅舉其要點說明如下：

一、當事人（Party、Parties）

　　合約雙方當事人是合約構成要素中最重要的主體，一份合約中權利與義務的約定，無非都是圍繞著雙方當事人，確認合約雙方當事人的身份資格，也就是所謂的「當事人適格」問題，自有其必要性與重要性。

　　ODM 合約亦然，而且必須特別注意有關合約中買賣兩造當事人的範圍定義。在一般情形下，簽約的兩家公司即是買方及賣方兩造當事人，但有些大集團公司往往會以「買方」（Buyer、Purchaser、Customer）及「賣方」（Seller、Supplier、Vendor）來代表雙方立場，而在定義「買方」或「賣方」時，將所屬同集團的母公司（Parents Company）、分公司（Affiliate）、子公司（Subsidiary）及關係企業（Related Company），全都列入買方或賣方的範圍。如此擴大買賣雙方的定義範圍，也就是擴大了買賣雙方在 ODM 合約中得以行使權利或履行義務的主體的範圍，這對買賣雙方有何影響？對買賣雙方究竟是好是壞？這個問題不是單純的是非題，必須先檢視合約全盤條件的利弊得失，綜合考量後才能評斷取捨。

　　舉例說明之，如果一家 ODM 製造商爭取到與某國際手機大廠 T 公司簽署代工製造合約的機會，合約中有關買方的定義，T 公司及其母公司、子公司或關係企業全部都統稱為「買方」，都可以向賣方下採購訂單（Purchase Order，簡稱「P/O」），並且都適用合約中買方之一切權利及義務，ODM 製造商若認為這樣的買方範圍定義是「一家烤肉萬家香」，與一家 T 公司簽約，全球 T 公司所屬集團的公司就都成為客戶，表面上確實是成功開發了一家大客戶。但問題是，大客戶並不當然是大訂單、大生意或大獲利的同義詞，大客戶並不必然是會賺大錢的交易保障，假設合約中其他條件的約定是，買方每月提出一年期未來十二個月的採購數量預估（Forecasts）給賣方，供賣方做備料生產準備之用，但買方並無依據所提出的「Forecasts」向賣方採購產品的絕對義務，而是以買方另外正式簽發的採購訂單

為準，但買方於採購訂單記載之交貨日期前，有隨時取消全部或部份採購訂單數量，或要求變更交貨日期之權利；若賣方交貨短少或延遲交貨，仍必須對買方負違約責任，包括造成買方因此所受損失的損害賠償責任。於此條件下，設若 T 公司全球的分公司、子公司及關係企業都依約每月向賣方提出「Forecasts」數量，特別是為了耶誕節與新年期間的市場需求，隨時增加、調整年底前幾個月的「Forecasts」數量，賣方也因為這些來自全球各地 T 集團公司（買方）提供的「Forecasts」開始擴廠、備料準備生產，甚至已經先開始生產屯積成品，隨後買方亦正式簽發採購訂單給賣方，但嗣後因為市場供需失調，年底前的市場需求量不如預期，於是買方於交貨日期前突然緊急通知賣方，取消若干採購訂單的全部或部份數量，且不須對賣方負任何補償或賠償責任。如此一來，賣方的損失是難以想像的，而且還無法向買方請求賠償或補償。

　　再從賣方責任的「防火牆」角度言之，如果前述相同合約條件下的不同例子，賣方因擔心買方可能訂單不會如「Forecasts」這麼多，所以只備了五成的物料，結果市場需求大好，來自全球 T 集團公司的訂單果真如「Forecasts」數量，反而是賣方因備料不足導致交貨量不足，緊急購料生產卻仍然延誤了交期，不但造成自己違約，也致使買方錯失了年底前的市場商機與利潤，甚至也造成買方對其全球各地零售商、通路商交貨遲延的違約賠償責任。於此情形，T 公司代表全 T 集團公司向賣方請求違約損害賠償，此時，若是合約中有關賣方的定義，包括了賣方及其母公司、分公司、子公司或關係企業全部都統稱為「賣方」，都適用合約中賣方之一切權利及義務，那麼賣方所屬集

團公司全部都將成為買方求償的對象，賣方所屬集團公司的全部資產，也都將成為買方執行債權求償的範圍，賣方與所屬集團公司之間失去「防火牆」的保障，這對賣方的影響更是全面性的。

再從買方責任的「防火牆」角度言之，設若 A 集團公司全球的分公司、子公司及關係企業都依約每月向賣方提出「Forecasts」，之後也依據「Forecasts」向賣方下訂單正式採購產品，之後 A 公司之某子公司 A1 公司因故不付貨款時，賣方是否可以向 A 母公司或 A 集團之其他子公司請求給付貨款？特別是當子公司 A1 是屬於母公司 A 所指定交貨的組裝廠的情形下，賣方是否可以直接向母公司 A 請求給付貨款？這就看合約中是如何去約定買方的範圍。常常可見買方所定的 ODM 合約中為自己訂下「防火牆條款」，也就是子公司或關係企業個自向賣方採購產品的行為，由子公司或關係企業個自負責，即使是依據母公司指示而採購者亦同。在此情形下，賣方應該按照實際下單及出交貨往來的對象來定義買方的範圍，適度而合理的將 A 母公司及其全球的分公司、子公司及關係企業都納入「買方」的定義範圍，才不至於因為客戶訂定的「防火牆條款」而失去對其同集團公司求償的機會。

簡言之，有關當事人買賣雙方的範圍廣狹定義，好則雨露均霑、普天同慶，壞則誅連九族、牽連甚廣，ODM 製造商對當事人範圍的定義不得不審慎斟酌為之。至於如何定義其範圍，筆者認為，合約應該充分反映表達實際進行交易的主客觀條件，如果買賣雙方彼此的分公司、子公司及關係企業確實都將共同參與交易，就應該都將其納入買賣雙方當事人的定義範圍。

二、目的（Purpose）

在一般合約中，合約的目的似乎只是合約性質的說明或介紹，但在 ODM 合約中經常會看到單獨的「目的」、「Purpose」條款，當然有其特殊的用義。在合約其他權利義務條款中往往會提到有關某某權利的行使，例如使用對方所揭露的機密資訊，必須在符合本合約目的的前提下才可行使，不可使用於與本 ODM 合約目的無關的其他用途；又例如雙方將專利權相互授權使用，但僅限對方於符合代工製造合約的目的範圍內使用，或者約定某某義務的履行，例如賣方出售產品後必須提供免費的技術支援服務予買方，以達到本合約目的為範圍，買方不得要求賣方提供其他與本合約目的無關的其他產品技術支援服務。特別是當前述權利行使或義務履行的範圍發生爭議涉訟時，法官裁判雙方的主張有無理由時，也必須先釐清確認合約約定的「目的」、「Purpose」為何，才能進一步裁判是否符合目的性、正當性，此時合約的「目的」、「Purpose」條款所述內容，即具有非常重要的參考指標價值。

三、定義（Definition、Glossary）

在 ODM 合約中會出現許多專有名詞或是某名詞的簡稱、縮寫，ODM 合約的開頭通常會以一個「Definition」或「Glossary」專節來仔細定義說明這些專有名詞、簡稱或縮寫。許多業務經

辦人都略而不看這些定義條款，認為這些定義只是合約裡的例行公事，業務經辦人都認識這些專有名詞、簡稱或縮寫了，所以就略而不讀。事實上，定義條款的重點不在於你認不認識這些名詞、簡稱或縮寫，而在於確認對方是如何給這些專有名詞、簡稱或縮寫下定義，是否明確地（specifically）且合理地（reasonably）定義其內容範圍，是否符合買賣雙方一致的理解，這對合約雙方行使權利、履行義務都將有立即或潛在的實質影響。定義條款中被定義的對象沒有一定的限制，只要是合約中會出現的專有名詞、簡稱或縮寫，都可以在定義條款中先給予明確的定義。依筆者經驗，在定義條款中較重要的，須特別注意，但也經常被忽略掉的定義對象如下：

1. 買方（Buyer、Purchaser、Customer）、賣方（Seller、Supplier、Vendor）

　　如前述對合約「當事人」的說明，合約最重要的「當事人」就是「買方」和「賣方」兩造，而買方和賣方究竟是指簽署合約的兩家公司而已，還是將買賣雙方的母公司、子公司或關係企業全部都包含在內而統稱為「買方」和「賣方」，潛在影響就如同在「當事人」部份的說明，在此不再重述。

2. 母公司（Parents Company）、分公司（Affiliate）、子公司（Subsidiary）、關係企業（Related Company）

　　這也是與買方、賣方有關的定義，如前述，若是買方、賣方的定義裡包含了母公司、分公司、子公司或關係企業在內，那麼所指的母公司、分公司、子公司或關係企業本身的範圍定

義又是什麼？是否只要能提出在同屬集團中的組織架構或從屬
關係即屬之？或者在彼此的持股關係比例上必須有更嚴格的要
求？一般會要求必須是持股或被持股比例達 50%以上，或是對
公司的營運管理享有決定權或被決定之權利者，才屬於這裡所
指的母公司、分公司、子公司或關係企業。這兩種定義方式都
經常出現在 ODM 合約中，其定義將直接影響到合約中買方及
賣方的定義範圍，而潛在影響如同在「當事人」部份的說明，
在此不再重述。

3. 產品（Products、Goods）

　　有關產品的定義，其影響性與「當事人」的定義有異曲同
工之妙，假設一家 ODM 製造商同時擁有電腦、手機、遊戲機
等等許多不同產品的設計製造能力，當他與某客戶簽署 ODM 合
約時，有關產品的定義，若只是很概括籠統地約定，舉凡賣方
所生產製造的產品，都屬於本約之產品，買方都有權向賣方下
單採購，賣方都有供應買方之義務。乍看如此定義，如同擴大
買賣雙方當事人範圍的定義一樣，往往給 ODM 製造商「一家
烤肉萬家香」的美好錯覺，實際上這對 ODM 製造商是福是禍？
是否絕對有利？這單看產品的定義條款是不夠的，必須要將合
約的全部條款綜合來看，才能評斷利弊得失。舉例說明之，ODM
合約中的買方往往為了獨占市場，會要求賣方只能將產品獨家
銷售給買方，只能為買方獨家設計及生產製造產品，不得將產
品供應給其他第三人，甚至是製造商本身也禁止直接或間接銷
售該產品，以避免與買方於市場上形成相互競爭、利益衝突的
尷尬情形；且產品中所包含的智慧財產權都必須單獨歸買方所

有，或必須獨家授權給買方使用，不得再授權給其他任何第三人。買方取得產品的獨家銷售權利，也就是對賣方競業禁止的要求，買方這樣的考量與要求，固然是無可厚非而可以理解的，但這必須是買賣雙方彼此相對的要求與承諾，也是 ODM 製造商必須審慎地綜合考量所有合約條件，再決定產品範圍定義的理由，切莫因為一條模糊籠統、包山包海的產品定義條款，斷送了製造商所有產品的銷售商機。有關產品定義範圍的廣狹，也與「競業禁止」的問題相關連，相關重點留待討論「競業禁止」的問題時再一併深入說明。

此外，針對零組件的供應商，若是供應商只有獨賣單一規格的零組件，或是在市場上是獨占、寡占市場的零組件供應商，比較不容易因為產品與客戶發生爭議。但若是提供多樣化零組件選擇的供應商，為了避免與客戶發生爭議，可以在買賣合約的附錄或附件中，針對為客戶量身訂作設計的零組件產品，特別記載產品的料號與承認書等相關資料，這樣日後不論在生產中或是產品出貨、銷售到市場後，發生產品品質瑕疵事件或是消費者客訴事件時，都可有效地減少雙方的爭議，或者縮短雙方舉證判定責任歸屬的時間。

4. 標準品（Standard Goods）、
　 非標準品（Non-Standard Goods）

常見 ODM 合約中買方要求於下訂單後交貨前，仍然有權利可以全部或部份取消訂單，而當買方要求取消訂單時，至少對賣方應該負責補償其成品或備料生產的成本損失，這時候賣方願意補償的範圍並非照單全收，而是對其下單採購的產品分

「標準品」或「非標準品」而有差別待遇，賣方通常提出的補償方案是「標準品」不予補償，只針對「非標準品」（或稱「客制品」、「Customize Product」）的成品、半成品及無法退還處理的原物料做補償。於此先暫且不討論賣方補償方案的合理性問題，先確認「標準品」或「非標準品」的定義是否符合買賣雙方的認知。

　一般言之，所謂「標準品」是指業界通用統一規格的單一產品，不論那一家客戶來購買都是相同規格的產品，換言之，因為是標準品，買方臨時取消訂單時，ODM 製造商仍然可以轉賣給其他客戶，所以買方就主張取消標準品訂單不予補償，甚至於也不須事先合理期間的提前通知，只要是在製造商尚未出貨之前通知即可。而所謂「非標準品」，指非統一規格的產品，是依照買方所制定的特殊規格而生產製造的產品，甚至於產品外觀都已經打上買方的公司名稱或商標，這種非標準品是不可能轉售給其他客戶的，因此，若買方取消的訂單是非標準品時，針對已經生產完成的成品、半成品，以及賣方為此已經對外採購的原物料且無法退還給原物料供應商者，買方仍應予以補償，至於補償方式則有待雙方另行討論決定。

　對標準品及非標準品的定義，較會發生爭議者在於，買方採購的是標準品，但要求賣方在標準品上打印上指定的公司名稱、商標、服務標章或是其他註記說明文字，這些產品已經不可能將打印上去的商標、標章圖案或文字塗銷、清除後轉售給第三人，例如手機上的鍵盤按鍵，已有特定字體的英文字母、阿拉伯數字、注音符號或是功能代表圖騰，按鍵製造商一般是不會二次加工予以塗銷、重製再轉售。即使有些產品可以回收

並且重工使用，但這種「重工流程」是非常耗費時間、人力及費用成本的，卻又不一定能夠恢復到宛如標準品、新品一般的品質標準，頂多只能將其歸屬於「類標準品」（as standard）、「類新品」（as new），而且必須明白告知客戶。如果有客戶願意接受這一類的產品，製造商在簽署合約時，可以針對此部分加以特別附註約定，或是以附錄的方式特別約定之，約定好可以接受的「類標準品」、「類新品」數量上限或是比例。又或者買方採購的產品，是將標準品變更局部規格，這樣變更局部規格的標準品，通常也不太可能再加工變更回標準品來銷售，而且變更局部規格的產品與原本標準品的交易條件是否不同，也有待買賣雙方特別約定。因此，這些產品都等同是非標準品，在合約裡必須特別加以約定、載明。

5. 規格（Specifications）

若說產品是 ODM 合約中的主角，那麼產品規格就是這主角的靈魂，不但產品的生產製造及驗收標準都要依據這些基本規格，產品功能能否順利發揮而不出現瑕疵，或者萬一產品出現瑕疵時的違約賠償責任歸屬，也必須視產品本身是否完全符合原始規格設計而定。另外，在發生智慧財產權侵權的情形時，通常也必須先釐清，該侵權部位的規格設計是由買方或賣方所提出，以確認侵權責任的歸屬問題。因此，規格的約定必須明確，每一項規格的原始設計者、提供者也必須清楚記載，規格的內容通常是很多樣而繁瑣的，例如產品的外觀、尺寸、圖形、測試標準、組裝標準、檢驗標準、第三公正單位的測試報告、

保存倉儲條件、包裝方式與可靠度資料等等，所以大多都是以單獨附件的形式來補充約定。

　　必須特別注意的是，在產品開發或生產的過程中，產品規格的修改變更是經常發生的事，例如：公差增減、訊號增減、轉數增減等原始標準值的變更，一般稱為「工程變更」（Engineering Change），為了明確責任歸屬，在 ODM 合約中會特別約定，不論是買方或是賣方提出變更規格設計的要求，不論這要求是在研發初期或是已經開始量產之後，都必須事前以書面通知（工程變更通知書，Engineering Change Notice，簡稱「ECN」）他方，經取得他方的書面回覆表示同意後，始得變更產品規格。而在實務運作上，這些變更設計的相關文件，例如：通知書、會議紀錄、往返信函或電子郵件等，都必須妥善保存，以備日後萬一需要追究責任歸屬時舉證之用。

6. 重大瑕疵（Epidemic Failure、Systematic Defects）

　　當產品出現瑕疵，特別是重大的瑕疵時，相關損害賠償責任條款，是國際代工製造買賣業務裡一個非常嚴肅的條款，在約定賠償責任之前，在定義條款裡會先定義何謂「重大瑕疵」。ODM 合約中常看到的用詞有「Epidemic Failure」或是「Systematic Defects」，就字面解釋為流行性、有傳染性的瑕疵，或系統性的瑕疵，意指產品出現大規模的相同瑕疵，我們將其以中文法律概念來理解，就是指重大瑕疵，暫且不論重大瑕疵的賠償方式如何，我們在定義條款裡就必須先將「重大瑕疵」定義清楚。

　　對這個重大瑕疵的定義，也就是重大瑕疵的瑕疵率的計算公式如何訂定的問題，在代工製造業界並沒有一定的標準，完全是看客戶對產品品質的要求標準，同時也要看製造商的生產工藝及品管能力，通常都需經過雙方的溝通討論之後，才能決定一個彼此都能接受的重大瑕疵的瑕疵率。對 ODM 製造商最有利的計算原則，應該是盡量擴大分母，盡量縮小分子，約定的瑕疵率（Defect Ratio）則越高越好，也就是說，以某單一相同產品的總出貨量來做這計算公式中的分母，或者退而求其次，以一年全年度的總出貨量，或半年內的總出貨量，或每一季內的總出貨量，也有以任何前後連續三個月內的出貨量，或每一次交貨的批量單位為分母者。在此計算瑕疵率的分母時，有兩點必須特別注意：

　　第一，納入計算瑕疵率的「產品」，必須特別強調是指「相同」的產品(the "same" products)，也就是指「相同規格」的產品(the "same specifications" products)。常常在合約中可見客戶會將「相同」及「類似」的產品(the "same" and "similar" products)並列計算瑕疵率，若將「類似」的產品也一併列入計算的話，那麼「類似」的產品範圍定義是什麼？局部的將產品外觀、功能、規格做一些變化、改良，例如 A 產品的系列產品或改良款產品 A1、A2、A3 等，都可以說是「類似的產品」，則「類似的產品」何其多，將擴大分母的計算範圍。雖然將分母擴大，反而有利於低瑕疵率的取得，但是恐有模糊焦點（針對有相同瑕疵的相同產品）之虞，也將使計算瑕疵率的採樣工作更複雜化，寧可將類似的產品(A1、A2 或 A3)當做是另外一件發生重大瑕疵的獨立產品個別處理。雖說如此，筆者並不是絕

對的反對將「類似」的產品也一併列入分母的計算範圍，但必須是在經過業務、生產及品保部門仔細評估後，認為將「類似」的產品也一併列入分母的計算範圍，較有利於降低重大瑕疵的瑕疵率時，則不妨策略性的將其納入計算，但相對的，這也必須說服客戶接受才行。

　　第二，計算產品的總出貨量時，究竟要以該產品停產（EOL）前的總出貨量來計算，或是某一年全年度的總出貨量，或是以半年內、每一季內或任何前後連續三個月內的出貨量，或是每一次交貨的批量單位，以何者做為計算瑕疵率的分母對製造商較有利？這確實是個大學問、大問題，很難有絕對的答案，因為這涉及機率問題，也就是產品發生相同瑕疵時的交貨期機率問題，不見得拉長期限到一年就比一季內的出貨量有利，因為可能在某一季（例如 Q3 或 Q4）內的出貨量特別多，出現相同瑕疵的產品也少，計算重大瑕疵時尚不成立，但若拉長到以全年度總出貨量計算時，反而提高了重大瑕疵的成立機率與風險。但若回到討論具有流行性、傳染性且重複性、連續性出現的「重大瑕疵」本質時，以及考慮到發生「重大瑕疵」時的處理工作，應是指在短時間之內重複性、連續性出現的瑕疵，比較符合「重大瑕疵」的「目的性解釋」，因此，筆者較認同以任何連續三個月之內的總出貨量來做為計算基準。不過同樣的，這仍然必須在經過與業務、生產及品保部門仔細評估討論之後，才能決定出要降低重大瑕疵的瑕疵率，及對製造商最有利的的計算基準。

　　另外要特別注意的是分子的部份，也就是瑕疵產品（Defective Product）的數量認定，分子數越小，得出的瑕疵率

數字就越低，因此必須盡量限縮瑕疵品的認定範圍。就這部份，常見的是客戶把產品「相同」的瑕疵和「相似」的瑕疵（the "same" and "similar" defects），都認定屬於重大瑕疵的定義範圍內。但就 ODM 製造商言，「相同」和「相似」的瑕疵畢竟是不同的，只能接受同一產品裡出現相同的瑕疵，也就是按照產品規格約定項目裡，某一項規格重複性的出現瑕疵。若是相似的瑕疵，只是相似、近似而已，畢竟仍然是屬於不同規格項目的瑕疵，相似、近似的瑕疵就是另外一項獨立存在的瑕疵，可以另外獨立計算是否達到「重大瑕疵」的瑕疵率，但就是不能與相同的瑕疵混為一談。這一點必須非常堅持，以免擴大了計算公式的分子瑕疵品數目，而導致瑕疵率的提高，增加重大瑕疵的善後處理和賠償責任的風險。

如前所述，在分母的部份，分母數越大，得出的瑕疵率數字就越低，因此必須盡量擴大出貨量的認定範圍。就這部份，將有出現相同瑕疵的「相同」（same）和「相似」（similar）的產品，都認定屬於計算重大瑕疵的總出貨量範圍內，對製造商是較為有利的。但是在實際協商談判「重大瑕疵」的瑕疵率計算方式時，ODM 製造商很難採雙重標準，只接受相同產品及「相似的產品」出現相同的瑕疵，而拒絕「相似的瑕疵」出現在相同及相似的產品裡，但至少能與客戶談判，爭取採取相同的認定標準，同時接受相同及相似的產品總出貨量裡，出現相同及相似的瑕疵，綜合計算「重大瑕疵」的瑕疵率。

製造商在實際談判決定「重大瑕疵」的瑕疵率計算方式時，不能僅憑主觀直覺來斟酌加減決定，而必須有基本的品質可靠度（穩定度）實驗測試得出的數據做基礎，在產品研發初期時

就得非常嚴謹地建立可靠度模式與實驗設計，在試產階段時，就分別針對試產線與實驗數據等所得資料，將所有可能影響品質的問題找出來，並且將焦點放在有瑕疵的試產品上，尋求一切解決品質問題的方法與資源。在量產前的相關實驗數據中，若是品質合格率未能達到 95%以上的水準，就算事後在出貨檢驗站中再來加強檢驗，也是於事無補，因為有些產品的瑕疵問題，是在產品的原始規格設計中就已經存在的，這是無法事後利用抽樣檢驗被找出來的，產品出貨後必然會發生某些單一瑕疵造成不良品大量退貨的現象，事後再來補救，事倍功半矣，甚至也無法從根本解決問題。所以，ODM 廠必須事前充分準備，參考實驗室中反覆實驗後的可靠度預估，與平均十數次以上小批量試產的數據，以及該產品以往出貨的品質紀錄的資料數據，綜合評估考量之後，得出產品品質的可靠度數據，也就是製造商對產品品質的信心程度，據此決定可以接受的「重大瑕疵」的瑕疵率上限。

7. 智慧財產權（Intellectual Property Rights，縮寫「IPR」）

　　智慧財產權指的是專利權、著作權、商標權、「Know How」等以個人智慧創作出來，而享有法律上財產權利者。智慧財產權其實並不是個陌生難懂的名詞，但在一般 ODM 合約的定義條款裡，常常會將 IPR 列入須特別定義的項目之一，其主要目的有二個層面，一來是 ODM 產品若發生智慧財產權侵權的情形時，製造廠有防護責任及賠償義務，因此先把智慧財產權的涵義內容及範圍先定義清楚；二來是為了產品內所含的智慧財產權權利的歸屬取得問題，ODM 產品的設計製造通常包含了買

方及賣方各自原有的智慧財產權（有業者稱其為「Original IPR」或「Background IPR」），也包含了新設計開發出來的智慧財產權（有業者稱其為「New IPR」、「Developed IPR」或「Foreground IPR」），這樣的智慧財產權權利究竟應該歸屬於誰？萬一日後發生侵權糾紛時，又應該歸責於誰？這是實務上經常發生的問題，因此必須在合約裡先定義清楚。但究竟應該如何定義對製造商最有利，並無絕對的標準，只有相對的利弊得失的取捨考量，這也是要看合約其他條件綜合評估、考量後才能做決定的，這部份留待後續產品開發階段討論智慧財產權時再深入說明。

案例研討 ‖

小條文立大功，禁止競業也要目的性限縮

　　台灣 A 公司與美國 B 公司（中小規模，非跨國企業）簽署 ODM 合約，由 A 公司為 B 公司設計並製造銷售產品，其中有一條「禁止競業」（Non-Competition）條款約定，A 公司不得銷售產品給 B 公司以外之其他第三人，後來 A 公司將類似的產品銷售給南美洲的 C 公司，B 公司認為 A 公司此舉將直接或間接影響到 B 公司在整個美洲地區的市場，認為 A 公司違反「禁止競業」條款約定，要求 A 公司立即停售，但 A 公司認為並未違反「禁止競業」條款的約定範圍，拒絕 B 公司的要求，B 公司遂提出告訴。

　　最後裁判結果 B 公司敗訴，判決敗訴的關鍵理由之一在於雙方 ODM 業務的「目的」約定，因為在雙方簽署的 ODM 合約裡，合約的「Purpose」（目的）開宗明義就指明 A 公司為了協助 B 公司研發新產品以開發「美國」的消費市場（for developing consumer markets in the United States of America），而非泛指所有「美洲」國家（America、American countries）的消費市場，據此認定該 ODM 合約所有的細部約定條款，應該都是在符合、遵循這樣的合約目的前提下來做解釋。因此，該禁止競業條款所指之第三人，應該是僅指在「美國」境內的第三人，而非擴大解釋至「美洲」甚至美洲以外的任何第三人。

　　於此案例，小條文立大功，禁止競業範圍的解釋，也一樣必須符合合約的原始目的，做「目的性」限縮解釋。可見合約裡的目的條款，表面上看似無關痛癢，但當合約內容發生爭議，

有待第三人來裁判解釋時，就顯示出其舉足輕重的關鍵性地位。因此，不可輕忽 ODM 合約裡的目的條款，必須非常具體且明確的表述，除非原本的用意就是要刻意保持模糊地帶，保留可以彈性解釋的空間，如前案例中的美國 B 公司，如果其簽約時已先預期日後業務可能發展至全美洲，甚至於美洲以外的全球市場，那麼在合約裡就應將合約目的做全球性發展相應的陳述，而非侷限在「美國」。

反之，如果對方提出的 ODM 合約，目的是為了協助 B 公司研發新產品以開發「全球」的消費市場（for developing global consumer markets），在 A 公司的立場又應該如何思考和應對？這又必須更精確的區分產品的定義及規格、產品內所含智慧財產權的歸屬，以及採購數量與售價等等買賣條件是否相當，經過通盤檢討評估後，才能決定是否值得接受客戶這樣的全球獨家銷售的要求，或者以附帶條件的方式，有相對條件的接受客戶的要求。這都是在商確合約「目的」時，就必須深謀遠慮、通盤檢討的基本工作。

合約前言 (Premise)

-- 當事人(Parties)：
　　Affiliates、Subsidiaries included？

-- 目的(Purpose)：
　　What an original intended purpose is it？

-- 定義(Definition/Glossary)：
　　-- 買方(Buyer、Purchaser、Customer)、賣方(Seller、Supplier、Vendor)
　　-- 母公司(Parents Company)、分公司(Affiliate)、子公司(Subsidiary)、
　　　　關係企業(Related Company)
　　-- 產品(Products、Goods)
　　-- 標準品(Standard Goods)、非標準品(Non-Standard Goods)
　　-- 規格(Specifications)
　　-- 重大瑕疵 (Epidemic Failure、Systematic Defects)
　　-- 智慧財產權(Intellectual Property Rights，縮寫"IPR")

▶▶▶▶ 第七章

研發階段的合約重點

ODM 業務的第一個階段是產品的研究開發（Product Development），不論是買賣雙方共同研發（Joint Development），或者是全權委託賣方、製造商獨立設計研發，在這產品的研發階段裡要注意的合約重點如下：

一、產品（Products）

ODM 合約的核心重點是圍繞在產品開發、製造、銷售及售後服務的相關約定，產品本身就是必須先約定清楚的重點，除了前述有關產品定義上必須注意的事項外，在 ODM 合約中的產品開發階段，必須將產品的名稱、規格、圖樣設計、使用材料、製造方式、功能強度測試標準、包裝方式等一一清楚約定，有些甚至於連生產設備、生產環境、生產地點及人工專業年資等與產品生產有關的事項，都鉅細靡遺的逐一列表要求，通常客戶會提供詳細的要求內容，製造商必須仔細研讀、確認，若

有任何疑慮或建議，立即提出與客戶討論並加以修訂，雙方都確認無疑後即據以執行。

二、機密資訊保密協定
（Confidential and Non-Disclosure）

產品及交易條件相關內容，都是具有機密性（confidentiality）的資料，在 ODM 合約裡都會先言明必須負保密義務，也有另外單獨簽署內容更詳細的保密合約者，無論採取那一種方式約定保密義務，都應該注意以下幾點重要的基本原則：

1. 平等互負保密義務

因為在 ODM 的業務中，雙方都會相互揭露、提供一些機密資訊，因此保密義務應該是買賣雙方平等互負的義務，在保密條款裡通常以「揭露方」（Disclosing Party）及「接受方」（Receiving Party）來表述雙方互負保密義務的平等地位，而不是單方面要求他方負保密義務而已，這是保密條款裡最基本的原則。若客戶提出的保密合約是僅單方面要求製造商負保密義務的約定者，除非確實是只有客戶單向提出機密資料給製造商，否則製造商應該要求修改保密合約，或者另外提供一份製造商所擬的保密合約，要求客戶也必須以同等標準就製造商揭露、提供的機密資訊負保密義務。

2. 機密資訊的定義範圍

　　雙方自認為具有機密性之資料，要求對方必須保密者，必須於合約中明確約定，舉例來說，通常會將產品的圖樣、原型、製程、概念、Know-how、設計原件、操作手冊、產品規格、銷售資料、客戶與協力廠商資料、財務資料、市場計畫、經營資料、營業祕密，以及其它以書面或口頭表示具機密性之資訊，都列入機密資訊的範圍，同時以列舉及概括方式來約定機密資訊。

　　此外，再以反面表述方式排除不受保密義務拘束的機密資訊，例如：（1）於提供或揭露後，非因揭露方之過失已成為眾所周知者；（2）於揭露方揭露前，已為接受方所知悉且有書面可以證明者；（3）接受方自行研發所得之資訊，並有書面可茲證明者；（4）接受方從第三人所合法取得，且未受保密義務限制者；（5）於揭露方提供或揭露後，經揭露方正式宣告或通知解除機密性質者。不受保密義務拘束的除外情況，在客戶提出的保密合約中經常是刻意略而不提，製造商應該主動反映意見並提出補充修訂，以降低日後違反保密義務的機會風險。

3. 保密期間

　　有些客戶會要求無限期的永久保密，或者只提到在 ODM 合約終止後仍不影響保密義務的效力，意圖讓製造商永久負保密義務，但為了避免違反保密義務的違約責任，製造商一般都會要求有明確且合理的保密期限，而保密期限長短的決定，應該評估產品在市場上銷售的生命周期，及運用之技術是否已經是

成熟的技術，產品的改良發展成長期間，綜合評估後酌量增減，一般是在三年至五年之間，少數的特殊情形會要求長達十年甚至更長的保密期間，例如客戶認為產品是應用開發出的全新技術的科技產品，產品銷售前景仍大有發展空間，但若是要求無限期的永久保密則又太過矣，製造商可酌量要求縮短保密期限。

4. 機密資料的返還或銷毀

整個產品開發、銷售的前後過程裡，一般情況下雙方都會相互揭露、提供許多的機密資料，為避免對方故意或非故意的將機密資料外洩的風險，通常會在合約保密條款中要求，任一方都可以「隨時」要求對方返還所有的機密資料，不一定要等到整個代工製造買賣合約關係終止才可要求。此外，考量所揭露、提供給對方的機密資料數量較多，在返還過程可能徒增遺失、外洩的風險，因此也可以要求對方就地銷毀所有的機密資料，但必須在對方的高階主管親自監督、見證之下進行銷毀，並以書面切結回覆表示已完成機密資料的銷毀工作。

三、開發時程（Development Schedule）

為了搶得市場先機，產品開發的時間都訂有時間表，除了確認客戶所提出的各階段完成期限（milestone、schedule）的可行性外，應特別注意約定的是：

    1. 因規格設計變更而延後開發時程時，不論是客戶或是製造商要求變更設計，製造商可免除違約責任；而且規格

設計的變更要求也必須符合一定的程序，通常約定要求變更設計的一方必須事前於合理期間（三至五天）內以書面通知他方，並取得他方書面回覆，以表示同意變更，以及有無其他的附帶條件，例如因為變更設計而必須增加額外的費用時，費用如何分攤，或者直接變更產品售價，都可以在書面回覆的同時提出要求。

2. 如果沒有特殊原因，單純因可歸責於製造商之事由導致延誤開發時程時，客戶多半也會以違約處理，輕者按日計付違約金，重者解除合約並請求損害賠償，站在製造商的立場可以試著提出婉轉說明及補救的做法，在相互合作、共謀利益的合約目的前提下，不應動輒以違約論處，而應該多以溝通、協助方式來共同解決、排除一切的障礙，產品開發時程落後亦然。但是當製造商發現自己已經明顯落後、延誤預定的完成進度時，也應該立即通知客戶，並告知原因，以便客戶能事先採取因應措施，減少可能帶來的損失，且能夠與製造商共同檢討進度落後的原因，提供解決或改善問題的意見，讓雙方的損失都能減至最低的程度。

四、智慧財產權
（Intellectual Property Rights，簡稱「IPR」）

　　ODM 業務除了以銷售產品為主外，有時候也銷售技術，也就是生產製造產品所須的智慧財產權，所謂的「智慧財產權」

(Intellectual Property Rights，簡稱「IPR」)範圍甚廣，包括專利權、著作權、商標權、營業秘密、專門技術(Know-How)、積體電路佈局、工（商）業設計等，甚至於市場行銷策略、產業訊息及其他一切具有商業價值的無形財產等，都屬於智慧財產權的範圍，而在 ODM 業務中，尤其以專利權特別重要，其也是最常發生智慧財產權侵權爭議的權利客體。有時候智慧財產權的重要性甚至更大於產品本身，因為沒有了技術就不可能產出產品，擁有了技術就可以變化創新，生產出許多不同的產品。因此，智慧財產權是 ODM 合約裡另一個兵家必爭之地，幾個必須注意的重點如下：

（一）所有權歸屬

在 ODM 合約中，常常會見到客戶所提出的合約文字表述：「凡產品中所含的智慧財產權，都屬於買方所有」，製造商稍不注意就賣斷了賴以生存的智慧財產權，智慧財產權的歸屬必須分兩部份個別討論：

1. 原始所有權、既有所有權

也就是買賣雙方各自原本即擁有的智慧財產權，有業者稱其為「Original IPR」或「Background IPR」，這是雙方各自原始取得的智慧財產權，原則上應該是各自擁有。賣方、製造商必須堅持此原則，不能將自己原有的智慧財產權隨同產品賣斷給客戶，因為產品的生產技術、專利權等智慧財產權，是製造商賴以生產各種不同規格產品的根本技術命脈，相同的 IPR 可以運用

來生產製造許多不同規格的產品，因此製造商原則上是「賣酒不賣身」，也就是「只賣產品，不賣技術」。除非製造商擁有許多的IPR，而隨同產品轉讓給客戶的 IPR，也與製造商用以生產製造其他產品的 IPR 無關，特別是已經生產銷售給其他客戶的產品中所包含的 IPR（以避免造成客戶之間的 IPR 侵權衝突爭議），且產品的售價裡已經反映了 IPR 的成本費用，那麼就另當別論矣！

　　除此之外，為了合法使用產品所含之 IPR，授權便是最好的方式，但必須是在符合 ODM 合約目的的前提下，雙方為履行義務而無償（free）、非獨家的（non-exclusive）、非永久性的（non-permanent）相互授權、交叉授權（cross license）給對方。至於各自所有的原始智慧財產權內容為何，通常是以附件的方式另外表列提供詳細內容。

2. 新開發的智慧財產權

　　因 ODM 業務而新開發出來的智慧財產權，有業者稱其為「New IPR」、「Developed IPR」或「Foreground IPR」，新產出的 IPR 所有權歸屬問題也是一大爭奪重點，客戶通常都會要求歸屬客戶所有，但製造商可以從以下幾方面來思考、回應：

(1) 如果該新產出的 IPR 是基於雙方原始 IPR 的基礎之上，共同合作研發取得者，則當然是由雙方共同持有。

(2) 如果是製造商單方面獨力開發出來者，則製造商原則上應該堅持主張單獨所有，但可以考慮與客戶共同持有，或者是授權客戶使用，製造商就此部份必須評估的是，除了客戶的要求與談判地位強弱外，更必須考量該新開發出來的 IPR 對生產其他產品的影響程度，是否會運用

到其他不同規格產品的生產製造上？如果絲毫不受影響，當然可以考慮依客戶要求，單獨歸客戶單獨所有；反之，若其他產品的生產製造仍然必須運用到該新開發出來的 IPR，則製造商就必須全力爭取該新開發出來的 IPR，即使談判籌碼不足以爭取單獨取得所有權，至少也必須爭取到授權使用的權利，以避免妨礙了其他產品的生產銷售，或因此導致日後發生 IPR 侵權的爭議糾紛。

(3) 至於在談授權使用的情形時，不論是 IPR 歸製造商所有而授權給客戶使用，或者是 IPR 歸客戶所有而授權製造商使用，都是有條件限制的，通常只限於在使用或銷售產品的授權目的之下，一般雖然不至於要求支付授權金（Royalty Fee），但必須考量以下幾項重點：是否是全球性的（worldwide）、永久性的（perpetual）、不可撤回的（irrevocable)授權？且是否可以再轉授權(sublicense)？是否允許被授權人變更（ change 、 amend ）或改善（improve、develop）該 IPR？以及是否負責 IPR 被控侵權時的處理及賠償責任？或是有條件的負擔 IPR 侵權責任？這些都是製造商站在授權者或被授權者的不同立場，要個別做不同考量去談判爭取的授權條件。

（二）不侵權保證（Non-Infringement Warranty）及 損害賠償（Indemnification）責任約定

如前所述，生產製造產品所須技術的智慧財產權，是產業的根本命脈，不但買賣雙方之間必須清楚釐清所有權歸屬的問

題，萬一產品上市後與第三人發生智慧財產權侵權爭議糾紛時，責任又應該如何歸屬？這又成為買賣雙方就智慧財產權歸屬的問題外，另一個必須事先約定清楚的重點，從以下幾點討論：

1. 一般言之，製造商應該為自己所設計、使用於產品中的智慧財產權負保證責任，保證是自己所研發取得，或者已經取得合法授權，保證就自己所能合理認知的範圍內，並無侵害第三人智慧財產權之情形，一旦發生侵權爭議時，將由製造商出面負責排除爭議糾紛，並負擔日後最後判決結果所應負之損害賠償責任。製造商必須審慎考量發生智慧財產權侵權的風險程度，以及萬一發生時，承擔應訴處理及賠償的能力，製造商若只是為了短期的訂單業績考量而輕忽智慧財產權侵權的責任風險，其後果是難以估量的。舉例言之，國內 LED 製造業者只是因為發生專利侵權的傳聞而已，股市就接連幾天的跌停板，光是股票跌價造成公司市值的損失就非常慘重，後來在專利侵權的傳聞、疑慮澄清後，這些 LED 製造業的公司股價才又得以止跌回升。在國內的其他產業發生與 LED 業者相似的情況者甚多，可見智慧財產權發生侵權爭議糾紛時對製造商影響之大，製造商不得不審慎協商有關產品智慧財產權的相關條款。

2. 發生智慧財產權侵權爭議時，如果不能很快地取得和解，而必須訴諸司法途徑時，往往需要經過一段冗長的舉證攻防程序，在終局判決結果確定之前，雙方又應如何處理生產中或已經上市的產品？時常可見客戶於合約

中即以製造商違約處理，客戶可立即解除合約，並且由製造商承擔一切費用及損害賠償的責任。但站在製造商的立場，製造商雖然應該承擔解決侵權爭議及損失的責任，但除非是製造商怠忽處理，否則客戶不應立即以解約處理，而應積極與製造商合作，採取必要的方法來減輕雙方的損失，製造商可採取的方法包括（但不侷限於）以下幾項：（1）由製造商獨立承擔責任與費用，以取得合法之授權；（2）參與客戶共同抗辯第三人之主張，並負擔一切費用；（3）提供客戶所有必要之產品資料，以協助抗辯第三人；（4）由製造商負擔費用來修改產品的相關設計，以迴避侵權結果。這是製造商對客戶負責，同時也尊重智慧財產權權利人的回應處理做法，更是減輕自己損失的積極做法。

3. 免責條款：製造商原則上固然要為產品侵害他人的智慧財產權負責，但若產品發生侵權係因客戶提供、指定的設計所致，或因客戶變更製造商的原始設計所致，或因客戶所提供之零組件所致，或因客戶所指定之零組件供應商所供應之零組件所致者，則產品侵害他人智慧財產權不應歸責於製造商，而應免除製造商之賠償責任，由客戶自行負責。

製造商提出這樣的免責條款，其主張與客戶的要求往往是完全對立的，往往會被客戶拒絕，客戶當然希望由製造商負擔全部的責任，這也是客戶為了轉移風險、降低成本，而釋出訂單委託設計代工的理由，客戶會認為即使是因客戶的設計或變更設計等原因所致，專業的

ODM 製造商仍然要為產品負全部的責任。客戶這樣的想法過於牽強，因為全球各地的專利技術並非製造商所能完全知悉，特別是運用新規格設計的新產品，因此製造商才必須有保護自己的免責條款。

如果客戶非常強勢且堅持，則退而求其次，至少必須要求，若客戶提出之設計或變更設計有侵害他人智慧財產權之虞，製造商已事先提出警告通知，但客戶仍堅持委託生產製造，則製造商不負擔侵權責任。當產品發生智慧財產權侵權時，其抗辯程序所花費用及損害賠償金額通常都不是小數字，製造商必須有此風險意識，對提出合理的「免責條款」必須非常堅持。

五、環保要求（Environment Protection）

全球環保政策已經成為國際社會必須共同遵守的要求，許多容易造成地球土壤、大氣或水源污染的化學物質或重金屬物質，都已經被明文立法或頒布指令禁止使用，例如歐盟為了積極推動綠色消費，在 2003 年 2 月 13 日公佈 **《廢棄電子電機設備指令》**（ 2002/96/EC，Waste Electronics and Electrical Equipment Directive，縮寫「**WEEE**」）及 **《電子電機設備危害性物質限制指令》**（ 2002/95/EC，Restriction of the use of certain Hazardous Substance in Electrical and Electronic Equipment，縮寫「**RoHS**」）二部環保指令（Directive），自 2006 年 7 月 1 日起開始施行，「WEEE」指令要求所有在歐盟販賣電子、電機設備物品的製造

商，必須考慮到產品於日後廢棄處理時所造成的環境污染問題，因此必須採用易於循環（Recycle）、回收再利用（Recovery）、再使用（Reuse）等再生處理的環保設計，並負擔回收的責任和費用；「RoHS」指令則規定，所有進口歐盟市場的新電子及電機設備產品[1]，均不得含有鉛（Pb）、汞（Hg）、鎘（Cd，最大允許含量為100ppm）、六價鉻（Cr6+）、聚溴二苯（PBB）及聚溴二苯醚（PBDE，最大允許含量為1000ppm）等有害物質。

因此，現在ODM業務中多了一項禁用或限用物質的約定，要求製造商所生產之產品，包括成品、半成品、零組件、原物料、成品、染劑、溶劑、耗材、包裝物及製程等，都不得含有上述有害物質，或者必須符合允許使用的含量限制標準；且使用的材質必須符合能夠再回收、循環利用的目的，不遺留無法再生使用的廢棄物質。而究竟禁用的有害物質或是可允許使用的含量限制標準為何，以及可以再生使用的標準及環保物質為何，縱使製造商一般都已經知道國際環保法令的要求，但有時候客戶會有更嚴格的要求或檢測標準，因此最好於ODM合約中事先明確標示清楚約定，以杜絕日後不必要的爭議。惟有關環保要求標準的相關內容頗多，恐非於ODM合約中單一條文可以盡述，因此通常都會另外簽署有關環保要求的合約，就各項要求及規格標準做詳細深入的約定，製造商必須逐項審慎閱讀，確認可行無慮後再予以簽署。

---

[1] WEEE及RoHS的規範產品對象為工作電壓小於1000V AC或1500V DC的設備，分別為：大型家用電器、小型家用電器、資訊技術及電信通訊設備、消費性耐久設備、照明設備、電力和電子工具（大型靜態工業工具除外）、玩具休閒和運動設備、醫用設備（所有被植入和被感染的產品除外）、監視控制設備、自動售貨機。

六、技術支援（Technical Support）

ODM 業務中產品的開發往往會有雙方技術或智慧財產的投入，所以需要彼此提供技術支援，但於合約中必須先明確約定的是，提供技術支援的期間與費用負擔的問題。製造商可以於一定的合理期間內提供免費的技術支援，但不能是無限期的免費支援，特別是國際代工的客戶往往都在國外，技術人員往返的交通與食宿費用等都是製造商的營運成本，所以製造商可以斟酌主客觀的條件和情況，約定於產品開發期間內或是出貨後幾個月內，提供若干次或若干小時的免費技術支援服務，超過此免費服務的期間，費用就必須由客戶全額負擔或者負擔若干比例。

七、測試與驗收（Test & Inspection）

在產品開發的過程中，必須經過各個不同階段的測試與驗收，通過之後才算正式開發成功，才可以準備上線量產，因此，各個測試與驗收階段的時間表（Milestone、Schedule）與測試驗收的規格標準，都必須事先約定清楚，萬一功能測試不能達到預期的效果，究竟是製造商的產品未達到約定的規格標準，或者是產品已達到規格標準，但卻是買方所定的規格要求有誤，才有明確的責任歸屬判定依據，避免日後發生不必要的爭議糾紛，一旦爭議發生時，製造商也才能明確舉證來保護自己。

　　在產品開發過程中的測試與驗收，雖然不同於產品量產出貨階段的測試與驗收，但重要性是一樣的，常見許多客戶委託開發設計的產品在進行到一半時突然因故喊停，或者是不明原因的就無疾而終，客戶常藉由消極的不進行測試與驗收的手段，再以未經過測試與驗收為藉口，拒絕給付研發階段相關的費用（特別是模具款）。因此，製造商仍應該於合約中明白約定，產品開發設計完成後，經通知客戶進行測試驗收，若客戶於通知日起幾日內（五天、七天或三十天）不進行測試驗收，或是已測試驗收但未提出異議者，則該測試驗收將被「視為通過」(will to be deemed accepted by buyer)。如此，若客戶想藉由消極的不作為手段要賴不付款，製造商仍然可以憑合約約定依法求償。

八、樣品承認（Sample Approval / Recognition）

　　產品剛開發完成時，只能稱為「樣品」、「Sample」，還不是被客戶正式認可、能夠上線生產的產品標準原型（Prototype），通過測試、驗收的過程之後，有一道非常重要的程序，就是樣品的送樣與承認，嚴格來說，這應該是屬於前述「測試與驗收」的環節之一，但筆者特別將其單獨列出說明，因為這最後的，也是最重要的一道手續，卻常常被忽略，筆者處理過幾件品質爭議的案件，都是在事後發生品質爭議，要引證產品承認書時，才發現當時測試、驗收與承認、認證的過程沒有完備，使得在訴訟求償的過程中，增加了舉證請求權成立的困難度。

　　樣品通過客戶的測試、驗收之後，製造商必須要求客戶出具正式的「樣品承認書」（Sample Approval Sheet），「樣品承認書」裡必須清楚記載產品樣品的一切基本資料，包括圖面、重點外觀、尺寸、材質，甚至是原物料的供應商等，若有要求特別的檢驗程序者，不論是自行檢驗或委託外界專業機關來檢驗，都必須附上檢驗報告，最後檢附產品的樣品實品，若是實品體積過大或過重者，可以以不同角度拍攝的照片替代之。「樣品承認書」經客戶簽署或用印表示正式通過驗收，製造商依據客戶正式承認後的樣品，才可以正式進行大量生產。

　　製造商必須妥善保存「樣品承認書」，以備不時之需，萬一日後發生產品品質爭議時，「樣品承認書」便成為製造商抗辯有無責任的重要參考及證明文件。筆者曾經處理過一件客戶主張產品的品質有瑕疵、要求賠償的案件，該客戶已經售出的某網路通訊產品遭多位消費者送回維修，客戶拆解產品後發現，瑕疵竟然是因為機件內部產生「氯」氣，腐蝕了電路版等電子零組件所造成，但是這「氯」氣究竟從何而來，經過客戶多項檢測實驗後，認為「氯」氣是由產品的塑膠外殼所產生。因為這塑膠外殼含有「氯」的成分，致使產品使用一段時間、產生溫度之後，便逐漸釋放出「氯」氣，進而腐蝕了產品內的電子零組件，據此向該產品塑膠外殼的製造商請求損害賠償。製造商接獲客戶的投訴及請求損害賠償的通知後，亦著手進行測試實驗以瞭解原因，也向台灣工研院等專業機構求教請益，發現「氯離子」本身存在於大氣之中，電路版等電子零組件本身也可能含有「氯化物」的殘留物，因此造成該產品內產生「氯氣」的可能原因有很多，必須拿樣品逐一實驗，才能得到較可

靠的原因分析。筆者當時回應客戶的要求,除了引用工研院等專業機構的初步評論說明,建議客戶再審慎調查瞭解產品內氯氣的產生原因外,最直接了當的抗辯理由之一,就是拿出當時產品送樣檢測通過後,客戶簽署蓋章的「樣品承認書」,證明交貨產品的材質、供應商均未變更,得以抗辯日後發生瑕疵時的責任歸屬,而免於賠償責任。若有其他類似的案例,製造商即使不能完全抗辯、免除全部的賠償責任,至少也會有很大的談判空間及機會,去相對減輕負責程度及賠償責任,而不至於照單全收。

九、量產製造權利（Mass Production Right）

ODM 業務固然是提供設計開發產品的技術服務,但更看重的是產品量產銷售後的龐大收益,在 ODM 業務的產品報價中,通常也都將產品開發的相關費用成本,攤提在日後產品代工製造、銷售的個別售價裡,一般並不會特別針對設計開發產品的費用收費,當然也有分開計費、個別支付者。因此,製造商必須於 ODM 合約中即約定,產品開發完成後,由製造商取得產品代工量產製造的獨家權利(Exclusively Rights for Mass-Production of the Products),客戶不得自行製造該產品,或委託其他第三人代工製造,否則即構成違約,必須賠償製造商的產品開發成本損失,至於是否能要求期待利益損失的損害賠償,則須視合約裡有無排除期待利益損失賠償責任的約定而定,最好能直接約

定一定金額的違約金（Penalty），可以直接請求給付違約金，以免除主張經濟損失賠償的損失舉證責任。

當然，若客戶堅持先進行產品的設計開發，待產品開發完成後，再決定是否委託生產製造，屆時再另以合約約定之，於此情形，製造商就必須考量開發成本、智慧財產權是否轉讓或授權及費用等，來綜合評估是否值得單純接受委託產品設計開發的業務，避免造成不但沒因此獲利，反而製造出另一個競爭者的尷尬情形。

十、競業禁止（Non-Competition）

為了取得產品在市場上的競爭優勢，ODM 客戶通常會要求製造商只能為其從事此一產品的設計開發及生產製造，不得為其他任何第三人，特別是客戶的競爭同業（Competitor），再生產製造相同或類似的產品。客戶如此要求固然無可厚非，但製造商應該考量相對要求的條件，才能決定是否接受。製造商必須考量評估的重點在於：

1. 競業禁止的產品

針對「產品」本身的定義是否很明確（specifically），也就是針對該設計製造產品的名稱、規格等個別化項目的細節，是否有很明確的定義，該定義只能針對特定規格的產品，即相同設計規格的產品，而不能及於「類似」的產品，亦不能是包山包海、概括式的定義，限制製造商所有不同產品線

的產品，都只能為客戶獨家設計製造。否則，若製造商有十項產品，卻只為了客戶一項產品的訂單，而限制其他產品的製造和銷售權利，豈屬合理，一般製造商是禁不起這樣的「自縛條款」的。

同樣的，假設某 ODM 製造商只做手機的一項產品，那麼與客戶就合約中有關「產品」的定義，就必須針對不同手機的外觀形狀、色彩、軟體功能等細部規格（specifications），更明確地（specifically）去做區隔定義，而不是泛指製造商所有的手機產品，以免只為了客戶一款手機的訂單，而限制其他款式、機種產品的製造和銷售權利，也限制生產技術的應用與開拓其他新客戶的機會。

2. 最低訂購數量保證

製造商傾人力、物力為客戶設計開發的產品，不得再為其他任何第三人生產製造，除非 ODM 客戶給予相對的承諾（commits）、保證（warrants），於每個月、每季、半年內或每一年度內，向製造商採購的產品不低於某最低數量（minimal quantity of products purchased），保障製造商的基本利潤，讓製造商只接一家客戶的訂單即足夠滿足基本獲利的營運需求，否則製造商是難以接受這樣的要求的。

3. 競業禁止的期限（Term）及區域（Territory）

競業禁止應有明確的禁止期限，而非無限期的，例如僅限制三年時間，三年過後即不受限制。也應有明確的禁止區域，而非毫無限制的全球全面禁止，例如僅限於美國、中國

大陸及歐盟市場，其他地區則不受限制。除非客戶願意支付
額外的權利金或其他費用給製造商來永久買斷全球市場，或
者依第 2.點所述，承諾產品的最低採購數量與售價，保障製
造商的基本利潤，製造商始考慮是否接受客戶如此的競業禁
止要求。

十一、模具（Tooling）

　　在產品的開發階段，模具的開發和產品開發同等重要，且
皆須耗費巨資，模具經常會隨著產品規格或外觀的修改而改
變，即需要修模或重新開發模具，一個產品所需要用到的模具
往往有許多組，且在產品不斷推陳出新之下，製造商保管的模
具組數量便非常可觀。因此，在 ODM 業務中，模具的開發與
管理相關權利義務的問題不少，常見另外簽署模具合約來單獨
詳細約定者，不論是在 ODM 合約中約定，或是另外單獨簽署
模具合約，其中應考量的重點在於：

1. 模具所有權的歸屬

　　模具是生產產品的基本工具，模具的所有權歸屬問題是必
須先行約定的重點。一般而言，模具的所有權應該歸屬於客戶
所有，但必須在客戶已經支付了模具費用之後，才正式移轉模
具所有權給客戶，當然也有不收取模具費的製造商，但實際上
模具費用的成本已內含於產品售價之中。

2. 模具費用的負擔

模具費用往往占產品開發費用相當大的比重,以客戶須支付模具費用的情形為例,模具費用的支付方式有以下兩種:

(1) 獨立訂定模具買賣合約,按照一般買賣交易的方式,依模具完成的進度,採取簽約、試模、驗收及交付四階段個別付款。

(2) 攤提(Amortization)方式:模具費用不先給付、結清,而由客戶與製造商約定的基本採購產品數量去平均攤提,若客戶實際採購的產品數量未達約定最低數量時,客戶須另外補償支付模具費用的差額部份給製造商,才能取得模具所有權,但這些細節都最好事先於合約中明白約定,以避免日後彼此抗辯舉證的困擾。

3. 模具保管義務

客戶支付模具費用後由客戶取得模具所有權,但是模具必須交給製造商以供生產製造產品之用,因此模具必須在製造商占有、保管之下。也因此,客戶通常會與製造商簽訂模具保管合約,不論模具是由客戶自行提供,或者是客戶付費給製造商代為開發,都必須將模具交付給製造商去生產製造產品,因此會特別簽署一份模具保管合約,載明模具所有權的歸屬及保管、返還的義務。

其中要特別一提的是模具保管期限的問題,由於製造商保管的模具組數量往往非常可觀,模具若非供生產使用而一直處於閒置的狀態,將帶給製造商管理上的困擾,所以建議製造商

必須約定，若客戶不再下訂單採購產品，或是產品已經停產（EOL）超過一定時間（六個月、一年或兩年）後，客戶必須取回模具自行保管，若經製造商通知限期取回而逾期不取回者，則視同客戶拋棄模具所有權，製造商有權予以報廢處理或做其他處分；且若客戶仍有未付清之模具費用，並不因此而免除付款義務，製造商仍得向客戶追索求償。

案例研討 ‖

產品未量產，誰付模具款？

甲公司為台灣的一家電腦鍵盤專業 ODM 製造商，乙公司為美國某知名電腦大廠，甲、乙公司均於大陸廣州設有子公司甲-1 與乙-1，甲、乙公司訂定有產品代工製造買賣 ODM 合約，由甲公司為乙公司研發新產品並代工製造，同時也訂定有模具買賣合約，約定由乙公司簽發模具採購訂單給甲公司，由甲公司代為開發製造模具並銷售予乙公司；模具所有權歸乙公司所有，模具費由乙公司日後向甲公司正式採購產品時，於產品售價中附加攤提（Amortization）模具費用，但若乙公司實際採購產品數量不足以完全攤提模具費用時，乙公司應一次給付剩餘尚未攤提償還的模具費給甲公司。嗣後，因為乙公司不斷變更產品外觀及規格設計，甲公司也跟著不斷修模，甚至必須重新開模，前前後後總共開了 A、B、C、D、E 五套模具，費用總計十五萬美元，修模更是不計其數，就暫且不估算修模費用了。

最後產品終於開發成功，以 E 模具開始量產上市，可惜市場反應叫好不叫座，銷售成績不如預期，乙公司開始採取延後交貨、取消訂單的策略，最後仍然是以提前停產（EOL）收場，尚未攤提的費用尚有約十萬美元。至此，甲公司向乙公司請求支付貨款及費用，包括已經出貨且逾付款期的貨款，尚未出貨的成品、半成品貨款，已採購之原物料費用，以及五套模具尚未攤提完的費用。乙公司對其中的模具費部份表示異議，認為經過乙公司（實際上是由乙-1 公司）正式簽發採購訂單的模具只有 A、B、E 三套，C、D 這兩套模具並未正式簽發訂單，更

未經過驗收核可程序，所以拒絕 C、D 這兩套模具的費用。但甲公司的抗辯說明，乙公司自己也很清楚，當時因為產品不斷變更規格，而使得模具不斷修改，甚至需要重新開模，乙公司因為擔心模具費用增加太多，又擔心產品開發進度會延誤，所以以內部簽核作業不及的理由，要求甲公司先行重新開模，訂單後補，甲公司基於服務客戶的立場，又見前兩次開模作業都順利正常，所以先配合乙公司的需求重新開模，並要求乙公司至少必須提供正式的書面授權或通知（實際上是由甲-1 公司負責開模），於是由乙-1 公司出具了一份「Letter of Authoriy」（簡稱「LOA」）給甲-1 公司，甲-1 公司即據以開模。隨後 D 套模具也在相同情形下開模，直到 E 套模具又同樣要求時，甲-1 公司認為 C、D 兩套模具訂單都尚未補發，堅持必須有正式訂單才願意再重新開模，乙公司為了產品開發進度，才由乙-1 公司先簽發了 E 模具的訂單，但 C、D 兩套模具訂單至今都未補發，更無由經過驗收程序了。據此，甲公司認為乙公司對五套模具都負有付款義務。甲乙雙方對此堅持不下，協商和解不成，最後只好訴訟解決，當然，甲公司請求給付的不是只有模具費而已，還包括了因乙公司取消訂單所造成的其他損失。

這件案例及類似的案子，在代工製造業界經常發生，很多製造商吃了悶虧卻無技可施。本案最後的判決結果如何，已經不是本案例的重點，引述這件案例的理由，是希望 ODM 製造業者思考幾個問題，而這些問題也都是 ODM 合約中的重點：

一、甲、乙兩造母公司簽署 ODM 合約，合約的拘束效力是否及於子公司？各自的子公司直接下訂單交易往來發生糾紛時，是否可以直接適用母公司兩造間簽署的合約？在 ODM

合約中應該如何來界定兩造的母公司、子公司或其他關係
企業的關係？

二、有關客戶的「Forecast」及訂單的效力問題:「Forecast」是
否完全沒有拘束力？「Forecast」的效力應該如何約定，才
是對製造商有保障的？客戶可否要求將訂單無條件、無期
限的延後交貨？取消訂單有無責任？合約中應該如何約定
客戶要求變更交貨日期或取消訂單時的相對條件，才能將
製造商的損失減至最輕程度？

三、有關所需模具，由誰負責提供？以及訂購、開模、修模、
驗收、保管、返還或銷毀等程序問題，和模具所有權的歸
屬、模具費用支付方式等。

四、發生爭議訴訟時的準據法，以訴訟或仲裁的方式解決，以
及管轄地的約定。

產品研發階段的合約重點

-- **Product**: scope、definition
-- **NDA**: mutual、entity scope、term
-- **Schedule**: reschedule/change/delay liabilities
-- **IPR**: ownership、warranty for Infringement
-- **Environment Protection**: RoHS、WEEE
-- **Specifications**: ownership、change
-- **Technical Support** : term、free/charge
-- **Test/Inspection**: mile stone、standards
-- **Sample Approval / Recognition**: record in file
-- **Mass Production Right**: exclusive right
-- **Non-Competition**: conditional、term、territory
-- **Tooling**: ownership、cost、payment、return

第八章

生產製造階段的合約重點

產品研發完成，並通過客戶的測試驗收之後，即進入正式接單量產的階段，此階段主要在於約定訂單的下單、接單及生產等作業程序相關的規範，其重點敘述如下：

一、採購量預估（Forecasts）

（一）預估量的性質與重要性

在 ODM 合約中常見客戶主張，客戶將評估產品未來的市場需求，每周（weekly）或每月（monthly）會據此提出未來一個月、一季、半年或全年可能採購產品數量的預測、預估（稱之為「預估量」、「Forecasts」）預估，但該預估值僅單純供製造商作為生產準備之參考，不代表客戶必然下訂單採購產品之數量；客戶也不因提出此預估值，而負有必須向製造商下訂單採購產品之絕對義務。但供應商必須依據客戶提出的產品採購數量預

估值，做生產製造的充分準備，以滿足客戶隨時下訂單採購產品的需求。

如上所述，客戶所提出的需求量、採購量預估值，若是在製造商日常產能範圍之內，隨時接單都可以隨時如數生產、如期交貨，那麼便可以接受客戶所主張的預估值僅是單純供生產準備參考之用，而沒有任何的實質拘束力。但是，假設客戶提出未來半年或一年的產品採購數量預估值，已遠遠超過製造商日常產能極限的兩倍或更多，則製造商已明顯產能不足，必須立即擴充產能預做準備，其擴充產能的工作包括購地建廠、添購機器設備、擴充生產線、大量採購原物料及零組件、大量增員並招募勞工，甚至必須至海外投資建廠來進行這些準備工作。設若製造商依據客戶提出的預估值大肆投資擴充產能之後，客戶果真依據預估值向製造商下單採購產品，則製造商能充分滿足客戶市場所需，彼此共蒙其利、皆大歡喜。反之，若日後產品的市場需求不如客戶預期，相對的，客戶下單採購的產品數量也遠遠低於其原來提出的採購數量預估值，則製造商的龐大投資恐將成為一大沉重負擔。如考量市場需求變化的不特定因素，究竟製造商要如何來看待客戶所提出的產品採購數量預估值？

針對此考量，製造商應該先與客戶充分溝通，雙方立於協力廠商的緊密合作關係，若客戶依據市場需求所提出的產品採購數量預估值，已經遠遠大於製造商日常產能的極限，必須投資擴充產能才能滿足客戶的市場需求時，製造商應該要求客戶也給予相對的承諾，承諾其提出的預估值不是全部不具拘束力，至少會按照預估值的若干比例來下訂單採購，或者承諾至

少會負責製造商採購原物料的成本費用，如此，製造商投資擴充產能才能降低風險，製造商才敢勇於投資備料生產，客戶也才能得到製造商的全力支持，按市場不同時期的需求順利銷售產品給消費者。

（二）預估量的增減變更

1.預估量的增減變更標準

為了讓買賣雙方有一個明確的操作參考依據，雙方應該就產品採購預估量的增減變更，訂定一個承諾採購的比例標準，可以按周或按月約定不同的最低採購量比例，舉例說明如下：

各月預估量	最近一個月內	二至三個月內	四至六個月內	六個月以後
承諾採購比例	100%	75%	50%	0%

如上表所列，表示不論客戶是每週或每月提出未來一個月、一季、半年或全年的採購預估量，離最近一個月之內累計的預估量，必須百分之百（100%）下訂單全數採購；第二至第三個月之內累計的預估量，必須至少下訂單採購百分之七十五（75%）；第四至第六個月之內累計的預估量，必須至少下訂單採購百分之五十（50%）；第六個月以後累計的預估量，則承諾下訂單採購的比例可以為零（0%），因為半年以後的預估量，製造商可以有很充裕的時間來調節生產計劃。這樣可以促使客戶更精準的反映市場最近的需求，然後提出採購預估量或加以

調整變更，不必負擔長期的預估量責任，製造商也可以視期間遠近，靈活安排生產，不至於因積壓過多的生產備料，而承擔了過多的備料成本及倉儲風險。

產品於市場上的需求是變化不定的，有淡季、旺季之分，也常因競爭同業間產品的不斷改良、推陳出新，使得產品銷售周期縮短，因此，客戶也必須經常因應市場需求的變化，來增加或減少其採購預估量。為此，製造商又應如何配合客戶變更採購預估量的狀況？可以參考前述買賣雙方所約定的預估量最低採購數量比例，反面表述，按周或按月約定不同的採購預估量可以增加或減少的最高比例，舉例說明如下：

各月預估量	最近一個月內	二至三個月內	四至六個月內	六個月以後
可增減變更比例	+/- 0%	+/- 25%	+/- 50%	+/- 100%

如上表所示，客戶離最近一個月之內累計的預估量，製造商大多已生產就緒、準備交貨了，客戶就不得再增加或減少預估量了。第二至第三個月之內的預估量，客戶可斟酌增加或減少的預估量，只能在百分之二十五（25%）範圍之內，這還在製造商可以即時因應增產或減產的能力範圍之內；第四至第六個月之內累計的預估量，客戶可以斟酌增加或減少的預估量只能在百分之五十（50%）範圍之內；第六個月以後累計的預估量，客戶可以隨意增加或減少百分之百（100%），因為客戶提出半年以後的預估量，製造商可以有很充裕的時間來調節或準

備生產計劃，時間越長，製造商越有反應處理的能力，所以可以接受客戶的預估量有較大比例的增減變更。

至於這預估量期間的長短及增減變更的比例，業界並無一個絕對的標準，應該由買賣雙方共同協商，依照個別不同產品的市場供需情形、備料生產製程、製造商產能，以及製造商願意承擔風險的程度、客戶就未達約定採購比例願意負責補償的範圍等主客觀因素，做不同的調整。

2.不符合約定比例的責任

有關客戶採購產品預估量的相關約定，除了前述的最低採購比例或增減變更比例的標準外，還有一個同樣重要的約定重點，就是萬一客戶沒有完全依照約定的標準下訂單採購時，或者是製造商也沒有依照約定的預估量去備料生產及交貨時，雙方的責任如何？就製造商的責任而言，製造商若沒有依照約定的預估量去備料生產，以致於客戶下訂單時卻無貨可交（給付不能）或只能部份交貨（給付不完全），就是 ODM 合約中一般違約責任的問題，不外違約罰金，及因此造成客戶額外損失時的損害賠償。但在另一種情況下，若是客戶要求增加的預估量已經超過前述表列的約定比例，製造商也沒有接受要求的義務。

一般在合約中約定的重點，是針對客戶沒有依照約定的比例標準下訂單採購的情況，導致製造商已經依據客戶的預估量及約定的應採購數量比例，已經先生產完成，或者已經完成必要的備料，卻因為客戶未依約定下訂單採購而造成庫存損失，此時客戶應如何負責？在此情形下，若要求客戶仍然依據產品的成品單價全額付款，雖然並無不可，但通常在基於將買賣雙

方的損失減至最輕的考量，都會以另一種較為中庸的思維來約定買方責任，原則上買方應該就對製造商所造成產品的成品、半成品及原物料等的庫存損失負責，但前提是製造商也已經為盡量降低庫存品損失，採取了一些必要的措施，包括立即停止用料生產，並將原物料退回原供應商或轉做他用，原物料不能退回者，也要盡可能的將尚未交貨部份的訂單取銷。經過製造商所採取的一切減輕庫存品損失的努力之後，仍然無法處理掉的庫存品，就是客戶應該負責吸收、補償製造商的部份，至於詳細的相關補償方式、範圍等條件內容，還是要由買賣雙方個別去協商及約定。

（三）聲東擊西迂迴條款

合約條款的文字敘述，時而可見前後矛盾之處，也許是因為合約內容項目繁多、錯綜複雜，書寫合約者疏於校對所致，但也有可能是書寫合約者利用繁雜的合約結構，故意以迂迴的方式玩弄文字陷阱，或者於同一份合約的不同條款個別表述，或者另以附件個別約定，使得一些重要條件看起來似是而非，或者前是而後非，或者主約是而附件非，若合約經辦人不提起精神把合約前前後後都仔細看過、前後參照比對一下，往往就會疏忽了其中的關鍵性轉折差異。

就以「Forecasts」與「Purchase Order」這兩個條款為例，曾經看過客戶所擬合約裡，於採購預估值（Forecasts）條款內表示，若因客戶取消或變更最近一個月內的預估值，而造成製造商有產品庫存時，客戶須負責全額補償製造商所有庫存品的

採購價格；但於另外的訂單條款裡同時明文，客戶於供應商原訂交貨日前，視實際需求的變化，有權通知製造商取消訂單之全部或部份，不須負額外責任。如此前後條文可以解讀為，原則上客戶若取消最近一個月內的預估值，是必須 100%補償產品的採購價格（請注意：非產品售價）給製造商的，但若已經正式按預估值下訂單的部份，客戶仍然可以無條件、無期限取消或更改訂單。換言之，客戶若為了逃避「Forecasts」過多的補償責任，可以先將「Forecasts」轉換成訂單，再將訂單通知取消，反而不須負擔任何責任。如此，客戶以聲東擊西的迂迴方式來變相逃避其採購預估值過剩的責任，這些條文對製造商而言，仍然是「白做工條款」。所以製造商不得不對整份 ODM 合約的內容，前前後後仔細的審閱與對照，避免顧此而失彼。

二、訂單（P/O）

採購訂單（Purchase Order），簡稱為「訂單」或「P/O」，是正式買賣交易程序中很重要也很基本的商業文件，在代工製造買賣交易中，訂單的重要性不下於合約，合約所約定的條件必須有了訂單才能實踐履行，也可以說如果客戶沒有下訂單，則合約約定的條件再好也是白談。交易實務中也常常發生買賣雙方沒有簽署合約，而只憑客戶的訂單就直接進行交易的情形，若干重要的交易條件也直接記載在訂單上面，客戶甚至是將鉅細靡遺的買賣交易條件直接印在訂單的背面，做為訂單生

效條件的一部份，製造商一旦接受了訂單，表示也接受了訂單背後的附帶條件。有關於訂單，必須注意幾項重點如下：

（一）合約與訂單之優先效力

　　有些 ODM 合約約定了鉅細靡遺的買賣交易條件之後，遂表示產品的實際採購數量、交期及交貨地點等，依據客戶正式簽發的訂單內的記載為準，客戶將依據合約中之約定條件正式簽發訂單，製造商不得拒絕接受訂單。客戶如此要求，只有在主合約條件確實是經過雙方討論，製造商確認同意之前提下才能接受，爾後雙方都依據主合約履行採購及生產義務，訂單只是再次確認個別出貨數量與日期的程序而已。反言之，如果主合約本身的許多條件仍存在爭議尚未解決，例如：客戶堅持其提供的採購數量預估值僅供備料生產之參考，那麼反而更需要藉由訂單個別確認的機會，來確認產品買賣條件是否可以接受、是否可以執行，則前述主合約的訂單效力約定就礙難接受，製造商還是必須就每一筆訂單內容記載的條件個別確認是否接受。

　　相反地，如果 ODM 合約中約定，產品買賣的採購數量、單價、交期及交貨地點等，應依據客戶正式簽發的訂單內的記載為準，如果合約中之約定條件與客戶正式簽發的訂單內容有不同者，以訂單記載為有效。據此約定，訂單內所記載的買賣交易條件，等於是 ODM 合約的特別約定事項，而具有優先適用之效力，因此更不能輕忽每一張訂單的接單確認程序。

（二）訂單確認程序

　　客戶所擬 ODM 合約中有關訂單之條款，通常在客戶發出訂單之日起幾日內，製造商應回覆接受訂單與否，若未回覆表示異議者，即視同接受（to be deemed accepted）該訂單。回應客戶這樣的要求，應注意考量的重點在於：

1. 有關回覆是否接受訂單的期間，其起算點應該從製造商接收到訂單之日（the date of Vendor's receipt of the P/O）開始起算，而非客戶發出訂單之日（the date of P/O placed by Buyer），這二者之間還是可能出現時間差距的，特別是在有時差的國際間的訂單傳送過程，除時差因素外，往往也因為客戶個別作業流程的關係，使得客戶訂單上的日期與製造商實際接到訂單的日期，會出現幾天的誤差。另外，客戶在簽發、傳送訂單給製造商的過程中，也有可能因為各種原因而沒送抵製造商，製造商沒收到客戶的訂單，根本就不知道客戶有下訂單，在此情形之下，若仍以客戶訂單上的發出日起算，則有可能發生訂單已經生效，而製造商卻毫不知情的情況，若因此到了交貨期卻根本無貨可交，這違約責任就真的很冤枉了。

2. 再者，幾日之內要回覆接受訂單與否，二日、三日或五日，且是指工作日（Business Day、Working Date），這又必須視 ODM 主約之其他條件綜合而定，如同前述，如果主合約本身的許多條件仍存在爭議尚未解決，例如客戶堅持其提供的採購數量預估值僅供備料生產之參考，那

麼製造商便不敢冒然投資擴充產能來備料生產，因此，日後客戶簽發之訂單，其所載明的採購數量及交貨日期，是否超過製造商之日常產能而必須延後交期，以及價格、交貨地點等個別條件，製造商都必須逐筆個別確認後再回覆是否接受訂單。因此，接受訂單與否的回覆期限不宜過短過於倉促，應該預留合理的期間，於照會採購、生產等內部各單位彙集意見後，再回覆客戶是否接受該訂單。

3. 若未於約定期限內回覆是否接受訂單，其效力究竟應該是「視同接受」（to be deemed accepted）或是「視同拒絕」（to be deemed refused），其考量重點同上，若是需要個別回覆確認接受訂單與否，對製造商較有保障的情形下，當然是以未回覆表示同意接受者即「視同拒絕」該訂單為妥，以避免發生實際產能不足，卻又因疏忽未立即回覆拒絕訂單，「視同接受」後卻交不出貨來而導致違約的情況。

（三）訂單取消或變更數量、交期的責任

ODM 客戶於合約中常會要求有權隨時取消訂單，或變更訂單的原訂數量，或變更訂單的交期或交貨地點，以因應產品於消費市場的變化需求。客戶這樣的考量與要求固然情有可原，但站在製造商的立場，卻礙難無條件地接受這樣的合約文字，須分別討論相對應的條件，個別說明如下：

1. 取消訂單（Cancellation of P/O）

　　製造商已經備料生產中的產品，若客戶隨時要求取消訂單就可以取消訂單，將對製造商造成很大的影響，因此，客戶若要取消訂單，至少必須於原訂出貨日期前的合理期間，事先以書面通知製造商，讓製造商有充裕的時間及早減產或停產，以減輕損失，若超過此事先通知的期限，大部份產品可能都已經生產完成、準備裝櫃出貨了，客戶就不得要求任意取消訂單，仍必須收貨並履行給付貨款義務。至於必須在原訂出貨日期前多少天前通知才屬合理期間，三天、五天、三十天、六十天或者更長的時間，這並無一定標準，不同產品有不同的生產週期及運輸特性，要看產品的備料及生產製程時間客觀決定，經雙方協商認可後即可。

2. 變更訂單（Change of P/O）

　　合約中泛稱的變更訂單，指的是變更訂單上所記載的一切條件事項，包括數量、交期、交貨地點，甚至是其他訂單記載條件的變更等情況。一般較常見的變更訂單情形如下：

(1) 變更數量：所謂變更訂單的原訂數量，包括增加數量或減少數量兩種情況，不論何者，如同取消訂單一樣，都必須於原訂出貨日期前的合理期間，事先以書面通知製造商，讓製造商有充裕的時間及早因應，增產或減產來滿足客戶的要求，若超過此事先通知的期限，客戶就不得任意要求增加或減少訂單採購數量。而且所謂合理期

間的決定，也必須視客戶要求增加或減少的數量來客觀評估決定。

(2) 變更交期（Reschedule）：所謂變更交期，包括要求提前或延後交貨日期，若是要求提前交貨，應該比照前述要求，視要求提前的天數，於原訂出貨日期前的合理期間，事先通知製造商，讓製造商及早因應，趕工增產來縮短交貨日期。反之，若是要求延後交貨日期，這是最常發生的狀況，通常客戶只言有權利要求延後交貨日期，至於延後多久、延後交貨期間的倉儲管理費用、毀損滅失的風險由誰負擔、產品所有權歸屬等問題，都避而不談。因此，製造商就必須提出相對的條件要求，最基本的是，延後交貨期間有一定的期限，不能漫無期限的延期。舉例說明之，經客戶通知延後交貨後，自原訂交貨日起已超過十天仍未通知交貨者，客戶即須負擔貨物之倉儲、保險及人員管理等費用；且延後交期最長以六十天為限，若超過六十天仍未通知交貨者，則客戶應立即履行付款義務，產品之所有權及毀損滅失的風險負擔均轉移由客戶自己承擔，以避免製造商因客戶遙遙無期的延後交貨，既不能收取貨款，又要負擔貨物保管的額外費用及風險。

(3) 變更交貨地點：變更交貨地點，一般問題較少，大多是運輸費用及報關手續可能跟著改變，客戶應提早告知製造商，讓製造商有充裕的時間及早因應，安排變更運輸及報關作業。製造商可以視客觀情況，考慮是否要求客戶負擔因變更交貨地點所產生的額外費用。

(4) **變更訂單的其他條件**：除上述條件以外的變更，若涉及實質買賣交易條件的變更，必須經過買賣雙方另行協議取得一致同意後，始得變更之。

三、防火牆（Fire Wall）

　　這裡所謂的「防火牆」（Fire Wall），並不是真的要求以防火建材去建築一道道防火牆的意思，而是有些 ODM 客戶為了嚴格執行保密政策，會要求製造商建構起「防火牆」機制，嚴格管制所有與產品生產相關的過程，必須隔絕一切可能洩露機密資訊的途徑或機會，包括廠房、車間、生產線、出貨碼頭、甚至是生產線上的作業員，都必須專屬於該產品之生產製造，同一廠房、生產線、車間、出貨碼頭之內，不可同時有其他產品進行生產或出貨，通一批生產線上的作業員，不可同時負責操作其他產品的生產作業，特別是客戶的競爭同業委託代工製造的產品；甚至是文件儲存保管都必須有獨家專用資料庫來保存，不得混雜其他客戶或往來協力廠商的文件檔案，藉此要求來杜絕任何不相干的第三人接觸產品機密資料或生產、出貨過程的機會。

　　客戶如此要求固然可以理解，但並不表示製造商一定要接受客戶如此的要求，若按照客戶如此高規格保密「防火牆」的要求標準，將增加製造商額外的營運管理成本，除非該客戶是非常重要的大客戶，製造商仰賴其訂單即足可滿足營運業績及獲利目標，或者製造商恰巧同時接獲客戶的主要競爭對手的代工訂單，同時在生產之中，確實有較高的被窺竊、洩露產品商

業機密的風險，否則應委婉與客戶說明溝通，表示公司有嚴格的內控制度，在履行同樣的保密義務約定之下，不必如此高標準地建構防火牆，也能達到相同的保密效果，而且節省費用、控制成本（Cost Down），客戶一般均能欣然接受。

四、勞工條件限制（Restrictions to Labors）

有些 ODM 客戶為了確保產品在生產、包裝過程中的效率、良率，維持產品系出名門的高貴、高檔形象，同時兼顧善盡國際公民維護人權的義務，會於 ODM 合約中特別要求製造商不得雇用未成年童工或非法勞工從事生產作業，亦不得讓勞工超時工作或有其他違反當地勞動法令或國際人權的情形。如果客戶有特別提出這項要求，應予以尊重與遵守，唯有些製造商會有與技術學校簽約，進行建教合作的情形，最好能事先向客戶告知說明，並安排學生負責不同的實習工作，以避免客戶的指責或疑慮。

五、稽核（Audit）

縱然 ODM 合約內約定了鉅細靡遺的權利義務，但為了事前管控，防患未然，為了確認製造商是否確實依照合約約定執行義務，最好的方式就是進行現場稽查訪問，這是客戶的權利，製造商沒有特殊理由不應拒絕，但是必須注意幾項與客戶溝通約定的要點：

1. 客戶進行稽查之前，必須於事前合理期間以書面通知製造商；可在合約中明確約定若干工作日之前的書面通知，告知擬前來進行稽查的時間、地點及稽查項目，以便製造商提供必要的安排服務，並準備好接受稽查的資料。

2. 客戶進行稽查的時間，最好是在日常工作時間之內，客戶始能察看到製造商工廠生產作業最真實的操作管理情況。假設國外客戶要求前來稽查的時間，恰巧是製造商國內的國定假日，為了客戶的稽查，反而需要動員職工到廠加班，徒增製造商及其職工的困擾，且客戶的稽查效果恐怕也要打折扣，對雙方都不見得有利。

3. 客戶進行稽查的一切費用，特別是從國外來的客戶，其往返的差旅交通、食宿等費用，應由客戶自己負擔。除非稽核結果發現確實有違約情事，客戶向製造商請求違約賠償時，再將稽查費用一併計入請求。

4. 若客戶進行稽查之後，確實發現製造商有若干違反合約約定之處，有些客戶會立即以違約論處，動輒要求解約賠償，但製造商應該與客戶婉轉溝通，不應立即主張解除合約及請求違約賠償，而應以書面將稽查結果通知製造商，訂定一合理期間要求改善，若製造商逾期仍未予改善時，客戶始得追究製造商的違約責任。

5. 客戶前來進行稽查的人員，必須是客戶公司所指派的員工，或者客戶委託授權的會計師，而不是前述以外的其他第三人，這是為了保護客戶及製造商的機密資料，降低被第三人竊取機密資料的風險。

案例研討 ‖

慣例≠義務，談 Forecasts 與 P/O

　　甲公司為電腦周邊產品代工製造商，乙公司為甲公司的零組件供應商，甲、乙均為台灣的公司，也都分別到大陸投資設廠，甲公司按照一般製造業界的慣例，每個月提出未來半年所需採購數量的需求量預估數字（Forecasts）給乙公司做備料生產之參考，然後再簽發正式的採購訂單（P/O）向乙公司採購貨物，後來包括甲公司於大陸之子公司甲-1 也直接向乙公司於大陸之子公司乙-1 提出「Forecasts」並下「P/O」，乙-1 亦就近自大陸出貨交貨給甲-1。多年合作下來，甲及甲-1 公司（統稱為「甲公司」）向乙及乙-1 公司（統稱為「乙公司」）正式採購零組件的數量，都與「Forecasts」相差不遠，也因此乙公司幾乎已經習慣性地把甲公司提出的「Forecasts」當成未來的「P/O」看待，事先充分備料，甚至提早生產製造，預留成品庫存起來，接到正式訂單時即可準時交貨。不料，某年甲公司因受全球經濟景氣影響，市場銷售需求不如年初所作之預估，甲公司為此調整營運策略，結束了部份的海外市場，並將大陸甲-1 公司關閉，因而也取消了許多已經簽發的零組件採購訂單。乙公司不甘受損，要求甲公司仍然應該履行付款義務，包括乙公司依據甲公司的「P/O」及「Forecasts」，已經生產完成的成品及半成品的貨款，以及對外採購原物料的費用，但甲公司認為取消訂單為買方之權利，拒絕支付分文，乙公司即向台灣桃園地方法院提起民事請求給付貨款之訴。

　　法院審理時發現，甲乙雙方包括大陸子公司甲-1、乙-1 都沒有簽署買賣合約，僅有甲、甲-1 公司「P/O」上記載交貨日期、地點、保固期一年等簡單附註事項，並未就取消訂單的責任有任何註記，更完全沒有關於「Forecasts」效力的約定，又因涉及兩岸貿易，卻沒有準據法及管轄地的約定等。因此，雙方主張及抗辯事由的攻防重點，除了在於如何向法官解釋說明「Forecasts」與「P/O」的效力不同及個別責任並舉證之外，訴訟管轄的程序問題也成為雙方爭執的另一個重點。本案最後經台灣台北地方法院受理，經纏訟兩年多，進入到二審程序，最後判決結果是一部勝訴一部敗訴，只有台灣的甲公司對台灣的乙公司正式簽發「P/O」部份，必須履行全額給付貨款之義務，乙公司及乙-1 公司之其他請求均敗訴駁回。

　　本案判決結果給了甲乙雙方很好的經驗教訓，也值得所有從事 ODM 業務的人員警惕學習，首先，就甲-1 與乙-1 部份，大陸甲-1 向大陸乙-1 提出「Forecasts」並下「P/O」，乙-1 也就近自大陸出貨交貨給甲-1，買賣雙方當事人為大陸公司法人，法律行為事實及相關法律關係均發生在大陸，既未約定子公司與母公司同屬買方或賣方的共同契約義務關係，又未約定準據法及管轄地，在甲公司抗辯下，台灣法院自然直接駁回此部份的請求。就已簽發的正式「P/O」部份，法院認定買賣關係依法已經有效成立，除非雙方事前有協議同意買方有權隨意取消「P/O」，否則買方自然不得片面主張解除買賣、取消訂單。而針對「Forecasts」的效力部份，在與「P/O」的效力對照比較之下，「Forecasts」對買方而言既然無法律上的拘束力，除非買賣雙方事前協議同意「Forecasts」對買賣雙方的效力，否則賣方

自然不得將「Forecasts」比照「P/O」來請求給付貨款。簡言之，在論斷買賣雙方於交易行為中的權利義務時，雙方有約定者依約定，未約定者依據法律規定，在沒有書面合約事前明確規範約定的情況下，權利與義務的效力認定，並不是任憑買方或賣方單方面的主張，更不是憑藉以往的慣例，畢竟常年下來便宜行事演成的慣例，仍然與白紙黑字記載約定的合約義務有別。因此，不可輕忽買賣交易相關合同的訂定！

生產製造階段的合約重點

- **Forecasts:**
  -- Flexibility Liability *or* Reference only
- **P/O:**
  -- confirm lead time、deemed accepted/rejected
  -- Liabilities for Change、Reschedule、Cancel
- **Fire Wall:**
  -- Requirements、necessity
- **Restrictions to Labors:**
  -- Requirements
- **Audit:**
  -- Prior written notice、costs & expenses、
  Liability if any Audit Finding

▶▶▶▶ **第九章**

交貨階段的合約重點

　　產品生產完成後，即進入交貨階段，廣義言之，包括交貨前的準備階段、交貨運輸階段以及交貨後的驗收階段，在每個交貨階段各自有必須注意的合約重點，逐一說明如下：

一、包裝及標示（Packing & Labeling）

　　產品交貨前必須先完成包裝，包括內包裝及外包裝，包裝的方式、材質、規格等，都必須事先以書面明確約定，若客戶有其特殊的包裝規格要求時，例如內包裝的包材必須防潮、防皺、透氣而且有商標浮水印花標示，外包材必須具防水性，裝入紙箱後必須加裝抗震、防位移裝置，甚至客戶有特別指定包裝材料的供應商時，即依據客戶事先提出的規格進行包裝。若客戶沒有特別要求時，即依據製造商一般的包裝方式處理，以能保護產品不受損傷為原則。至於包裝費用，若因為客戶的特殊包裝要求而增加包裝成本時，可以事先提出來與客戶溝通，

討論費用的補貼或分攤方式。客戶也通常會要求內外包裝上必須有特定的標識說明，例如內包裝的最小包裝上必須標示小包裝內的產品規格、型號、數量、物料編號、生產日期及批號等，外箱包裝也必須標示整箱產品的名稱、規格、型號、數量、物料編號、生產日期、生產批號以及檢驗合格標籤、生產廠家、生產地等說明，製造商都必須依據客戶的要求仔細標示。

　　如果產品必須裝入貨櫃出口，則有關包裝的問題必須連同裝櫃的方式一併討論，例如，每一紙箱裝載產品數量為一百件，以每一單一紙箱為單位直接上貨櫃報關出口；或者再以每四個紙箱為一單位，外罩防水透明膠布後裝櫃出口；又或者每四個紙箱為一單位外罩防水透明膠布後，將紙箱放置於棧板上，每一棧板堆疊四個單位，連同棧板一併裝櫃出口。產品包裝及裝櫃方式不一而足，視個別產品的不同特性制定不同的包裝方式，但都必須事先約定清楚，以避免日後因包裝不符合規格要求，或因包裝、裝櫃方式不良而損傷產品時，雙方就責任歸屬問題發生爭議。

　　此外，客戶若對產品的包裝外觀有特別要求標示字句或圖樣者，例如：標示產品的品名、數量、體積、重量、生產地、客戶訂單號碼、客戶名稱、客戶指定的商標圖案或警告標語等，客戶均應事先明確告知製造商，甚至由客戶自己提供該標語標籤或商標圖案，以避免交貨後發生標示不實的相關爭議。

二、商標、服務標章（Trademark、Service Mark）

　　ODM 代工業務，通常會碰到客戶要求在產品的內外包裝上標示商標或服務標章的情形，於此情況下，必須以下的重點：

1. 商標或服務標章通常都經過特別設計，具有強烈的辨識度或防仿冒、防偽製的功能，若客戶要求在產品的內外包裝上標示商標或服務標章時，建議請客戶直接提供該商標或服務標章的貼紙或標籤給製造商使用，一來省去製造商為了製作該商標或服務標章，必須另外委託製版印刷的時間及費用成本，二來避免另外委託製作出來的商標或服務標章有失真的情況。

2. 授權（License）與保證（Warranty）：客戶要求標示的商標或服務標章，不一定是客戶的正商標，有可能是客戶的其他商標，也有可能是客戶的上游客戶的商標或服務標章，因此，當製造商依照客戶要求在產品內外包裝上標示商標或服務標章時，也會面臨侵害第三人商標權的潛在風險。所以當客戶提出在產品內外包裝上標示商標或服務標章的要求時，不論該商標或服務標章是由客戶提供者或是製造商另外印製者，製造商必須相對的要求客戶提供授權使用的聲明，表示該標示商標及服務標章於產品上之行為，確實為經過權利人授權之行為。同時，客戶必須保證（Warrant）其囑託製造商於產品包裝上標示的商標或服務標章，其確實擁有合法之商標權及服務標章權利，或者已合法取得權利人之授權，絕不會有侵

害第三人商標及服務標章權利之情形，否則由客戶負擔一切侵權時的法律責任。這是製造商自我保護的基本措施要求，省略不得。

三、交貨期限（Lead Time）

產品的交貨期限，乍看之下只是有關日期的約定，並無特別之處，實際上卻是可以大作文章的，在交易實務上常常因為輕忽了交期的相關問題，對製造商造成很大的困擾及損失。就產品的交貨期限，特別提出幾個必須注意的重點如下：

1. 交期的確認

產品的交貨期限必須事先約定好，製造商才能控制生產進度，如期交貨，但經常看到客戶提出的 ODM 合約中不直接載明交貨日期或期限，而依據日後客戶正式簽發的訂單中所記載之交貨日期為準。這樣的條文敘述所隱含的風險，如同前述訂單數量的確認一樣，必須將 ODM 主約之其他條件綜合來看，如果主約本身的許多條件仍存在爭議尚未解決，例如客戶提供的採購數量預估值僅供生產之參考，那麼日後製造商就必須視客戶的採購數量是否超過日常產能，再個別確認回覆是否同意客戶簽發之訂單上載明的交貨日期。因此，於合約中就必須修訂該條文為：「交貨日期依據日後客戶正式簽發的訂單中所記載，且經過製造商確認同意之交貨日期為準」，保留個別確認訂單交期的權利，避免遲延交貨的違約責任風險。

　　須再注意的是，有時客戶所擬合約中有關交期之約定記載，於客戶發出訂單之日起 N 日內交貨，但交期的確認，其起算點應該從製造商接收到訂單之日（the date of Vendor's receipt of the P/O）開始起算，而非客戶發出訂單之日（the date of P/O placed by Buyer），這二者之間還是可能出現時間差距的。至於交貨期限的長短，就要視訂單所載之採購數量多寡，及製造商本身的每日產能，客觀評估後再做決定。

2. 交期的變更

　　預定的交期也偶有發生變更的情況，所謂變更交期包括「提前」或「延後」交期，但與前面所述由客戶要求變更交貨日期的情況不同，若是製造商提早生產完成，要求提前交貨，應該事先通知客戶，並取得客戶的同意後再提前交貨，否則有些客戶會拒絕收貨，甚至要求產品售價打折才願意收貨，徒增製造商的困擾及損失。

　　反之，若是製造商要求延後交貨日期，這是最常發生的狀況，在此情形之下，製造商也應該事先通知客戶必須延後交貨的情形及原因，同時明確告知預期可以交貨的日期，要求重新議定一個新的交貨日期，讓客戶可以預作因應處理，也盡可能取得客戶的諒解，以免除遲延交貨的違約責任，但客戶通常在合約中仍會堅持保留向製造商追究遲延交貨之違約責任的權利，此時只能多多協調溝通，盡量減輕雙方的損失，也就減少追究賠償責任的機率。

　　若是在出貨之際，客戶突然要求變更、延後交期的情形，如同是對訂單的變更，請參閱第八章、二、(三)、2.(2)變更交期。

四、交貨運輸方式（Delivery Term）

交貨方式的約定，主要包含兩方面：

1. 運輸工具

依據產品的特性及市場供需的時效要求，在兼顧安全、時效及降低運費成本等滿足客戶需求的前提下，雙方協議決定以空運、海運、陸運或陸空、海空、海陸聯運方式來運送貨物。在合約中常見的約定方式，原則上以海運為主，但若是發生延誤交貨(Delay Dlivery)的情形時，製造商應改以空運方式盡快交貨，因此增加的運輸費用仍由製造商負擔。

須特別注意的是，如果客戶對運輸工具有特別的規格要求，除了要求客戶明確告知規格標準外，也要確實查證是否符合客戶之運輸規格要求，例如，某客戶要求海運載送貨物，並於訂單中特別註明必須以國際貨輪等級標準中的「A」級船來負責運送，而某製造商將產品裝櫃後即委託報關行託運並報關出口，而製造商及報關行均未注意到該特別要求，不巧報關行安排到的裝載貨輪屬於「B」級船，後來客戶即以製造商違約為由，向押匯銀行申請止付信用狀（L/C），雙方遂因此發生爭議涉訟。因此，有關運輸方式及附帶條件的約定，因為在實際執行時已經脫離了製造商可直接監控的範圍，製造商仍然必須特別注意，務必要將客戶的特殊要求明確告知報關行或承攬運送人，並且盡可能於裝櫃時到現場監視確認，避免發生百密一疏的違約情形。

2. 貿易條件

　　事先約定交貨條件，也就是國際貿易的運輸交貨條件，主要目的在於界定買賣雙方就貨物所有權與風險負擔轉移的時間和地點，以及相關費用的負擔責任問題，製造商與客戶必須於合約或訂單中事先約定好，以便製造商遵照執行，免生爭議。按照國際商會（International Chamber of Commerce，簡稱「ICC」）針對各種國際貿易條件所作解釋彙編成的**《國際商務貿易條款》**，或稱**《國際貿易術語解釋通則》**於 2000 年最新補充修訂版（一般稱之為**《INCOTERMS 2000》**[1]）的規定，總共包括兩大類（出口地交貨術語：八個、進口地交貨術語：五個）、四組（按賣方承擔責任、費用和風險由小到大，依次分為 E 組、F 組、C 組和 D 組）、十三項貿易術語，十三項貿易術語即分別代表了交貨貿易條件的十三種模式，以表列方式對照說明如圖 9-1。

---

[1] 「INCOTERMS」係由「International Commercial Terms」三個字的字首合併而成，是由國際商會（International Chamber of Commerce，「ICC」）針對國際間各種常用貿易條件所作的統一解釋，以避免或減少因各國解釋不同而出現的不確定性。「INCOTERMS」明確規定買賣雙方當事人就已銷售貨物（指「有形的」貨物，不包括「無形的」貨物，如電腦軟體）的權利義務、貨物所有權及風險轉移的時間、地點，以及相關費用的負擔，以使國際貿易的當事人對交易條件有一致的認識，避免發生國際貿易上之爭議糾紛。ICC 於 1936 年首次公佈了一套解釋貿易術語的國際規則，名為「INCOTERMS 1936」，之後於 1953、1967、1976、1980 和 1990 年均有修訂，目前最新版本則是在 2000 年中做出的補充和修訂，一般以「INCOTERMS 2000」稱之。

圖 9-1　國際貿易交貨條件主要模式

貿易條件 國際代碼	意　義		交貨地點	適用運 輸方式
	英　文	中　文		
EXW	Ex Works	工廠交貨	商品產地、 所在地	不限
FCA	Free Carrier	貨交承運人	出口國內地、 港口	不限
FAS	Free Alongside Ship	裝運港 船邊交貨	裝運港口	船運
FOB	Free on Board	裝運港 船上交貨	裝運港口	船運
CFR	Cost and Freight	成本加運費	裝運港口	船運
CIF	Cost Insurance and Freight	成本加保險 費、運費	裝運港口	船運
CPT	Carriage Paid To	運費付至	出口國內地、 港口	不限
CIP	Carriage and Insurance Paid To	運費、 保險費付至	出口國內地、 港口	不限
DAF	Delivered At Frontier	邊境交貨	兩國邊境 指定地點	不限
DES	Delivered Ex Ship	目的港船上 交貨	目的港口	船運
DEQ	Delivered Ex Quay	目的港碼頭 交貨	目的港口	船運
DDU	Delivered Duty Unpaid	未完稅交貨	進口國內	不限
DDP	Delivered Duty Paid	完稅後交貨	進口國內	不限

　　上述各種國際貿易條件個別的意義解釋、使用運作的規則及應注意的問題等，在《INCOTERMS 2000》裡有明確的規範，

因此，一般 ODM 合約中通常僅簡單記載約定採用的交貨模式和貿易條件為「FOB」、「CIF」或「DDU」等，詳細內容必須依照《INCOTERMS 2000》的規定。有關《INCOTERMS 2000》各項貿易條件的細節規定（詳細內容請參閱本書之「附錄」），製造商必須另行仔細研讀並加以理解。

在此要特別說明的是，一般人對「INCOTERMS」存有兩個非常普遍的誤解，一個是認為「INCOTERMS」是只限適用於運輸合約的條款，其二是誤以為它規定的內容包含了買賣雙方當事人在買賣合約中的所有責任。實際上，如 ICC 所一貫強調的，「INCOTERMS」只涉及銷售合約，而且只限於一些與已銷售貨物有關的非常明確的、特定的權利與義務，例如：賣方將貨物交給買方處置，或將貨物交運或在目的地交貨的義務，買賣雙方之間的風險劃分，貨物進口和出口清關，貨物包裝的義務，買方受領貨物的義務，以及提供證明各項義務得到完整履行的義務。雖然說「INCOTERMS」對於買賣合約相關權利義務的執行有極重要的規範意義，但「INCOTERMS」畢竟還是不能完全涵蓋買賣交易中的其他重要條件約定，仍然必須有獨立的買賣合約來完整約定、規範所有的買賣交易條件，「INCOTERMS」充其量只是其中約定適用的國際標準而已。

五、交貨遲延（Delay Delivery）

準時交貨是 ODM 業務非常重要的基本要求，因為客戶一般都有在特定節日或銷售旺季前的行銷計劃，事先投入組織銷

售網與行銷廣告等行銷費用，只等產品問市，若是製造商突然
延後交貨，其影響不難想像，尤其是為國際知名大客戶的代工
製造產品，其全球的銷售網都等著趁某些節慶日的熱賣期間來銷
售產品，若製造商在這時候發生來不及交貨的情形，對客戶及其
下游經銷商所造成的損失將難以估算，而這些損失最終也將成為
製造商的違約賠償責任。在此情形下，製造商若早已預見交貨將
遲延時，為了讓客戶可預作因應處理以減輕損失，也一樣應該盡
早事先通知客戶，並說明原因，同時明確告知預期可以交貨的日
期，盡可能取得客戶的諒解，以免除遲延交貨的違約責任，或至
少可以盡可能將自己的違約賠償責任及損失都降到最輕的程度。

　　相反的，有時候產品提早交貨，但客戶不一定領情，不一
定樂見製造商提早交貨，尤其是比原訂出貨日提早許多天的情
形，因為現在的 ODM 產品大都是依據市場淡旺季的供需情形
提出預估值（Forecasts），再依據預估值下訂單，因此每一段交
貨約定的數量、交期、交貨地點及發貨倉庫庫存量等都早已規
劃妥當，若發生提前交貨的情形，可能會給客戶帶來一時的貨
物屯積現象，若是交貨到客戶指定的發貨倉庫（Warehouse），
則尚須考慮發貨倉庫是否有足夠空間可以暫收貨物，以及倉庫
的倉儲管理費用的負擔、萬一發生毀損滅失時的賠償責任歸屬
等問題。因此，如產品準備提早交貨，製造商應事先通知客戶，
取得客戶同意後再出貨，否則按照目前一般客戶於 ODM 合約
中的要求，客戶可以要求拒絕收貨或是要求減價才肯收貨，造
成製造商無謂的損失。

　　不論是交貨遲延或提前，建議製造商於合約中事前約定，
協商爭取若干天數的免責時間，例如交貨遲延或提前均不得超

過三個工作天，或者交貨遲延不得超過五個工作天、交貨提前不得超過二個工作天，雙方秉誠信合作的精神來協商決定可接受的交貨彈性時間，而不是相互對立似的動輒追究違約責任。

六、交貨地點（Destination）

依當今 ODM 代工製造業務的發展趨勢，具有「一地生產、全球交貨」的特色，甚至為了配合客戶全球市場快速交貨及後勤維修的供應鏈佈局，在全球廣設製造工廠，提供「全球生產、全球交貨」的服務。為了「全球交貨」的服務特色，ODM 產品交貨地點的約定便相形重要，通常客戶會在簽發出來的訂單的附註條件裡記載交貨地點，此項目必須清楚記載，製造商接到訂單時若對交貨地點有疑問，必須特別向客戶反映並求證確認，避免誤送地點時衍生來回運輸及報關等額外費用，甚至因此造成交貨延誤而須擔負違約責任。

視產品性質是零組件或是已經可以上市銷售的成品，而有不同的交貨地點，若是已經可以上市銷售的成品，則客戶可能要求送到客戶全球的發貨倉庫，或是直接送達客戶的上游客戶、銷售商，供其銷售上市，則交貨地點依客戶個別的通知指示而定。若交貨產品是零組件，因為尚必須進一步裝配生產，交貨地點不外乎以下幾種：

1. 客戶所屬工廠：若產品是零配件之類，客戶必須再進行組裝，成品才能銷售，則交貨地點一般就是客戶所屬的工廠，包括客戶設在全球各地的工廠或收料倉庫。當貨

物送達交貨地點後，即完成交貨義務，通過驗收後即可請求客戶給付貨款。

2. 客戶指定之第三人：有時客戶的產品成品是委託第三人組裝製造的，因此會要求將零組件直接送交到其指定的第三人處，當貨物送達後，即完成交貨義務，通過驗收後即可請求客戶給付貨款。

3. 物流倉庫：除前兩項地點外，客戶也經常要求將貨物運送到非客戶所屬的外界一般的物流倉庫（Warehouse、Hub）暫存保管，當貨物送達後，雖然已完成交貨義務，但必須等到客戶自該倉庫提領貨物後才算完成買賣，也才可以向客戶請求給付貨款。有關交貨到物流倉庫的前後相關作業，涉及許多重要的作業程序掌控及權利義務，經常是另外以單獨的倉儲合約來約定，不是三言兩語可以盡述規範，一些特別要注意的操作細節與合約權利義務約定，留待於討論「物流倉庫」時再深入說明。

七、物流倉庫（Warehouse、Hub）

這是非常普遍的 ODM 業務交貨流程，這種交貨模式的產生背景是，客戶為了要充分掌握備料存貨的狀況，以應自己隨時調節生產時無缺料之虞，但又怕備料過多，除了增加自己購料庫存的成本外，也多了倉儲管理的費用與風險，於是發展出

這樣的兩階段交貨模式，要求製造商先依據「Frame Order」[2]將產品運送至客戶指定的物流倉庫，以方便客戶就近取貨，等客戶依市場需求決定生產所需的用料數量後，再簽發正式採購訂單（「Purchase Order」）給製造商，然後自物流倉庫取貨，取貨後才算正式完成買賣交易，製造商才可以依據個別的「Purchase Order」的採購數量向客戶請求給付貨款。而在此之前，貨物的所有權及毀損滅失的風險，都仍然歸屬於製造商負擔，而且客戶什麼時候向倉庫取貨若沒有期間限制，客戶可以一年半載不取貨也沒責任，將造成製造商很大的庫存管理困擾及損失，因此，必須審慎確認交貨地點在物流倉庫的相關管控實施細節，至少有以下幾點必須特別注意：

（一）倉儲合約

交貨地點在物流倉庫者，倉庫在製造商與客戶之間的地位及權利義務關係如何界定，必須有合約明確約定，實務運作上有倉庫與客戶簽約者，也有倉庫與製造商簽約者，最主要的差別在於該倉庫聽從誰的收發貨指揮、盤貨監督，以及由誰支付該倉庫的倉儲費用，貨物毀損滅失時誰是受賠償權利人，不論該倉儲合約是由製造商或客戶與倉庫簽約，不論合約中約定倉儲費用是由製造商或客戶支付，共同的重點如後所述。

---

[2]　「Frame Order」（稱作框架訂單或主訂單）意指買方於預定的時間內，預計將採購的產品總數量訂單，然後再依個別正式的「Purchase Order」（採購訂單）分批取貨，買方僅依實際取貨數量負擔給付貨款之義務。

（二）貨物所有權與支配權

不論倉儲合約是由製造商或客戶與倉庫簽約，貨物所有權均必須歸屬製造商所有，此所有權的行使，包括製造商隨時有將貨物取出並運往其他地方的支配權利；相對的，貨物毀損滅失的風險也是由製造商承擔。貨物只有當客戶提領、離開倉庫之後，始將所有權及風險轉移至客戶身上，由客戶來承擔。

（三）貨物盤點稽查權

因為貨物所有權人仍然是製造商，製造商也有義務隨時向客戶通知倉庫內的產品庫存狀況是否符合「Frame Order」的數量，所以製造商必須有權利隨時前往倉庫盤點稽查（Auditing）。若是在倉儲合約由製造商與倉庫簽約，且倉儲費用是由製造商支付的情形下，要求隨時進入倉庫進行盤點稽查尚無太大問題，但若是倉儲合約由製造商與客戶簽約，且倉儲費用是由客戶支付的情形下，則倉儲合約的權利義務關係原則上只存在於倉庫與客戶之間，倉庫是可以不理會製造商的要求的。因此，於 ODM 合約中必須約定產品交貨至物流倉庫後的所有權歸屬及盤點稽查權利，且最好要求將此製造商的權利也明白約定、記載入倉儲合約中，以避免日後製造商前往倉庫稽查盤點時與倉庫管理人發生不必要的爭議。

（四）貨物提領權

　　這是有關產品交貨到物流倉庫後的另一項約定重點，究竟製造商及客戶誰有權利自倉庫中將貨物提領出來？倉庫接受誰的取貨通知將貨物放行運出？在 ODM 業務實際運作的個案中，貨物提領權人有製造商、有客戶，也有二者都有權提領貨物的不同約定，關鍵即在於 ODM 合約或倉儲合約中誰具有貨物主控權的約定。就物流倉庫中的貨物提領權歸屬，實務上存在有以下幾種模式：

　　對製造商而言，在物流倉庫內貨物交貨及取貨的主控權利最好都在製造商身上，倉庫應該聽令於貨物所有權人，也就是只聽令於製造商的通知指揮，客戶發出正式採購訂單給製造商後，再由製造商通知倉庫何時放行出貨及出貨的數量。而且，若客戶有遲延付款，或是已經出現財產被法院執行扣押、宣告破產等履行付款義務顯有困難之情形時，製造商可以拒絕出貨，可以通知倉庫禁止客戶前往提貨，藉以逼迫客戶給付貨款，或至少可以降低出貨損失，但若是無法轉售其他人的客制化產品[3]，則產品取回也無實益，仍須設法要求客戶取貨，或視同已交貨但客戶違約拒絕收貨，使貨款債權成立，預留證據，以備日後訴訟求償之用。

　　其次，因為物流倉庫一般都依據客戶所指定，與客戶的關係密切程度更勝於製造商，甚至也常見物流倉庫就是客戶轉投

---

[3] 客制化產品（Customized Products）意指依據客戶提供的特殊產品規格所製作出來的產品，特別是零組件產品，因為只有該特定客戶的特定產品有此需求，非通用產品（Common Products、Common Parts），無法轉售給其他客戶使用。

資企業的情況，則倉庫多半傾向於聽從客戶的指揮，即使是由製造商與倉庫簽署倉儲合約，且由製造商支付倉儲費用的情形下亦然。對製造商而言，即使不能達到前項單獨管控的最佳模式，退而求其次，製造商與客戶都有權利直接到倉庫取貨，但其中的取貨程序就必須非常明確且嚴格的約定，客戶去倉庫取貨前或同時，必須將正式採購訂單發出給製造商，讓製造商能夠憑以請求給付貨款。更退而求其次者，客戶去倉庫取貨後，必須通知製造商已取貨之數量，並將正式採購訂單發出給製造商憑以請款。最差的作業狀況，是事後才由倉庫來通知貨主（製造商）貨物被客戶提領的數量及時間，甚至也有每周或每個月才清點倉庫庫存，結算出當周或當月的總出貨量後據以請款的情形。但無論前述那一種取貨的作業方式，只要當事人約定清楚即可，差別在於製造商能否事前掌握到客戶於第一時間取貨的即時性，但對製造商而言，真正的重點除了能夠清楚掌握倉庫中貨物的存貨現況之外，更必須掌握隨時可以自倉庫運回貨物的支配權利。

最差的約定是，所有的義務都歸製造商負擔，但權利都由客戶獨享，也就是倉儲合約由製造商與倉庫立約，倉儲費用由貨主（製造商）負擔，有些倉儲合約甚至要求貨主必須負擔產品綜合損失險的保險費，貨主有依「Frame Order」要求數量交貨到物流倉庫的義務，但只有指定的客戶才能提領貨物，連貨主要自倉庫取回貨物，或者只是要前往倉庫稽查盤點貨物的儲放情形，都必須經過客戶的書面同意，並由客戶通知、指示該物流倉庫管理人後，貨主始得以進入倉庫。於此情況下，貨主（製造商）的貨物運送交付到物流倉庫後，即完全失去對貨物的實質支配權利，空有對貨物名義上的所有權，徒增風險，並

使客戶延後履行付款的義務。特別是在倉儲合約由客戶與倉庫立約，倉儲費用也由客戶負擔的情形下，更是如此。

　　製造商應該明確認知上述各種情況的利弊得失，審慎評估客戶的信用，以及自己與客戶之間業務關係的維繫，就貨物提領的權利問題與客戶及倉庫三方間充分溝通並清楚約定，寧可多負擔倉儲管理費用，也務必要能實質掌控貨物的收發支配權利。

（五）保險與損害賠償請求權

　　倉庫中的貨物若因天災或人為事故而毀損滅失時，倉庫依倉儲合約之善良管理人義務，固然應該負責賠償，但究竟誰有權向物流倉庫請求損害賠償？在合約中常爭議討論的幾個重點如下：

1. 物流倉庫的責任

　　有些物流倉庫提出的倉儲合約，將倉庫的功能角色定位在僅單純提供倉儲空間供放置貨物之用，有如停車場只供停車，不對車輛負保管責任，因此若貨物在倉庫內發生毀損滅失，不論任何原因所引起者，倉庫一律不負責，也因此，要求貨主自己必須為貨物投保。但實際上，以倉儲貨物的性質與價值來看，物流倉庫不能把以件計價的 ODM 產品，拿來與一般以噸計價的農畜產品相提並論，ODM 產品通常在市場上都有較高的經濟價值，貨主（製造商）應該要求物流倉庫負更多的倉儲保管責任，這是基本的原則。至於倉儲保管責任的範圍內容，詳見後述。

2. 賠償責任範圍

　　承上所述，貨主（製造商）應該要求物流倉庫負更多的倉儲保管責任，至於倉儲保管責任的範圍內容，至少應該是一比一的損害賠償責任，也就是必須按產品價格照價全額賠償。有些倉庫提出的合約，都盡可能減輕自己的賠償責任，縮減賠償範圍，例如倉庫內貨物毀損滅失的比例在百分之三（3%）以內者，或者非因可歸責於倉庫方的原因所造成的損失，倉庫方不負責賠償，而倉庫這樣的要求並不合理，因為貨主更沒有理由平白受損，而且也不會因此可以少付倉儲費用，倉庫方仍然應該負起全部的賠償責任，才屬公平。

　　也常見倉庫方承擔倉儲貨物毀損滅失的賠償責任，但卻是比照華沙公約所定國際航班託運行李損失賠償的方式，按重量每公斤（2.2磅）賠償二十美元，假設儲放在倉庫的ODM產品，是單價一千美元的「Notebook」，每件重量含包裝不超過四公斤，那麼在倉庫內損失一台「Notebook」的賠償金額則不到八十美元，其賠償責任之不合理不言可喻。如果是體積更小、重量更輕的高單價產品，例如：數位相機、手機、MP3、PDA、GPS等科技產品，那麼物流倉庫這種按重量賠償的賠償方式，顯然更是不成比例得離譜。如果再加上前述的賠償條件，毀損滅失的比例超過百分之三以上才須負賠償責任的，簡單來說，一萬台的倉儲貨物，萬一遺失了三百台是不需要負賠償責任的，如果遺失了三百一十台，只需就超過的十台秤重論斤計價，那簡直就是鼓勵竊劫的「劫貨條款」，這種條件當然是無法被接受的。因此，若是遇到物流倉庫對貨物的保管及賠償責任是採

取如此寬鬆的態度者，寧可另外找別家物流倉庫業者；但若這一家物流倉庫偏偏又是客戶所指定的物流倉庫，則製造商應該立即向客戶反應、告知此情形，要求更換其他負責任的物流倉庫業者，否則如果真的發生毀損或短少情形時，該毀損或短少的數量視同是客戶已提貨，損失將由客戶承擔；若不巧是在客戶要取貨前發生，至少可免除製造商交貨數字不足的違約責任，但這些原則都必須事先與客戶協商確定，並明文記載於合約中，對製造商才有保障。

3. 保險負擔及受益人

承上所述，既然倉庫方應該為保管貨物發生毀損滅失負起全部的賠償責任，面對物流倉庫內所儲放來自各地不同價值的貨物，倉庫方又應如何對各個貨主負責？最好的方式就是買保險，為倉庫中的所有貨物投保綜合損失險，對倉庫方及貨主雙方都有實質的保障。至於保額高低及受益人的問題，若是能個別要求倉庫方必須以貨物市價為保險金額，且以貨主為保險受益人，當然是對貨主最完善的保障。但是，倉庫內來自各地貨物的貨主何其多，若站在倉庫方的立場，為使其保險作業單純且方便，只要倉庫方在合約中承諾負責貨物所有毀損滅失的責任，萬一真的發生事故時，由倉庫方向保險公司申請理賠後，再轉付賠償金給貨主（製造商），這樣的方式也是可以接受的。除非製造商所交付保管的貨物是特別高價的產品，則必須特別向倉庫方提出保險的要求，並指名製造商為受益人，當然，倉儲費用可能會因此而增加。由於保單究竟應該由貨主或是倉庫方購買，保險受益人究竟應該是貨主或是倉庫方，各種情形都

有，製造商應該評估各項主客觀因素後，與倉庫方協商，採取最合適的保險方式。

就筆者的經驗，物流倉庫業者顯少願意承擔百分之百的倉儲保管責任，即使願意投保也很難滿足每一個客戶不同貨物價值的需求，因此，製造商最好還是自己斟酌貨物價值，為自己的產品全額投保，有備無患。

（六）免稅倉庫的清關與補稅

依客戶要求將產品送交國外其指定的物流倉庫時，必須注意一個問題，如果該客戶指定的倉庫是一處免稅倉庫時，那麼除非是由客戶自行去該倉庫報關提貨，否則若是必須由製造商依據客戶的指示再自免稅倉庫出貨，交給其當地的工廠或其他代工廠，則必須考量該免稅倉庫內的貨物可否直接內銷到當地，或者必須補稅後才可以出貨、銷售到當地，避免誤陷逃漏關稅的風險，或者增加額外的關稅成本。

八、驗收（Inspection）

產品的驗收是必要的程序，製造商將產品生產製造完成、準備出貨之前，自己要先進行出貨前的品質檢驗（OQC），這是製造商最基本的自我要求，但客戶通常也會要求進行驗收，至於驗收的項目、時間、地點及標準等，並非一成不變的規則，完全依據雙方事先的約定，基本上是在研發設計階段就已經開

始規劃、制定驗收的規格標準，到了工廠試作與準備量產階段會有驗收標準的初版出現；也有可能在量產出貨後，增加或減少某些項目，這種事後變更的情形，都必須留下書面記錄並且妥善存檔保管，以備日後因為驗收規格標準發生爭議時舉證之用。也有不必驗收者，通常是製造商已經長期供貨，或該製造商是世界上唯一的或是獨占的供應商，留下品質良好的信用記錄，經向客戶申請「免驗通關」核准後，即可不再經過驗收程序。而一般常見的驗收程序，不論驗收的項目、時間、地點及標準如何約定，可以按照「5W」人、事、時、地、物的原則要點，注意以下幾個有關驗收條款的重點：

1. 驗收人（「人」）

關於誰是有權代表客戶來進行產品驗收的人，若是能夠在合約中明確約定，當然是避免日後爭議的最好方法，但一般都不會在合約中特別約定，在業界的習慣通常都是「認章不認人」，也就是只認客戶的驗收章，產品送到客戶指定的驗收地點後，只要客戶在產品驗收單上蓋章，或是直接在送貨單上蓋驗收章，都具有驗收通過的效力，而不論代表客戶蓋驗收章的人是什麼部門、級別，或者是否有得到客戶公司負責人的合法授權，也不論是否有確實按照驗收標準執行驗收工作。在業界會因為驗收問題發生爭議糾紛者，通常都是因為產品交貨後，日後出現品質或數量不符的問題時，製造商認為產品已經經客戶驗收通過，而客戶抗辯驗收並未經過公司授權之驗收人員的正式驗收通過。因此，必須特別注意的是：

(1) 若客戶以蓋章的方式代表驗收通過，則不論是以公司印
鑑章或是驗收專用的戳記章，只要是客戶經常性對外使
用於驗收或其他商業文書者，都具有代表性。但相反的，
若是客戶在產品驗收單或送貨單上所蓋的驗收章，並不
是製造商所熟知的客戶公司印鑑章，或是前所未見的驗
收專用章，則為了確保客戶進行產品驗收的代表性及有
效性，製造商最好再慎重求證，要求客戶聲明確認該印
章確實是公司之印鑑章（能檢附公司變更登記事項卡則
更好），或是已經過公司正式授權使用於驗收及（或）其
他業務之專用印章，並保留相關的書面記錄資料，以備
日後萬一因驗收效力問題須負舉證責任時之用。

(2) 若客戶只是由某經辦人個人簽名代表驗收通過，則該簽
名人之正楷姓名（避免個人簽名無法明確辨視）、所屬部
門、級別、職稱，以及是否經過客戶公司的合法授權，
更必須以比求證驗收章更嚴謹審慎的態度去小心求證確
認，以避免日後客戶輕易地以該簽名人未經合法授權、
不具代表性為由，輕易推翻了驗收的效力。

2. 驗收項目內容及範圍（「事」）

針對產品驗收工作，究竟是僅就內外包裝的外觀及數量進
行驗收，或者包括產品的功能測試，功能測試的項目、內容、
範圍及數量比例等，都必須事先明確約定，以避免日後客戶隨
機式的一再變更驗收項目及範圍，不但漫無標準，也拖延驗收
程序及後續的作業。

3. 驗收時間（「時」）

　　除非雙方已協議免驗，否則必須明確約定驗收時間，例如約定客戶必須於產品送交約定地點後五天、十天或三十天的工作日（Business days、working days）內完成驗收，如果逾期不進行驗收，或者已進行驗收但未表示任何異議者，視同驗收通過（to be deemed accepted / approved），才不會因為客戶藉故拖延不進行驗收，而延後給付貨款的時間。至於必須完成驗收的時間天數長短，這並無一定的標準，一般必須視個別產品的性質、特性、數量多寡、驗收項目及規格標準的繁雜程度，以及產品本身交貨的急迫性等因素綜合考量，再個別決定合理的驗收時間。

4. 驗收地點（「地」）

　　有關產品驗收的地點，客戶要在製造商將產品出貨前，就先到製造商工廠或發貨倉庫內進行驗收，或是待產品運送到客戶指定的物流倉庫或其他交貨地點後再進行驗收，都必須事先明確約定。

5. 驗收的規格標準（「物」、「標準」、「方法」）

　　在整個驗收階段的相關條款約定裡，驗收的規格標準是其中最重要的核心，驗收的規格標準為何，採全面檢驗或是抽驗方式，若採抽驗方式，則抽驗的數量比例如何，必須有明確的約定。如果驗收不通過時，貨物應如何處理？站在客戶的立場，通常會要求全部拒收，以退貨處理，並盡速補貨，而且保留追

究交貨遲延的違約責任。而站在製造商的立場，驗收不通過是
非常嚴重的事情，製造商固然必須立即負責處理，除了分析、
瞭解驗收不通過的原因，並立即予以改正，避免陸續交貨的產
品再發生同樣的情況外；已經交貨的部份，確實有瑕疵的產品
固然應該負責取回修理或以新品更換，至於是全部取回自行全
面檢查，或者是僅就驗收不通過的瑕疵品取回換修，或者以折
衷的方式收回未通過驗收的同一批產品，這必須考量產品性
質、包裝方式、驗收不通過的原因、產品返修更換的時效及費
用，以及返修的同批產品中，若發現並無瑕疵（No Defect
Found，簡稱「NDF」）的產品，是否應該予以扣除返修費用等
等客觀因素，綜合評論後再來決定最適當的處理方式。簡言之，
在 ODM 合約中約定驗收不通過的處理方式，最好能採取視個
案處理的保留彈性方式，而非全面退貨收回的切割方式，才能
真正以最適當的處理方式，將雙方的損失都降至最低。

九、付款（Payment）

產品順利交貨並通過驗收後，製造商便可以向客戶請求給
付貨款了，給付貨款的條件應注意的幾個重點如下：

（一）付款期限

有關付款條件的約定，客戶常會要求於收到製造商的商業
發票後若干天（days after receipt of Invoice）內付款，一般製造

商折衷的付款條件則是，於產品出貨後若干天（days after delivery of Products），或製造商發出商業發票後若干天（days after the Invoice issued），以後屆至者為準（whichever is latter）。

　　至於付款天數的決定，製造廠應考慮現金流（Cash Flow）的管理問題，也就是對上游客戶收款與對下游供應商付款之間的資金平衡，最好的收、付款狀況就是先向客戶收取貨款後，再向供應商付款，這樣就不至於造成現金流的壓力；反之，若向客戶收取貨款的天數較長，而對下游供應商付貨款的天數較短，則製造廠必須先支付貨款後才向客戶收貨款，除非製造商本身財力穩健，否則就必須面對資金周轉調度的壓力。建議有關付款條件的約定，必須照會公司財務部門，聽從財務部門的意見，以決定最適合的收、付款天數。

（二）付款方式

　　付款方式也必須事先約定，一般不外以信用狀（L/C）、支票或現金付款，但最常見者是以銀行電匯（Telegraphic Transfer，簡稱「T/T」）方式，特別是與國外客戶或供應商的收付款，以國際跨行匯款方式最為普遍。付款方式沒有一定的規定，只要雙方協議約定即可。

（三）遲延付款

　　客戶若發生遲延付款的情形時，製造商應如何約定相關的權利義務，一般會考量以下幾點：

1. 遲延利息

　　自逾期付款日（Due Day）起開始起算遲延利息，直至客戶將已到期的貨款全部付清為止。至於利率的約定，一般會比照客戶要求製造商遲延交貨時的罰責，也就是說，如果客戶要求製造商若遲延交貨時的罰責是每日貨款總額的千分之三（0.3%），那麼若客戶遲延付款時，其應付的遲延利息也同樣是每日按遲延付款總金額的千分之三（0.3%）。這樣的約定方式有兩方面的目的，一者是求其公平，二者是藉此拿來做為與客戶協商談判的籌碼，希望雙方都將遲延交貨及遲延付款的罰責取消，如果不能取消，至少雙方也有公平一致的遲延罰責。

2. 暫停出貨

　　如果客戶遲延付款的情況一直持續，即使每日不停地加計遲延利息，但不見得對降低製造商的損失風險有幫助，也不見得能對客戶發生有效的威嚇或懲罰作用，因此，若客戶遲延付款的天數已經達到製造商不可容忍的期限時，製造商最起碼可以採取立即減輕損失的作法，那就是暫停出貨（Stop Shipment、Stop Delivery），如果客戶還需要製造商交貨，供其組裝生產成品銷售求現，即可藉以逼迫客戶立即給付全部或部份貨款，或者至少能出面提出和解方案。

　　但主張暫停出貨尤如雙面刃，對製造商不見得絕對有利，在前述客戶還需要製造商交貨供其組裝生產成品銷售求現的情形下，或許還有些作用，但如果在不同的情況下，主張暫停出

貨反而對製造商不利，例如：客戶就產品的銷售情形並不理想，客戶原本即有取消訂單以降低庫存壓力的想法，若此時製造商自己先主張暫停出貨，反而給了客戶取消訂單的正當性，特別是當合約中就客戶取消訂單（Cancellation of P/O）又沒有限制條件約定時，客戶更可以理所當然的取消訂單，或者將製造商暫停出貨的行為，視為是製造商取消訂單。又例如：該產品是「客製品」，是依據該客戶的特別規格設計而製造的產品，若不銷售給該客戶，也不可能將產品轉售給其他人時，此時製造商若主張暫停出貨，不出貨則貨款債權當然也不成立，留著產品也沒有實益，不如仍按約定的出貨日期如期交貨，再來主張貨款債權請求給付，反而有機會全額求償。因此，當客戶遲延付款的情況一直持續時，製造商實際上是否要主張暫停出貨，仍然必須慎重評估考量，但是在合約中可以採選性主張（at seller's sole direction）的約定方式，保留執行與否的彈性。

3. 終止合約

如果暫停出貨仍然無法改善客戶遲延付款的情況，那麼表示客戶的上游市場也可能出現狀況了，若遲延付款的情況仍一直持續，製造商也只好終止 ODM 合約，停止後續的生產及備料，避免損失擴大，並依合約的約定內容及法律規定，採取必要的貨款債權求償程序及權益保障措施。

 案例研討 ‖

貨拉不回又不付錢，Warehouse 聽誰的？

　　甲公司為台灣的手機零組件 ODM 供應商，原為德國乙公司的零組件供應商，與乙公司訂有 ODM 合約，其中有關交貨作業的約定是，乙公司會先簽發「Frame Order」給甲公司，要求甲公司依據「Frame Order」先將貨運送至乙公司指定的物流倉庫（Warehouse），以方便乙公司就近取貨，等乙公司依市場需求決定生產所需的用料數量後，再簽發正式採購訂單（「Purchase Order」）給甲公司，然後自物流倉庫取貨，取貨後才算正式完成買賣交易，甲公司才可以依據個別的「Purchase Order」的採購數量向乙公司請求給付貨款。後來乙公司被丙公司併購，合併設立成立了「乙＋丙」公司，甲公司與乙公司的 ODM 業務，也就順理成章的成為甲公司與「乙＋丙」公司之間的業務，但「乙＋丙」公司僅僅維持了一年餘的時間，就因不堪嚴重虧損，向德國破產法院申請無力清償保護而暫告停止。此時，甲公司對「乙＋丙」公司尚有已到期及未到期的應收貨款，也有一些尚未交貨的成品、半成品在廠內，特別是一批成品仍然在德國「乙＋丙」公司指定的物流倉庫內。甲公司為了減輕損失，一方面除了向德國法院陳報債權聲請參與分配外，一方面準備自物流倉庫取回產品，試圖銷售到乙公司在其他國家地區的關係企業。詎料，該物流倉庫認為其對甲公司無任何合約關係、合約義務，拒絕甲公司進入取貨，因為該物流倉庫為「乙＋丙」公司的特約倉庫，由「乙＋丙」公司與其簽署倉儲合約，也由「乙＋丙」公司支付倉儲費用，因此只接受「乙＋丙」公司的

供應商進料、進貨，也只聽從「乙＋丙」的指示出貨，「乙＋丙」以外的其他人均不得進入倉庫內取貨，甲公司亦不得其門而入。

　　為此，甲公司轉而向「乙＋丙」公司反映，要求其指示該倉庫放行貨物讓甲公司取回，不料「乙＋丙」公司回覆告知，現在「乙＋丙」公司已經向法院申請無力清償保護，所有「乙＋丙」公司的資產，包括在物流倉庫內的存貨，除非經法院的破產管理人（Administrator）許可，否則誰也不能隨意處分。甲公司迫於無奈，只好在德國當地委任律師，直接向法院的破產管理人反映、交涉此事，有關物流倉庫內的零組件存貨的所有權、處分權之爭，成為甲公司陳報債權參與分配外，另一件為爭取權益的案外案。奈何德國法院的破產管理人剛接手處理「乙＋丙」公司申請無力清償保護的案子，面對無數債權人陳報債權堆積如山的債權資料，同時又要清查「乙＋丙」公司所有的海內外資產，還有「乙＋丙」公司員工裁員及後續營運與否等等重大問題，針對物流倉庫裡的零組件存貨所有權、處分權的約定，一時之間根本無從去瞭解與認定，只告知一個明確的基本認定原則，凡是「乙＋丙」公司沒有簽發正式訂單的，貨款債權都不成立，而「乙＋丙」公司廠內及海內外所有倉庫的庫存品，目前都是「乙＋丙」公司的封存資產，必須經過破產管理人的清點確認，在此之前，除非取得破產管理人的許可，否則任何人都不得將資產變賣或做其他處分。至此，甲公司在德國物流倉庫內的存貨，既不能主張貨款債權，又不能取回自行處理，憤憤不平卻又莫可奈何！

　　引述本件案例，重點已不在最後法院破產管理人就倉庫存貨的認定結果如何，而是 ODM 業者如何從此案例中參悟、學

習到一些經驗和教訓，如何事前妥善規劃物流倉庫的作業管理，既能滿足客戶即時（Just In Time，簡稱「JIT」）生產交貨的要求，又不至於造成自己存貨過多、積壓成本的風險，更要能夠完全掌控產品在海內外物流倉庫的管理，不論是產品的輸入或運出，以及產品在倉庫期間的稽查盤點權利，甚至是貨物在倉庫裡發生毀損滅失時的求償權利等等，製造商都應該掌握完全的主控權利，才不至於發生本案例中甲公司的窘困情況。

交貨階段的合約重點

- **Packing/Labeling**: request specifically
- **Trademark/Brand Name**: ownership、license、
  warranty
- **Lead Time**: ? days after receipt of P/O
- **Delivery Term**: FOB、CIF、DDU、...
- **Delay/Early**: Liability、Penalty、DOA
- **Destination**: specifically、change
- **Warehouse/Hub**: parties、control、withdraw、insurance
- **Inspection**: 5W
- **Payment**: Invoice Issued、Payment Term、
  Interest for delay

第十章

售後服務階段的合約重點

　　產品順利出貨、交貨後並不是交易的結束，更長時間的售後服務工作才剛開始啟動，也就是品質保證責任與保固維修服務的開始。製造商保證產品品質符合客戶要求的規格標準，絕無瑕疵，如果發生任何瑕疵，則製造商應該負起瑕疵擔保責任，在 ODM 合約中談瑕疵擔保責任，就是有關產品的品質保證(Warranty)及售後服務(After Service)的相關問題，可以區分為保固期內及保固期外兩階段，個別必須注意的重點如下：

一、保固期內（In-Warranty Period）

　　所謂保固期內，指製造商提供產品質量、品質保證的有效期間，俗稱「保固期」，產品在保固期內發生任何品質瑕疵時，製造商提供免費的維修或更換新品的服務。據此，合約內就保固期內的保固服務相關事項，必須注意幾個重點：

1. 保固期間

也就是製造商提供保固服務的時間，必須有固定的期限，業界並沒有一定的標準，短者有一個月、三個月，長者有五年、七年甚至更長者，一般常見的保固期多為一年至三年之間，通常是依據產品的類別、特性、產品生命周期（Life Cycle）、市場競爭需求、保固服務項目內容、客戶的要求以及製造商對售後服務的重視程度等，按諸多主客觀因素綜合評估考量而定。保固期間長短牽涉的是風險與成本的問題，保固期越長，代表與產品可靠度壽命中的磨耗期重疊時間越久，相對而言，所承擔免費維修或更換新品的風險機率就越高，售後服務的成本支出也就越多，所以製造商必須仔細評估，提供最適當的保固期限。

2. 保固服務內容

保固期限確定後，保固期內提供的保固服務項目為何，在合約內也必須約定清楚。一般而言，不外乎是修理（Repair）或是以新的產品或類似新品（as new）來更換（Replace），但究竟修理或更換新品，應該由製造商、客戶或消費者誰來決定？通常站在客戶或消費者的立場，當然是希望直接以新品更換；但是站在製造商的立場，卻是以免費修理為原則，無法修理者再以新產品更換，說穿了，這牽涉到製造商在產品賣出時，對維修準備金或維修保固成本的預算多寡及分配額的考量。特別是當 ODM 產品是屬於高價產品，而且已經是組裝完成、可以上

市銷售的成品，只針對某瑕疵部位進行修理，成本當然比整個
產品換新來得低。例如，該 ODM 產品是一支 3G 手機，發生瑕
疵的原因是手機無法撥號，手機送回維修站修理時，也許製造
商只要更換手機按鍵就可以解決問題，而不必更換新手機給客
戶；又例如，該 ODM 產品是手機零組件中的按鍵，當消費者
反映瑕疵的原因是手機無法撥號時，製造商評估直接更換一組
新的按鍵比修理按鍵要更省事且經濟，製造商就直接更換一組
新的按鍵。因為這也牽涉到成本的問題，因此，對製造商而言，
最好更換新品或修理的決定權是在 ODM 製造商身上，而不是
完全任由 ODM 客戶來要求，但客戶通常也會希望是由他們來
決定，雙方最好於合約中先審慎決議約定之，以避免日後發生
爭議。

3. 維修完成時間

　　不論保固服務內容為何，保固服務不能遙遙無期的進行，
這將會影響到客戶的品牌信譽，因此客戶聲稱三天完修、二十
四小時完修、八小時完修，甚至是五十八秒完修等廣告詞都紛
紛出現，而這麼短的完修時間，或稱為「返修時間」、「Turn Around
Time」(「TAT」)，就是製造商必須要配合客戶要求所提供的快
速維修服務的完成時間。當然，以全球 ODM 設計製造業務的
性質來說，要在這麼短的時間內完成維修服務，其實是有困難
的，單是國際運輸往返的時間可能就超過兩天了，因此，製造
商要承諾提供快速的保固期維修服務，除了必須審慎評估本身
於全球的服務據點多寡、產品特性、維修的難易度等因素外，
是否有其他的配套政策、措施，例如有關全球服務據點（Global

Service Center）的設置、換修備品（Buffer Stock）的提供，也是影響製造商提供完修時間長短的決定因素，討論於後。

4. 服務據點的設置

依全球 ODM 設計製造業務的性質，除非是少數有能力在全球廣設製造工廠兼維修中心的大型製造商，否則通常一般中小型的 ODM 製造商，大多無法在全球各國普遍設立維修中心、服務站（Service Counter、Service Desk），頂多按北亞、南亞、北美、南美、東歐、北歐、南歐等大區域，設立一處維修中心、服務站，負責處理較為嚴重的瑕疵產品維修工作，而於該區域內各個國家的待維修產品，多是由客戶或客戶的經銷商、銷售商經營的銷售據點兼維修據點，負責瑕疵較為輕微產品的簡易維修工作。

更深入言之，在代工製造業界通常是把產品發生瑕疵的情形，按嚴重程度區分為 L1、L2、L3（Level 1、Level 2、Level 3）三階段，以手機產品為例，大致上的區分方法如下：

L1：有關外觀瑕疵的簡易處理，例如：電池更換、軟體更新、資料重整、解碼等，由 ODM 製造商在全球各地的外包維修中心負責處理，通常外包維修中心會先就造成瑕疵的原因進行判定，甚至將資料狀況傳送回 ODM 客戶，以便釐清問題點，確認是否確實屬於產品本身的品質問題，或是其他人為因素造成的瑕疵，以確認是否屬於製造商的保固責任，例如判斷是否浸水、外力撞擊或其他人為損傷等情況，則不在保固責任免費維修範圍之內。

L2： 瑕疵程度較輕微的產品，但必須更換零件，例如更換
天線、鍵盤、LCM（液晶顯示模組）、按鍵，並進行重
焊等等，通常會由客戶自行負責為消費者進行換修服
務，然後將產生瑕疵的原因、維修使用的零件、維修
工時、費用等資料作成維修服務報表（Service Report）
交由 ODM 製造商外包維修中心的承辦者審查後，再憑
維修服務報表送交製造商的客服、維修部門，以利索
取維修費用核銷之。

L3： 瑕疵程度較嚴重的產品，需要專業的維修技術（例如：
人工分析除錯、人工焊接電路板等耗時耗材的維修分
析工作）或是需要專業的維修儀器設備（例如：網路
分析儀、高頻示波器等），又例如電路板某部份的元件
更換，整機必須重新校驗等，大多就必須將整個產品
運回原廠，由製造商來負責換修處理。

然而，這樣的維修服務分工方式，又牽涉到幾個必須個別
約定的重點，說明於後。

5. 維修備料的提供

一般而言，由客戶自行負責輕微瑕疵產品的簡易保養維修
工作，例如 L1 及 L2 等級的維修工作，但維修所需的零組件、
耗材的提供，卻有以下幾種不同的模式，通常都必須透過溝通
協商的方式來決定：

方式一： 由製造商按採購數量的若干比例以內免費提供維修備
料予客戶，稱為「Free Parts」，通常免費提供維修備料

的數量比例不會太大，也不是無限量供應的，而且其所有權仍屬於製造商所有，仍是製造商的資產，因此，若客戶濫用維修備料，非正常使用於產品維修上，製造商仍然可以向客戶請求計價賠償。而有關客戶對維修備料使用狀況的確認，通常約定由客戶提出維修記錄報表，製造商查核維修記錄並盤點維修備料，來確認維修報表的正確性以及維修備料是否正常使用，視維修備料的消耗使用情況再隨時酌量補充。

在此情形下，究竟要按照採購數量的多少比例提供「Free Parts」給客戶，在業界並沒有絕對的標準，必須由買賣雙方協商同意，通常是參考產品過去曾經發生退貨情形的記錄，以及目前產品設計的成熟度、品質的穩定度，作為主要參考依據，其次再斟酌製造商的全球維修系統建構是否充足，比較維修時效及成本負擔的問題，綜合評估考量之後，協商出一個買賣雙方都可以接受的「Free Parts」比例，一般是在出貨量的 3%到 5%之間。但若是遇到強勢的客戶，也常見要求供應商提供「Free Parts」超過 5%以上，甚至高達 10%或更高者，製造商若遇到強勢客戶如此要求，就必須審慎評估備料供應的風險及成本問題，倘若覺得風險及成本太高，又無法有效溝通，適當、合理的修改合約要求，則這一筆買賣交易是否還值得繼續下去，製造廠最好從新審慎評估。

方式二：由客戶向製造商購買，通常製造商會視該產品過去不良率高低的數據資料，與客戶共同討論決定所需維修

備料的數量，再由製造商向零組件供應商下訂單採購，然後轉售給客戶或客戶的維修中心，或者直接以客戶名義代客戶採購。

方式三：以賣斷為主，即雙方協商一定的數量比例當作維修備料，例如依照客戶總採購產品數量的百分之三為備品，可能是整機（組裝完整的成品）或者僅僅只有其中的重要零組件，以「工業包」[1]方式，隨同正貨一同出貨、交貨給客戶。此外，有另一種變通的做法，客戶要求將一筆訂單的貨款直接折讓（Discount）一個比例（例如 3%），以該貨款折讓的部份當作是製造商另外提供給客戶的免費維修備料，因為貨款少付了 3%，但貨物數量並沒有減少 3%，就等於是多提供了 3%的維修備料。

6. 替換產品的提供

於保固期間的維修服務工作，除了提供上述的維修備料外，通常也會由製造商提供完整的新產品給客戶，由客戶視情形直接以新品更換、提供給消費者，特別是供 L3（Level 3）第三級維修的替換備品使用。此一直接以新品更換、交換瑕疵品的服務方式稱為「SWAP」，更換品的存貨稱為「SWAP STOCK」。

---

[1] 「工業包」是「工業包裝」的簡稱，不同於一般市面上消費者所看到的銷售產品有完整而精美的內外包裝，因為「工業包」的產品，基本上不是提供給一般消費者的產品，而是製造商為了交貨或是提供維修備料給客戶再加工組裝，在方便且安全運送的前提下，以最簡便的包裝材料來包裝，通常不需要有外包裝盒、使用說明書、內包裝紙盒或保麗龍襯墊之類的包裝物。

「SWAP STOCK」所需的產品數量及管控方式，與上述提供維修備料的情形相同，因為都涉及製造商提供保固維修服務的成本支出問題，為了避免浮濫，必須明確定義可以適用「SWAP」方式以新品直接替換瑕疵品的情形及要件，至於要提供多少「SWAP STOCK」備品的計算方式、須補充備品的條件及方式，以及「SWAP STOCK」的所有權與保管責任歸屬等，亦須在 ODM 合約中明文約定、記載清楚，據以進行嚴格管控，以避免日後執行時發生不必要的爭議。

有關「SWAP STOCK」所需數量的決定，舉例概要說明，將客戶採購的產品數量中會發生瑕疵的比例假設為 3%，而瑕疵品中屬於 L3 第三級維修的瑕疵品比例假設為 15%，若客戶總採購數量為 1,000,000.0 單位，則必須提供的「SWAP STOCK」數量，即為 1,000,000.0×3%×15% = 4500 單位。但除非客戶所採購的產品 1,000,000.0 單位是一次採購，製造商也是一次交貨，產品有可能是在同一時間（或是在一個接續的時段內）發生瑕疵，則 4500 單位的「SWAP STOCK」備品就必須一次提供。若否，在分批下單採購、分批交貨之常年買賣交易的一般情形下，產品發生瑕疵的狀況可能是陸陸續續出現的，考慮到製造商對瑕疵品的完修、送返作業效率，即所謂的返修完成時間、「返修時間」（Turn Around Time，簡稱「TAT」），即買賣雙方來回運送維修品的時間，或是製造商單純提供備品的時間，假定 TAT 是 6 周，一年以 52 周計，則平均每周必須提供、維持的「SWAP STOCK」備品數量，即為 4500×6/52 = 520 單位，若客戶以「SWAP」方式用掉「SWAP STOCK」，製造商只要負責補充

「SWAP STOCK」給客戶，在最壞的情形下，維持每周庫存量不低於 520 單位數即可。

7. 技術支援

保固期間的維修服務工作，不論是進行修理或以新品更換，在進行維修工作之前，都必須對產品本身有基本的瞭解，才能進行初步的瑕疵原因分析，及研判應採取的最適當維修方式。然而客戶對產品的瞭解程度，不一定會比製造商更高，特別是對產品的機構設計及功能測試方法的理解，因此必須由製造商提供必要的技術支援（Technology Supports）或一般維修的教育訓練（Training），客戶通常也會主動要求。站在製造商的立場，提供技術支援或技術教育訓練固然有其必要，但是否完全免費，是否無時間、次數限制，是否不論前往提供支援或訓練的地點遠近，或者是採取折衷的方式，於一定的時數之內免費提供，超過免費時數之後就要全部或部份負擔差旅食宿的費用，這是 ODM 製造商的售後服務質量與成本負擔的問題，可以列入售後服務的會計科目中，業界並無絕對的標準，製造商可以評估各項主客觀因素後斟酌取捨，重要的是能與客戶達成共識，事先明白約定即可。例如，將全球分為北美、中南美、東南亞、大陸、中東、北非、歐洲等地區，個別做「Training」，一次以二至三個工作天為主，以訓練培養當地維修體系的維修技術人員當種子教官（Trainer）為主，亦即課程以「Train the Trainers」為主，再由當地的種子教官（Trainer）負責教育、訓練其所屬地區內其他下屬維修中心的維修團隊。

8. 維修費用的負擔

　　上述的提供保固維修服務的情形，特別是在海外地區委由客戶或客戶的經銷商、代理商，甚至是授權客戶得委託專業第三人進行維修服務，就輕微瑕疵產品進行簡易保養維修服務的情形，因為維修服務義務在於製造商，只是藉由客戶在全球的銷售通路，來代替製造商提供初級維修服務，不論供維修用的備料及供替換的新品，是由製造商免費提供或是由客戶自費購買，但實地進行維修的人工費用、維修站營運費用、為緊急維修所需另外採購零組件的費用等，製造商應如何給予補貼，或者負擔全部或部份費用，客戶應提供消費者產品送修單、維修記錄、請款單或是其他任何憑證，據以向製造商請款，都應該事先溝通，並於合約中清楚約定。

　　曾有這樣的案例：製造商與客戶僅概要約定，由客戶代製造商進行 L1、L2 初步簡易維修服務，相關支出費用由客戶每月備具維修服務報表（Service Report）向製造商請款，嗣後因製造商認為客戶支出的維修費用過於浮濫，頗為可疑，要求客戶提出受理消費者交付維修的送修單、維修記錄等相關資料供稽核查證，但客戶以合約僅約定由客戶每月備具維修服務報表向製造商請款，並未約定客戶有另外提供送修單、維修記錄之義務，據此拒絕提供並要求製造商如數給付維修費用。由此可知，維修費用負擔與請款的若干細節要件，都必須事先詳細約定，以避免日後不必要的爭議發生。

二、保固期外（Out-of-Warranty Period）

所謂保固期外，就是指已經過了前述「保固期」之後的期間，產品若過了保固期之後發生任何品質瑕疵時，製造商是否仍然負有提供維修或更換新品服務的義務？服務是否仍然免費或者必須收費？這並無絕對的答案，這是買賣雙方可以協商討論的。針對保固期外的售後服務，必須注意以下幾個重點：

1. 服務期間

保固期必須有明確期間，但保固期外的服務是否亦必須有明確期間？答案是肯定的，因為 ODM 產品都有其特定的產品生命周期，而提供維修服務所需的零組件，也不可能無限期的供應，縱使製造商願意盡力配合，但也必須考慮原物料供應商是否能夠配合。所以售後服務也就必須有一定的期間，過了保固期後亦然，只是期間長短的問題而已。至於期間長短的決定，要視產品特性、同業標準、製造商的成本預算、零組件供應商的配合意願以及客戶的要求等因素，綜合考量決定之。

2. 收費標準

保固期外的售後服務是否收費？或者是僅部份項目要收費，部份項目仍然免費提供維修服務？一般言之，產品已經過了保固期間，原則上製造商已經不須擔負免費維修或更換新品的義務，但仍然可以有條件的協助客戶提供維修服務或是零件等，一般來說，此類超過保固期的維修服務都是必須向消費者

收費的，包括收取維修工資，若有更換耗材或零組件者，則消費者必須自費更換。對 ODM 客戶而言，ODM 客戶向消費者收取維修費用，同樣的，若 ODM 客戶將消費者送修的產品轉送回製造商原廠維修，製造商一樣可以向客戶收取維修費用。

但保固期外的售後服務，是否針對消費者或是 ODM 客戶收費，並無絕對的標準，有些客戶特別重視產品品質及售後服務，也特別誇耀產品品質穩定度高，所以提出較長期間的免費保固服務，藉以達到行銷宣傳的目的。但製造商是否願意配合跟進，提供較長期間的免費保固服務，其實質上就等同是已經過了保固期後的保固服務，製造商必須審慎評估得失損益，既要維持與客戶的良好合作關係，又要兼顧不犧牲本身的利潤，必要時仍然必須與客戶就成本分攤問題事先溝通，並於合約內約定清楚，免生爭議。

3. 備品提供

一般 ODM 產品在過了保固期之後，意味著發生瑕疵、需要維修的機率也逐年升高了，特別是已經停產（End of Life，「EOL」）的產品，對維修產品所需的零組件需求量也會逐年增加，因此，客戶通常都會要求製造商必須充分準備維修所需的零組件備品數量，有些客戶甚至明白要求製造商提供的備品數量，必須足夠產品停產後未來五年、十年之用。客戶若提出這樣的要求，製造商必須考慮以下幾點：

(1) 未來五年或十年的維修備品需求量如何精確預估及採購，才不至於因過量採購而最終報廢處理，造成額外損失，或相反的，因備品採購不足導致違約的責任風險。

(2) 假使一次足額採購維修備品，那麼日後五年、十年倉儲管理的風險及成本問題，也會增加製造商的管理困擾。

(3) 假使不一次足額採購維修備品，留待日後視客戶的實際需求狀況，再來斟酌採購所需的維修備品數量，那麼又要如何確保生產這些維修備品所需要的原物料供應商未來五年、十年能持續供貨呢？只怕供應商也要面對與製造商同樣的困擾。另外還有生產備品所需的模具使用年限及保管問題，也必須同時評估考慮。

　　有鑑於上述的潛在疑慮，建議製造商最好將這個日後多年所需維修備品的採購工作交給客戶自己負責，由客戶自己去評估、計算所需的數量，然後一次下訂單給製造商做最後採購（Last Buy），製造商可以以成本價代表客戶去採購所需備品，即可免除上述的疑慮和困擾。當然，有時客戶也是精打細算的，當客戶不願意自行採購日後所需備品時，又回到供需結構談判籌碼的強弱問題，如果製造商不得不勉為其難承諾此備料義務，則最好能以「Back-to-Back」風險轉嫁的原則，同樣要求維修備品的供應商承諾未來五年、十年持續供貨的義務，藉以分散、降低本身違約的風險。更明確言之，製造商應該先徵詢維修備品的供應商能否承諾未來五年、十年持續供貨無虞，供應商若能明確承諾在先，則製造商才能向客戶承諾，接受客戶如此長期備料義務的要求。

　　實務上有另一種替代方式，當產品已經「EOL」後，因備品不易取得，或是因原物料、零組件供應商不願意配合或無法肯定承諾配合，或是 ODM 製造商自己也不願意多負擔原物料、

零組件庫存成本與風險時，ODM製造商可以與客戶協商，使消費者退回送修的瑕疵產品（「客退品」）可以免費或是以小額加價後升級換購新產品，免費或是加價差額的費用成本如何分攤、吸收，由製造商與客戶雙方共同協商決定，並於合約內明確記載，或者僅在合約內約定保留條款，屆時再由雙方秉誠協商前述差額費用的成本分攤方式。

三、重大瑕疵（Epidemic Failure）

產品售出後若發生瑕疵問題，個別的瑕疵都可以個別給予最好的維修服務，但製造商與客戶共同擔心的，是發生重大瑕疵的情況，ODM合約中所謂「Epidemic Failure」或是「Systematic Defects」，就字面解釋為流行性、有傳染性的故障，或系統性的瑕疵，意指產品出現大規模的相同瑕疵，以中文法律概念來理解就是指重大瑕疵，無論是在保固期內或已經過了保固期，對製造商與客戶都會造成極大的影響，其影響已不僅僅是維修費用的問題，更是商譽損失的問題。通常在 ODM 合約的售後服務階段，都必然會討論到這個主題，必須注意的幾個重點如下：

（一）「重大瑕疵」的定義

在本書有關ODM合約中的定義條款裡，已經先說明了「重大瑕疵」的意義。這個重大瑕疵的定義，也就是重大瑕疵的瑕疵率的計算公式如何訂定的問題，各家買方對這個公式的訂定

並沒有一定的標準，對 ODM 製造商最有利的計算原則，應該是盡量擴大分母，盡量縮小分子，而約定的瑕疵率（Defect Ratio）則越高越好，也就是說，以某單一相同產品的總出貨量來做這計算公式中的分母，或者退而求其次，以一年全年度的總出貨量，或半年內的總出貨量，或每一季內的總出貨量，也有以前後任何連續三個月內的出貨量，或每一次交貨的批量單位為分母者，不一而足。製造商在實際談判決定「重大瑕疵」的瑕疵率計算方式時，不能僅憑主觀直覺來斟酌決定，而必須有基本的品質可靠度（穩定度）實驗測試得出的數據做基礎，在產品研發初期時就得非常嚴謹地建立可靠度模式與實驗設計，在試產階段時，就分別針對試產線與實驗數據等所得資料，將所有可能影響品質的問題找出來，並且將焦點放在瑕疵的試產品上，尋求一切解決品質問題的方法與資源。在量產前的相關實驗數據中，若是品質合格率未能達到百分之九十五以上的水準，就算事後在出貨檢驗站中再來加強檢驗，也於事無補，因為有些產品的瑕疵問題，是在產品的原始規格設計中就已經存在的，這是無法事後利用抽樣檢驗被找出來的，產品出貨後必然會產生某些單一瑕疵，造成不良品大量退貨的現象，事後再來補救，事倍功半矣，甚至也無法從根本解決問題。所以，ODM廠必須事前充分準備，參考實驗室中反覆實驗後的可靠度預估，與平均十數次以上小批量試產的數據[2]，以及該產品以往出

---

[2] 進行小批量試產，若是良率或直通率都能達到百分之九十五以上，則通常試產二至三次就足夠了，但有時候小批量試產須要進行十餘次甚至更多次，需要試產這麼多次的原因，通常是因為設計階段的系統整合測試做得不好，還遺留一些問題沒有解決或是沒有解決徹底，因此需要反

貨的品質紀錄的資料數據，綜合評估考量之後，得出產品品質的可靠度數據，也就是製造商對產品品質的信心程度，據以決定可以接受的「重大瑕疵」的瑕疵率上限。

要特別注意的是分子的部份，也就是瑕疵品的數量認定，分子數越小，得出的瑕疵率數字就越低，因此必須限縮瑕疵品的認定範圍。就這部份，常見的是客戶把「相同」（same）的瑕疵和「相似」（similar）的瑕疵，都認定屬於重大瑕疵的定義範圍內。但就 ODM 製造商言，「相同」和「相似」的瑕疵畢竟是不同的，只能接受同一產品裡出現相同的瑕疵，也就是按照產品規格約定項目裡，某一項規格重複性的出現瑕疵。若是相似的瑕疵，只是相似、近似而已，仍然屬於不同規格項目的瑕疵，相似、近似的瑕疵就是另外一項獨立存在的瑕疵，可以另外獨立計算是否達到「重大瑕疵」的瑕疵率，但就是不能與相同的瑕疵混為一談。這一點必須非常堅持，以免擴大計算公式的分子瑕疵品數目，因而導致提高了瑕疵率，增加重大瑕疵的善後處理和賠償責任的風險。

同樣的，在分母的部份，分母數越大，得出的瑕疵率數字就越低，因此必須盡量擴大出貨量的認定範圍。就這部份，將有出現相同瑕疵的「相同」（same）和「相似」（similar）的產品，都認定屬於計算重大瑕疵的總出貨量範圍內，對製造商是較為有利的。但是在實際協商談判「重大瑕疵」的瑕疵率計算方式時，ODM 製造商很難採雙重標準，只接受相同產品及「相

覆、多次進行小批量試產，藉由不斷的試誤（Try & Error）過程來找出問題，並找出解決問題的方法。

似的產品」出現相同的瑕疵，而拒絕「相似的瑕疵」出現在相同及相似的產品裡，但至少能與客戶談判爭取採取相同的認定標準，同時接受相同及相似的產品總出貨量裡，出現相同及相似的瑕疵，綜合計算「重大瑕疵」的瑕疵率。

（二）「重大瑕疵」的維修服務內容

　　當產品發生重大瑕疵時，其採取的處理程序與一般普通瑕疵不同，但不論是否仍在產品保固期內，其採取的處理程序是一樣的，客戶通常要求將產品全面回收（Recall），不論是否已發生瑕疵都一律進行檢測，甚至全面進行換修。這其中必須討論的重點即在於：

1. 產品回收（Recall）與否的決定權

　　產品若發生重大瑕疵，必須公開發佈召回、回收產品的消息，茲事體大，影響所及除了產品回收、拆裝換修、來回運輸等等的費用成本的有形損失外，引起市場上消費者對該產品普遍產生疑慮，影響品牌信譽，才是更難以估量的無形損失。因此，產品發生瑕疵是否達到重大瑕疵的程度，應該採取何種處理方式最經濟快速，是否須要進行全面回收，製造商應該有權參與判斷及決定。實務運作上，ODM 製造商必需隨時與客戶保持通暢的聯絡及溝通管道，隨時知悉最新的市場情報，若是發生重大瑕疵事件時，必需在客戶通知後第一時間內就著手進行瞭解與蒐集證據資料，並由製造商的研發、業務、品保等部門的人員，會同相關供應商進行現地現物做科學分析，並與客戶

討論確認瑕疵原因、合約義務及責任、費用負擔、商譽與其他
商業利益的影響等，再決定是否進行全面召回處理。

2. 回收處理地點的決定權

　　一旦決定回收發生重大瑕疵的產品，產品要回收至何處集
中處理，要考量的是時效、人力、技術、設備以及費用等等問
題，製造商能夠採取的處理方案，及個別的考量重點如下：

　　方案一、就地維修（On Site Services、Local Repair
Service）：比照普通瑕疵產品的維修方式，由各維修站、維修
中心負責處理，在充分信任與授權的前提下，利用既有的維修
體系來處理發生重大瑕疵的產品，授權各維修站、維修中心來
研判送修產品是否符合重大瑕疵的狀況，並採取最適當的維修
或更換新品的方式處理，這種處理方式稱為「On Site Services」
或「Local Repair Service」，可以就近提供消費者最快速的維修
服務，也最節省瑕疵產品往返運輸的費用成本，通常是針對產
品體積較大，或者是單價較低的零組件，瑕疵原因及維修方式
已明確，且進行維修所需的技術與設備均已具備的情形下，直
接在當地進行維修顯然較為符合經濟原則。至於更換新品或維
修所需的備用品，當然是由製造商充分提供。而就各維修站、
維修中心處理重大瑕疵產品的運作細節及相關的權利義務，
可以由製造商、客戶及各維修站、維修中心三方之間另行協
議約定。

　　方案二、回廠換修（Return）：產品若發生重大瑕疵，但檢
測瑕疵原因，或是進行產品拆卸換修，需要使用原廠較精密或
特定的儀器設備，或是需要原廠大批技術人員參與者，則產品

就必須送回製造商的原廠處理。於此情形，通常在合約中會進一步討論、約定的是費用負擔的問題，也就是瑕疵產品送回原廠（即製造商）處理後再送還客戶，這中間的維修處理費用，以及一來一往所產生的進出口報關、運輸、保險等費用，原則上當然都是由製造商負擔。

　　但有一種情形例外，就是當 ODM 客戶將大量的瑕疵產品回收並送交製造商換修處理，而製造商於處理回廠產品時，若產品外觀、功能一切正常，並未發現任何瑕疵情形，一般稱為「No Defect Found」，簡稱「NDF」，也有業者稱為「No Trouble Found」，簡稱「NTF」，在這種情形下，就 NDF、NTF 的回廠產品所發生的一切費用，應該由 ODM 客戶自己負擔。這是前述製造商費用負擔義務的排除約定，如此約定的用意有二：一是明確界定製造商的售後服務義務範圍，不至於被過度擴張解釋，徒增製造商維修費用的成本負擔；二是避免 ODM 客戶過於浮濫的送修產品，將市場上疑似有瑕疵的產品，毫不篩選、未經確認，就無條件地全部回收、送回製造商原廠檢修處理，給製造商增加額外的困擾與負擔。

　　方案三、緊急維修中心（Emergency Service Center）：這是前述兩種方案的折衷方案，為兼顧高效率、低成本要求，同時技術人員、設備都可以機動支援的情況下，製造商可以前往各地區成立臨時緊急維修中心，透過各維修站、維修中心回收消費者送交的瑕疵品，轉運至各地的臨時緊急維修中心，再由製造商負責處理，並以最快速度送返各維修站、維修中心交回給消費者。

3. 維修或換新的選擇權

如同前述保固期內提供保固服務的項目，不外乎是修理（Repair）或是以新產品或類似新品（As New）來進行更換（Replace），在產品發生重大瑕疵時亦然，只是同樣的問題是，究竟由誰來決定回收產品應該採取修理或是更換新品的處理方式？通常站在客戶或是消費者的立場，當然還是希望能夠直接以新品更換；但是站在製造商的立場，以修理為原則，無法修理者再以新產品更換，特別是當產品發生重大瑕疵且決定全面回收處理的情形更是如此。因為當產品發生重大瑕疵，必須回收處理時，製造商必須評估許多項因素，才能決定最合適的處理方案，牽涉的成本問題也比一般瑕疵產品的處理來得大，因此最好更換新品或修理的決定權是在於製造商，而非任由客戶要求。但與客戶充分的事前溝通當然也是絕對必要的，於合約中不得不先審慎決議、約定之。

（三）「重大瑕疵」的費用負擔及賠償責任

在重大瑕疵產品的處理程序之後，還有現實的費用負擔，與可能給客戶帶來其他損失的損害賠償問題，將其個別分開來討論：

1. 費用

如前所述重大瑕疵產品的維修更換處理程序，費用的產生是免不了的，一般而言，製造商自己的費用當然自己負擔，但若是因為客戶處理、回收重大瑕疵產品而產生的一些費用，是

否也應該由製造商負擔？一般是如此，但也不是任由客戶隨意主張，通常折衷的費用負擔方式，是由製造商負擔客戶真正從口袋裡支出（out-of pocket）的費用，也就是實際支出的費用，並且可以合理證明確實產生的費用，若是客戶無法證明的費用，製造商當然就沒有負擔的義務。

2. 損害賠償

產品發生重大瑕疵，如果因此造成消費者的財產損失或身體傷害，則客戶甚至於客戶的代理商、經銷商、零售商等銷售體系都可能遭受消費者請求損害賠償，則最終負責者仍是製造商。因此，製造商所面臨者，除了消費者請求的損害賠償額外，可能還保括了來自於客戶及客戶的代理商、經銷商、零售商等銷售體系的商譽（Reputation）損失的損害賠償。但是製造商真正應該負責損害賠償的範圍究竟如何，是否及於客戶及其銷售體系的商譽損失及期待利益的損失？若按照侵權行為因果關係論的角度來探討，只要是因製造商生產的產品品質瑕疵所造成的損害，製造商固然都負有賠償義務，但畢竟損害賠償請求是屬於民事案件，當事人可以拋棄民事權利的行使。因此，評估ODM 產品若因發生重大瑕疵造成客戶的損失，其損失往往難以估算，所以通常在合約中會將所謂商譽損失及銷售利益的損失予以排除；或者採取另一種約定方式，即製造商概括的承擔所有因產品瑕疵所引起的損害賠償責任，但定有賠償責任額上限（Limitation of Liability），再透過購買產品責任險的方式來轉嫁、承擔賠償損失的風險。製造商必須審慎評估賠償責任範圍、上限，並購買適當的保險來分散責任風險，詳後述。

四、賠償責任上限與保險
（Limitation of Liability & Insurance）

製造商針對產品發生瑕疵時所必須負擔的責任，除了提供前述保固期內及保固期外的維修或更換新品服務外，還包括對因產品瑕疵造成消費者或其他第三人的財產損失或身體傷害的損害賠償責任，但對於損害賠償責任部份，因為損害範圍及金額往往不容易事先預估，且突如其來的損害賠償責任費用，對製造商也是一大負擔，甚至可能遠遠超過製造商資金能力所能承擔的範圍。因此，製造商通常會對因產品瑕疵造成客戶、消費者或其他第三人損害的賠償金額設一個上限（Limitation of Liability），有直接訂定一個固定金額者，例如美金五百萬元或一千萬元，也有訂定以賣方自買方所收取貨款的總金額為上限者。這個金額上限的多寡是可以經過買賣雙方溝通討論後決定的，一般應該視產品價值、製造商資金能力、買賣雙方的市場信譽、對消費者的保護及對產品品質的信心與負責態度等因素綜合評估考量，但因為可以且必須再透過保險的方式來提供履約賠償能力的保障，因此在賠償額上限方面能夠盡可能地提供最大的保障。

承上所述，製造商提供最大能力範圍損害賠償責任的承諾，但必須是具體、確實可行的承諾，否則言過其實的負責承諾，不但對客戶及消費者不是負責的態度，同時也種下日後違約的禍因。因此，購買產品責任保險（Product Liability Insurance）便成為製造商分散賠償責任風險最好的方法，也是對客戶及消費者的承諾負責任的具體表現。常見 ODM 客戶對製造商提出有限賠償責任的要求不甚諒解的情形，客戶認為將來萬一真發

生產品瑕疵，導致損失賠償的金額尚難以估算，所以拒絕設有上限，客戶有這樣的想法是無可厚非的，這必須經過誠懇說明溝通，正因為將來一旦發生損害賠償責任時的金額難以事先估算，唯恐超過製造商的資金能力，所以才需要透過保險的方式來提供實質保證，而保險必須有一定的保險金額範圍，故直接反映到損害賠償額上限的約定。這種保險在 ODM 業務中也經常可見，特別是製造商是屬於中小規模企業的情況下，公司資本額不高，更需要以保險的方式來提供客戶實質的賠償能力保障。同樣的，客戶對其協力廠商、原物料供應商的產品，也必須要求提供實質的產品責任保障，保險是最直接而明確的擔保。

五、維修服務合約
（Repair Service / Maintenance Agreement）

以上所述製造商提供保固服務的情形，無論是在保固期內或是保固期外，因為都牽涉到許多項重要的權利義務事項，有時候在 ODM 合約中難以完全盡述，有時候因雙方尚未就保固服務內容達成共識，因此常常會有將售後服務、保固服務部份，另以單獨的服務合約約定的情形，做為 ODM 合約的附件或補充約定。於此情形，製造商必須針對前述的各項細節，做更深入、廣泛且明確的約定，特別是針對保固期內或是保固期外，不同階段的保固服務，有不同的維修服務範圍及費用負擔標準，仔細而明確的事前約定，將售後服務的風險成本降至最低，也避免實際執行維修工作時不必要的爭執。

 案例研討 ∥

重大瑕疵要負責，但火燒 PC 是個案

　　A 公司為台灣的電腦主機產品 ODM 製造商，在大陸投資設有子公司 A-1，A 公司依據與美國知名電腦公司 B 公司簽署的 ODM 合約，A 公司及其子公司都必須共同為賣方，共同為履行 ODM 合約義務負責，之後由 A-1 負責生產製造電腦主機產品，並運送至美國給 B 公司銷售到美國市場。詎料，有一日發生了一起因電腦主機過熱起火，引燃了地毯及窗簾，最後導致該消費者房屋發生小小火警的事件，結果 B 公司準備要公開發佈消息、全面回收同一型號的產品，且通知 A 製造商必須負擔一切的費用，並賠償 B 公司因此所受到的商譽損失。

　　A 製造商接獲通知後，立即派員前往美國實地瞭解經過情形及現場狀況，經過研判評估，A 製造商拒絕了 B 公司的要求，其主張的理由是：一、該案件起火當時之客觀條件不明，產品本身是否確實為起火源，尚待專責單位進一步鑑定；二、僅為單一個案，尚不符合 ODM 合約中有關重大瑕疵的定義約定；三、依據該造成失火事故的產品編號，已經是交貨後超過三年保固期的產品，同樣也不符合 ODM 合約中有關品質保證（Warranty）相關義務的約定。據此理由，A 製造商不同意將產品全面回收處理，並明確表示，若 B 公司仍決定全面回收產品，A 製造商基於對產品負責與服務客戶的立場，雖然仍會派技術人員前往會同調查、瞭解原因，但並無負擔相關費用的義務，更無任何因產品瑕疵的違約賠償責任可言。

　　本案在 A、B 雙方秉持誠意協商的前提下，依據 ODM 合約有關售後服務條款及「Epidemic Failure」（重大瑕疵）的定義約定，理性客觀的分析雙方的權利及義務，B 公司並未強人所難，逼迫 A 製造商一定要負責處理，A 製造商也未以不符重大瑕疵的定義而完全置身事外、不聞不問，仍然以服務客戶的立場，盡最大努力去協助 B 公司瞭解原因，並做必要的善後處理工作。最後，本案並未全面回收產品，事後亦無其他類似的瑕疵個案發生，客戶與製造商雙方都省下了一筆可觀的回收處理的人力、物力及費用成本，且因為 A 製造商對這件個案前後的處理態度，讓 B 公司更加信賴 A 製造商的產品品質及服務效率，雙方奠下更好的互信合作基礎。

　　從本案中所獲得的經驗和教訓是，ODM 合約中類似售後服務、重大瑕疵定義的責任條款，無事則已，遇到產品發生瑕疵爭議時，就顯現出這一類責任條款的重要性。雙方在 ODM 合約中已經就售後服務期間及重大瑕疵有了明確的定義約定，事發時省去彼此追究或推卸責任的不必要爭執，更省下製造商一筆可觀的回收處理費用，可見合約中各類條款明確約定的重要！

售後服務階段的合約重點

- **Warranty：**
  - **In-Warranty：** Period? Option to repair/replace 、Turn Around Time (TAT) _?_ days、
    Others -- Service Counter/Desk、Free Parts？SWAP？
  - **Out of-Warranty：** Period? Service Charge? Parts：for EOL stored for _?_ Years v.s. Last Buy
- **Epidemic Failure：**

  -- Definition、 Formula: same root cause/Period/Lot、

  -- Operations: Recall / On-Side、Replace / Repair？
- **Liability：** Exclusion、Limitation
- **Insurance：**
- **Repair Service/Maintenance Agreement：**

第十一章

其他約定條款合約重點

在 ODM 的合約架構中,與產品產銷服務有關的開發、生產、交貨及售後服務等不同階段的不同約定之外,其餘與產品無直接關係,但卻有關合約權利行使與義務履行的其他事項,都可以留待合約最後來約定,其中包括了合約期間的起始終止、不可抗力免責條款、通知方式及聯絡人、權利義務轉讓禁止條款、合約的增補修訂、爭議處理方式、準據法及管轄地等等,僅就其中比較重要的部份說明如下:

一、合約期間及終止(Term and Termination)

任何合約都應該有始有終,這是依合約約定行使權利及履行義務的生效與終止問題,必須注意的重點如下:

（一）生效日與期滿日

合約的生效日（Effective Date）與期滿日（Expiration Date）一般較無疑義，只要於合約中約定好生效日期及合約期間，經雙方公司用印或具代表權人簽字後即開始生效，合約期滿即終止。

必須討論的是合約期滿之後，究竟是即自動終止，雙方若欲繼續合約關係者，另行訂定新約；或者是合約期滿前，任一方未表示要終止合約者，合約即自動展延生效（Automatically Renewed）；或者是合約期滿前，任一方未表示要繼續延展合約者，合約期滿即終止。上述的約定方式都普遍出現在各種合約內，但筆者個人較傾向合約期滿即終止，若需要繼續合約關係者，重新訂定新合約，因為以 ODM 業務的特性，整個上下游供應鏈交易條件及市場變化快速，即使平日未變更 ODM 合約的內容，當 ODM 合約期滿且雙方仍有延續合約關係之必要與意願時，最好利用合約期滿的機會重新檢討合約條件，適時修正合約條件和內容。特別是合約條款對製造廠非常不利的，簽約當時是礙於某種特殊原因而勉強簽署者，更不能讓這樣的不利益合約自動展延下去，而應該約定期滿即終止，雙方若欲繼續交易關係者，就另外再重新訂定合約，以爭取重新談判合約條件的機會。

但也常見有些客戶堅持採取以不表示終止即自動延展續約的方式，若就這一點與客戶協商無效，則建議製造商必須至少把握三個原則，一是表示期滿即終止的事前通知期限越短越好，例如最遲必須於合約到期日前十五天或三十天以書面通

知，而不是最遲必須於合約到期日前九十天或一百八十天書面
通知，若已經錯過第九十天忘記通知，即使第八十九天進行通
知，還是超過約定的通知日期，被認定通知無效而失去終止合
約的機會。二是即使過了通知期限而必須自動延展合約效力
時，延展的期間也是越短越好，例如約定自動延展一年。三是
自動延展以一次為限，藉此避免因錯失通知期限，而使合約無
止盡地一直自動展延下去，若合約條件又不利於製造商時，將
使製造商繼續受害。

（二）提前終止合約

　　在合約期滿前，雙方可否要求提前終止合約（Early
Termination）？是否必須有特殊事由才可以要求提前終止合
約？一方要求提前終止合約，是否必須得到他方同意才可以？
這也是合約中有關合約期限條款裡常見的爭議問題，也常見強
勢的客戶不接受製造商提前終止合約的要求。在合約中約定提
前終止合約時，一般會從三個情況個別考量及約定：

1. 雙方協議終止

　　雙方共同協議提前終止合約，這是最基本的情況，不論是
因為市場需求的客觀條件變化，或是因為買賣雙方主觀上沒有
繼續進行買賣交易的意願，經任一方提出提前終止合約的要
求，而他方也同意提前終止合約，經過雙方審慎協商討論提前
終止合約相關的配套條件、措施後，依據雙方協議的終止日期
提前結束合約關係。這是最平和而圓滿的，而其成立要件，就

在於雙方都表示同意提前終止合約關係，至於雙方是否會受到損失，是否有相互補償損失的附帶條件，完全依據雙方開誠佈公的協商討論結果而定。因此在合約中，針對協議提前終止合約的情形，通常會約定，當任一方提出提前終止合約的要求時，經他方表示同意後，依據雙方協議提前終止合約的條件及日期，提前終止合約關係。

2. 任一方違約

另一種常見的提前終止合約的情形是，當一方發生了違約情事，未違約的另一方想終止合約關係，卻又無法與違約方以達成協議的方式提前終止時，未違約的一方即可以以對方違約為理由，單方面決定提前終止合約關係，甚至進一步追究違約方的違約責任，若因違約方的違約行為造成未違約方的其他損失時，也可以同時請求其他損害賠償。在合約中針對一方違約而提前終止合約的情形，通常於合約中約定及記載：任一方（即「違約方」）發生違約情事，經另一方（即「未違約方」）通知，並且限期要求改善，而違約方逾期仍未改善者，未違約方有權立即終止合約。若依據這樣的約定，有以下幾點必須特別注意：

(1) 「通知」的方式，可為口頭通知或書面通知，一般若未特別明確約定並記載於合約內，表示未違約方可以口頭或書面的方式通知違約方。但站在製造商的立場，為避免客戶任意假借違約為藉口，要求終止或解除合約，最好於合約中明文約定必須以「書面」通知的方式，未違約方所主張的違約事實及要求改善的期限等，才有明確依據。

(2) 要求限期改善的「期限」，天數及起算點必須明確，例如：「自未違約方發出本通知之日起十天內」，或者「自違約方接獲本通知之日起十天內」，至於期限天數的長短，應該視違約事項可以改善的合理時間來客觀決定。

(3) 違約方逾期未改善的後果是，未違約方有權「立即」終止合約，於要求改善的期限屆滿之日立即產生提前終止合約的效力。但於此有一個必須討論的重點：合約提前終止之後，整個買賣合約是自終止之日起開始喪失效力（「事後無效」），或者是自合約一開始就不發生效力（「自始無效」）？這理論上當然是可以經由雙方協商約定，但在實務運作上，如果雙方進行買賣交易已經有一段時日，且過去的買賣交易均已銀貨兩迄，也沒有任何品質瑕疵等爭議發生，若主張買賣合約是自始無效，買賣雙方還必須個自退貨還錢（買方退還貨物、賣方返還貨款），實際執行上顯有困難，也不符合雙方的最大利益。因此，若未於買賣合約中針對提前終止合約的效力特別約定者，一般都是自終止之日起喪失合約效力，過去已經履行的權利義務，就不再去追究、要求回復交易之前的原狀。

有關提前終止合約的效力，建議買賣雙方仍然可以視個案情況做特別約定，例如：於 ODM 合約中有關合約提前終止的約定，原則上是採「事後無效」的原則，但加註但書例外約定，如果違約情形是發生在產品的研發階段，致使產品未能成功研發上市者，則本合約自始不發生效力。因為於此階段發生違約，ODM 合約關鍵客體

的產品尚未研發成功，整份合約已喪失其目的及價值，且雙方所受損失的補償，尚有機會可以清算與執行，所以可以約定自始不生效力，將未違約方所遭受的損失減至最輕的程度；至於合約自始不產生效力後的處理方式，以及違約方應負之違約責任，仍然由雙方約定之。

(4) 承前所述，合約提前終止後的處理方式與違約方的責任範圍，也必須於合約中明確規範約定。一般情形下的約定，買賣雙方於合約終止後即不得再行使合約權利，亦不必再履行合約義務，但雙方於合約終止前仍有未履行之合約義務者（例如：買方已到期之應付貨款、賣方應交付之產品等），仍應負履行義務。此外，庫存的成品、半成品、原物料等存貨的處理，模具、設備的處理，違約方的違約責任，以及造成未違約方其他損失時的損害賠償責任等，都是必須事先明確約定的範圍，以避免日後徒生爭議。

3. 單方終止權

於前述兩種提前終止合約的情形外，有一種最尷尬的情形就是，某一方想片面提前終止合約，但另一方並不想提前終止合約，也沒有任何違約情形發生，暫且不論想片面提前終止合約者的原因、理由為何，ODM 客戶往往不允許在合約中賦予任一方都可單方面主張提前終止合約的權利。在此思考提前終止合約的主要考量，仍然在於整份合約的合理性、公平性問題，如果是對雙方都很公平合理的合約，雙方都有意願維持長

久的合作關係，則是否有權利要求提前終止合約關係，就如同考量前述合約期滿時究竟自動延展或自動終止一樣，只是一個程序上的問題，並不是特別重要。但相反的，如果是一份不利益合約，則製造商當然要盡力爭取可以提早終結不利益合約的權利。

惟客觀言之，不論是基於提早終結不利益合約，或市場供需的客觀情事變化的考量，筆者傾向任一方都可以要求提前終止合約，且不論有無特定事由（with or without cause），但重點在於程序上的正義，也就是任一方要提前終止合約的兩個基本要件：一是必須於合理期間前發出書面通知給對方，至於所謂的「合理期間」是一個月、兩個月或更長時間，則應該視個別產業的特性來個別決定；二是要求提前終止合約的一方，對他方應負的補償義務的約定，例如：如果是客戶要求提前終止合約，則客戶仍然必須就已經生產完成的產品（含成品及半成品）負付款義務，不論是否已經到了付款期；同時必須負責吸收製造商為了客戶的採購訂單（Purchase Orders）及採購量預估（Forecasts）已經採購的原物料、零組件、模具、機器設備，不論是已交貨庫存，或者尚未交貨但不得取消；和補償製造商其他一切因此而發生的費用（out-of-pocket expenses）。如果是製造商要求提前終止合約，則製造商仍然應該負責就已經接受的正式採購訂單如期交貨，為繼續履行保固義務、售後維修服務，為客戶準備必要的維修備料，甚至於幫客戶尋找、推薦其他適任的代工製造商，及負責保固、維修服務的其他廠商。

二、不可抗力（Force Majeure）

　　不可抗力條款對製造商而言，是非常重要的一個條文，因為依據 ODM 合約裡買賣雙方權利與義務的約定，製造商所必須履行的義務比客戶要來得多，也就是製造商可能會違約的機率要比客戶來得高。因此，因不可抗力事故發生，而造成製造商遲延履約或不能履約，於不可抗力事故未消除，或無其他合理履行義務替代方案實施前，製造商得以免除違約責任，這樣的免責條款對製造商來說，有如一面免死金牌般重要，製造商不能等閒視之。有關不可抗力條款內容的幾個重點，個別說明如下：

1. 不可抗力事故的定義及範圍

　　所謂「不可抗力」，是指合約當事人在一般的客觀情況下，不能事先預見、事先防範及避免的事故，而事故發生時，依當事人客觀能力也無法控制、無法克服的情況。「不可抗力」在法律層面的解釋，就是「不可歸責」的意思，因為就事故的發生原因及造成的後果、影響，都不是當事人所為，不可歸責於當事人，因此在法律效力上可以發生阻卻違約責任的效果。

　　有關 ODM 合約內不可抗力條款的不可抗力事件，一般是採取列舉與概括併列約定方式，常用約定方式如：「**任一方對於因下列事故發生所致之遲延履行或不能履行本合約約定義務者，不負任何違約責任：火災、水災、旱災、地震、異常惡劣氣候等天災地變，或是因罷工、人民暴動、公共運輸者引起之遲延或破壞，或是因政府制裁、禁運、戰爭、任何公權力或政**

府行為介入，以及其他任何超乎任一方當事人能力實際所能合理預測、防範或控制之情事。」。採取列舉與概括併列的約定方式，其目的是藉以盡量擴大不可抗力事件的適用範圍，相對降低了合約當事人於不可抗力事件發生時，仍必須負履約義務的違約風險。

2. 通知義務

如同保險契約裡保險事故發生時的通知義務一樣，當任一方當事人發現有任何不可抗力事故發生，可能引起合約不能履行或遲延履行時，應以任何合理可行之方式盡速通知他方當事人，以便他方當事人能預做因應，以降低損失。例如製造商的工廠所在地因為發生大地震，致使聯外道路、橋樑及貨櫃碼頭都嚴重受損，整個市區也多處嚴重受創，急需搶修，預估搶修完工後最快的出貨時間也要兩週之後，如果要交貨的產品是零組件，則客戶可能因為突然缺料而停工，製造商若能盡速通知客戶，客戶仍有時間緊急向其他零組件供應商採購，不至於因缺料停工而遭受更大的損失，相對的也就降低了製造商的責任。

因此，不可抗力事故發生時，通知義務便是製造商的第一緊急要務，於 ODM 合約中常見客戶要求，當任一方發生不可抗力事故後，應立即用電報或傳真方式通知另一方，並在事故發生後十天、十五天或三十天內，以快遞寄出事故發生當地有關政府部門、公證機關或商會出具的書面證明給客戶，用以證明不可抗力事故確實發生。但是實際上，萬一真的發生不可抗力事故時，短時間內是否可以很快的恢復對外通訊聯絡，是否仍有電報、傳真或其他便捷快速的聯絡方式可以使用，仍有疑問。因此，有關不

可抗力事故發生時的通知義務，於合約文字上仍以採取保守而彈性的措詞為宜，類似「盡速以合理可行的方式通知另一方」這樣的約定即可。

3. 不可抗力持續的容許期限

不可抗力事故發生固然可以阻卻違約責任，但是如果不可抗力事故一直持續下去，對他方當事人也將造成困擾與影響，因此一般都會約定不可抗力事故持續的容許期限，若期限屆滿，而不可抗力事故仍然持續未獲改善時，則任一方均可解除合約，使合約權利義務的法律關係終止。例如：如不可抗力事故持續達六十日以上，一方當事人仍無法履行合約義務時，他方得終止本合約。至於容許期限長短的決定，要由雙方當事人視產品特性、市場需求、其他上下游協力廠商的支援能力，以及買賣雙方緊急應變處理的能力等主客觀因素，經雙方綜合考量、協商一致後決定。

4. 不可抗力事故的效力

合約當事人任一方因為不可抗力事故發生，致使合同義務的全部或一部份不能履行而造成違約時，按照不可抗力事故的影響程度，可以部份或全部免除違約責任；但相對的，另一方也可以因不可抗力事故的容許期限屆滿仍未解除狀況，而主張終止或解除合約關係，也一樣沒有違約責任的問題。至於在此情況下終止或解除合約關係，雙方既已產生的債權、債務及費用成本支出等損失，原則上雙方互不求償，個自吸收承擔，但

只要買賣雙方同意，當然也可以更進一步的約定善後處理的方式或原則，包括費用的補償、補貼問題。

　　但有一種情況仍不能因此免除違約責任，就是在不可抗力事故發生之前就已經先違約的情況下，並不會因為後來發生了不可抗力事故而免除違約責任。例如：在不可抗力事故發生之前，買方已經逾付款日期而仍未付款，或者是已經發生品質瑕疵的求償爭議，雖然因為不可抗力事故發生而被迫暫時停止求償行動，但不會因此而免除其既已發生的違約責任，只能等到日後事故解除時，再繼續進行求償行動。

　　此外，當不可抗力事故已經解除後，發生不可抗力事故的一方如果能夠繼續履行合約義務，可以立即以書面方式通知另一方要求回復合約關係，只要另一方也同意繼續履行合約的權利義務關係，則原來的合約當然也可以繼續執行下去，但在法律性質上，這已是屬於締結新合約的要約與認諾行為，是新的合約權利義務關係的開始。

三、權利義務轉讓（Assignment）

　　ODM 合約中之當事人任一方，有時因為企業合併、轉讓或處分資產等原因，使得 ODM 合約權利及義務必須隨同合併、轉讓或做其他處分，但另一方並無配合的義務，可以保留同意權之行使與否。因此，一般都在合約中約定，任何一方事前未以書面通知另一方，並得到另一方之同意，不得將本合約權利義務之一部或全部讓與第三人。也就是說，任一方如果要將

ODM 合約的權利及義務轉讓給其他第三人時，必須符合兩個要件：一是事前以書面通知，二是得到他方的同意，欠缺任一要件，其權利義務的轉讓行為都是無效的。

但是往往可見客戶所提出的 ODM 合約，僅客戶單方面有權利將合約的權利及義務轉讓給其他第三人，或者載明轉讓給其子公司或關係企業，但不論轉讓給何者，製造商若見到這樣片面有權轉讓權利義務的條款，必須審慎評估目前與該客戶的合約條件，是否容許其隨意轉讓給第三人，包括其子公司或關係企業，因為製造商提供給客戶甲的交易條件，不見得願意提供給客戶乙，特別是簽約之初已經是委曲求全、犧牲利益的合約，更不會輕易同意客戶轉讓給第三人。因此，不論是什麼原因，客戶要轉讓合約的權利義務給其他第三人時，建議製造商仍應保留同意權，寧可事後與該第三人另行議訂合約，也不須事先就拋棄權利。但若客戶是談判條件強勢的一方，則製造商至少必須爭取平等的權利，即雙方都有權利將合約的權利義務轉讓給其他第三人。通常都必須經歷這樣折衝談判的過程，才能突顯出單方面要求權利的不合理性，經過修正後而取得較為公平對等的合約條款。

四、爭議處理（Dispute Resolution）

任何的合約都會有發生爭議的可能性，合約裡解決爭議的程序約定即無可避免，代工設計製造買賣合約亦然，而且代工設計製造買賣如果是跨國業務，萬一發生爭議訴訟時是屬於涉

外案件，其處理程序較之一般國內訴訟又複雜幾分。有關 ODM
合約爭議解決相關問題，特別要注意以下幾個重點：

（一）爭議處理方式（Dispute Resolution）

　　製造商與客戶就 ODM 合約內容發生爭議時，如果不能透
過協商達成和解，而必須訴諸法律解決時，通常不外透過司法
訴訟（Litigation）或商務仲裁（Arbitration）兩種途徑，這兩種
解決爭議的模式在國際 ODM 合約中雖常出現，也各有優缺點，
但一般而言，為了以最經濟、省錢的方式，快速地解決國際商
業糾紛，選擇商務仲裁是比司法訴訟更快速而方便的方法，且
一般約定選擇的三名仲裁員中，買賣雙方可以各自選任一名仲
裁員，以利於為自己答辯、爭取權益。若是選擇一般司法訴訟
程序，特別是在美國進行訴訟時，則一般會特別約定排除陪審
團（Jury）的適用，以達到訴訟經濟、速審速決的目的。

（二）管轄地（Jurisdiction）與準據法（Governing Law）

　　不論選擇司法訴訟或商務仲裁的方式，裁量雙方權利義務
所依據的法律（準據法）究竟應該是那一個國家的法律？是被
告或原告的所在國家，或是其他第三國的法律？管轄法院或是
仲裁委員會又如何決定？若當事人未事先約定者，固然可以依
據國際司法中有關準據法及管轄權的一般原則來決定，但最好
是由買賣雙方當事人事先約定好解決爭議的方式、適用的準據
法及管轄地，並清楚記載於合約內，以避免日後必須以訴訟或

仲裁處理商業糾紛、爭取權益時,他方再以準據法或管轄權等程序問題做為拖延或干擾的藉口或手段。至於如何判斷並選擇解決爭議的方式、準據法及管轄地,筆者認為應該從以下幾點來考量:

1. 訴訟或仲裁的公正性

公正性是決定管轄地與準據法首要考量的因素,一般買賣雙方因為擔心在對方所在的國家進行訴訟或仲裁,會遇到富有愛國主義、保護主義的法官或仲裁員,影響裁判的公正性,所以通常會選擇在第三國或第三地,並依據該第三國或第三地的法律進行訴訟或仲裁。但依據筆者的實際經驗,為了迴避雙方所屬國家之法律及管轄權而刻意去選擇第三國或第三地,對製造商並不一定絕對有利,因為除了後述 2 及 3 兩點的考量因素外,如果客戶所在地國家的法治素質很高,例如美國、德國,其法律制度及裁判的公正性是普遍可以被信賴的,則可以考慮直接選擇客戶所在地國家的法律為準據法。相反的,若是「為反對而反對」,刻意為了迴避雙方所屬國家的法律及管轄權,而選擇依據第三國或第三地的法律,例如:台灣製造商與美國客戶簽署 ODM 合約,刻意選擇以香港或新加坡法律為準據法,是否會比直接以美國法為準據法有利?先撇開法律制度不談,考量訴訟或仲裁程序聲請、出庭應訊與保全執行等程序的方便性,單從程序與費用兩個層面的訴訟經濟原則來看,似乎並不絕對有利。所以,有關準據法及管轄地的選擇,還是應該全面性的綜合考量。

2. 提起訴訟或仲裁的方便性

買賣雙方常會考量提出聲請訴訟或仲裁的方便性，而直接以自己的所在地為訴訟或仲裁管轄地，這是大多數強勢的 ODM 客戶會選擇自己的所在地為管轄地，以自己所在國家之法律為準據法的原因。但聲請程序的方便性考量是相對的，在自己國家進行訴訟或仲裁程序固然比在國外進行要方便，但是提出聲請的一方是原告或被告，因立場不同，程序進行的效果也會有所不同。假設約定的準據法及管轄地是客戶的所在地國家，則若是製造商要對客戶提出訴訟或仲裁聲請時，客戶是被告，在自己國家進行訴訟答辯固然方便許多，而原告（製造商）在被告所在地委託律師進行訴訟或仲裁，基本上也不會太過於麻煩，但最終若是原告（製造商）勝訴，則緊接著直接在被告（客戶）所在地聲請查封、執行拍賣被告（客戶）的資產，整個程序有其連貫性與方便性。

相反的，假設約定的準據法及管轄地同樣是客戶的所在地國家，但這一次客戶是原告，要對製造商提出訴訟或仲裁聲請，客戶在自己國家進行訴訟或仲裁答辯固然方便，但被告（製造商）很有可能拒絕出庭應訊，即使最終原告（客戶）以一造辯論判決勝訴，但緊接著必須到被告（製造商）的所在地國家聲請查封、執行拍賣被告資產，執行程序上必須先經過司法承認，萬一是沒有邦交關係的國家，被告的所在國家可以拒絕承認另一國的司法判決效力，那麼原告就不能再繼續執行被告的資產，空有先前的勝訴判決。可見準據法與管轄地約定的重要性，對實際程序的連貫性與方便性有直接的影響。

3. 後續強制執行的方便性

　　承上所述，無論依據哪一國的法律在哪一國進行訴訟或仲裁，即使最後取得勝訴判決，但是要執行敗訴一方的財產時，又要回到敗訴一方的所在地，依當地法律聲請強制執行。因此，一個值得參考的折中約定方式是，以「被告所在地」的國家法律為準據法及管轄地，也就是在合約中不明確約定以客戶所在地或是製造商所在地的國家法律為準據法，也不以第三國家的法律為準據法，而是有彈性的約定客戶或是製造商所在地的國家法律都可以做為準據法及管轄地，當日後發生爭議，必須以訴訟或仲裁解決時，就看是誰告誰，以被告一方的所在國家法律為準據法，且以被告所在地點做為管轄地，就在被告所在地的管轄法院或是仲裁委員會聲請訴訟或仲裁，並按照訴訟或仲裁的結果，直接執行被告的資產。

　　以上的考量因素同等重要，惟筆者更著重法律制度的公正性及實際強制執行的方便性，因為在 ODM 業務中若真的發生爭議且無法和解，而必須訴諸法律來解決時，通常都已經經過了善意通知、誠信協商的過程，雙方關係已經惡化，往往已經想到進行假扣押、假處分等保全程式，先防止對方的財產脫產，再來進行漫長的訴訟或仲裁程序。因此，考慮在第三地或是製造商的所屬國家進行訴訟後，再回到對方的所在地進行財產執行程序的做法，似已不符合經濟的訴訟原則與保障債權的目的。據此，在討論合約中的準據法及管轄地條款時，筆者建議可視客戶的所在國家是否法律制度健全、法治精神成熟而定，

如果是法律制度健全、法治精神成熟的國家，例如美國、德國，則不必過度擔心愛國裁判的問題，可以大膽接受客戶要求，即以客戶所在國家的法律為準據法。

但至於是否直接以客戶的所在地為管轄地進行訴訟或仲裁，則可以再斟酌，例如台灣的製造商與美國的客戶約定準據法及管轄地時，原則上製造商信任美國的法律與司法制度，同意以美國法律為準據法，但是美國幅員遼闊，各州又各有州法，若是客戶的所在地地點對製造商也相對便利，且在當地尋求法律顧問、訴訟代理人等法律服務資源也不困難的話，例如客戶的所在地是美國兩岸加州的洛杉磯（Los Angeles, CA），或是在東岸紐約州的紐約市（New York，NY），則可直接以客戶的所在地為管轄地，以求盡速進行仲裁、訴訟及強制執行程序，使製造商權益盡早透過法律程序獲得補償；甚至考量到萬一必須出庭應訊時路程遠近的問題，在洛杉磯與紐約市之間，台灣的製造商寧可選擇美國西岸的洛杉磯為宜，至少可以多節省一些旅途所花費的時間與金錢成本。反之，雖然是在美國或德國等法律制度健全的國家，但客戶的所在地地點較偏遠，或製造商要在當地尋求法律顧問、訴訟代理人等法律服務資源較困難，則應該爭取改以前述的加州洛杉磯或紐約市等大城市做為管轄地，對台灣的代工製造商會較為方便且相對有利。

（三）《聯合國國際貨物買賣合約公約》排除適用

在國際貿易買賣合約中經常可見將《聯合國國際貨物買賣合約公約》排除適用的約定（The UN Convention on International

Sale of Goods：「CISG」, shall not be applied.），因為《聯合國國際貨物買賣公約》針對國際貿易行為有一些共通性的原則規定，例如：賣方交貨後即可部份請求給付貨款，買方不可以賣方尚有未交付貨物為由拒絕付款；買方如因此拒付貨款，賣方仍可加計貨款的延滯利息（Article 58, 71, 78）；同意接受的意思即表示（通知），在到達出價人之前或同時到達者，仍然可以撤回（Article 22），而這些規定與大多數 ODM 客戶的要求恰相衝突，因此客戶大多會於合約中予以明文排除適用。但站在製造商的立場，是否接受客戶這樣排除適用的要求，製造商仍然必須先仔細研讀過《聯合國國際貨物買賣公約》的內容（請參閱本書末附錄）後，再審慎評估是否全部不予適用。

（四）訴訟費用負擔

　　商務糾紛事件，特別是跨國商務爭議的涉外案件，一般都必須委任當地的律師來進行訴訟或仲裁程序，律師費原則上應該是由委託人自行負擔，而且在冗長的法律程序中，律師費用的花費往往高出一般訴訟或仲裁程序的規費。在客戶提出的 ODM 合約中，經常可見將訴訟費用含律師費，都由最終判決敗訴或受不利益裁判的一方負擔。有關訴訟費用負擔的原則，一般是由原告於提起民事訴訟時先行負擔，若勝訴後可於執行程序中一併請求由被告暨債務人負責償還；但律師費用一般並非債務人必須賠償或補償之義務範圍，因此，在 ODM 合約中的訴訟費用負擔條款，建議將律師費排除在受不利益判決之一方的負擔範圍。

 **案例研討** ‖

業大分家是喜事，別忘了權利義務轉讓事！

　　二十五年前，甲公司只是參與了台灣經濟起飛的一家小型公司，生產的產品主要是塑膠及橡膠的射出產品，例如電視機使用的遙控器中的塑膠及橡膠部份的零組件，當時為了推展業務、開發美國的市場，與美國的一家小公司乙合資設立（Joint Venture）了一家新公司丙。合資公司丙成立之後，甲公司與丙公司簽署買賣合約，約定由丙公司向甲公司下訂單，甲公司負責為丙公司開發新產品，並為丙公司獨家生產製造，而乙公司是丙公司在美國的最大客戶，也是丙公司產品在美國的獨家經銷商，當時規劃這樣的合資、合作關係，甲、乙雙方的買賣交易透過合資公司丙以 ODM 模式進行，甲、乙雙方都可以雙重受惠，簡直是雙贏（Win-Win）合作關係的代表作。

　　唯獨百密一疏的地方是，在當時甲、乙雙方都有極大開創事業的企圖心，也有共存共榮的高度合作誠意前提下，雙方於合資合約及產品買賣合約中，針對產品的約定都僅僅簡單概括性的記載：「凡是甲公司所開發出來的產品，意欲要在美國銷售的，都必須透過丙公司來進行，也都是丙公司必須向甲公司下訂單採購的產品。」

　　同時約定有附帶條款：「甲公司於美國銷售產品，若非經過丙公司採購銷售者，甲公司必須按銷售貨物價格的百分之五給付傭金給丙公司。」

　　此外，為了擴大合作關係以展現合作誠意，合約中也約定：「甲、丙雙方於本合約的權利與義務，除非經過他方事前的書

面同意，否則不可擅自轉讓給任何第三人；但若是因股權轉讓、合併或其他依法律處分行為，而成為合法的權利與義務的繼承者，則不在此限。」

前述約定，在二十五年前甲公司只是一家產品單純的小公司時，確實充分展現了合作誠意，而且也看不出有何不妥之處，只要公司產品開發得多，都可以透過丙公司及乙公司在美國銷售，且丙公司的銷售獲利，甲、乙雙方都能再以合資股東的身份分享利潤，甲、乙雙方應該都會對開展業務全力以赴，這理論上應該是完美的雙贏合作關係。

豈料，甲公司在台灣過去二十多年裡快速發展，塑膠及橡膠射出產品已成功拓展到多元化應用的領域，產品線從家用遙控器的塑膠、橡膠製零組件，發展到電腦鍵盤、手機機殼及按鍵、汽車中的控按鍵，甚至是傳真機、影印機等事務機器的零組件，公司規模也因為產品線增加而日益壯大，陸續設立了不同的事業部門，最後也個自分割獨立，成立個別負責生產不同產品的子公司，各個子公司必須自負盈虧損益的營運成敗，更必須開發海外市場，當然其中也包括美國市場在內。至此，甲公司發展成為一個擁有眾多子公司的集團公司，樹大分枝，業大分家，這也是企業成長發展必然的結果，只是甲公司與美國乙、丙公司之間的業務合作，似乎是沒跟上甲公司在台灣及其他國家地區業務擴張發展的腳步；而且多年下來，丙公司已經發展成專注在單一產品領域，成為家用電器及遊戲機的遙控器按鍵的專業製造商、供應商，按甲公司產品線的區分，屬於甲公司的「遙控器產品事業部」的客戶，是占甲公司年營業額不到百分之十的最小的事業部。甲公司變成大集團公司之後，這

份二十五年前簽定合約的關鍵重點內容似乎已經被遺忘了，但這並不影響丙公司在這份合約裡享有的權利，也就是：

「**凡是甲公司所開發出來的產品，意欲要在美國銷售的，都必須透過丙公司來進行。**」、「**甲公司於美國銷售產品，若非經過丙公司採購銷售者，甲公司必須按銷售貨物價格的百分之五給付傭金給丙公司。**」，換句話說，甲公司後來發展出那麼多的新產品，其中許多產品也都直接或間接賣到美國去了，這些產品依約定都必須透過丙公司來進行銷售，否則就得按銷售貨物價格的百分之五給付傭金給丙公司。不管是什麼原因造成丙公司沒有銷售甲公司在美國銷售的其他產品，除非是丙公司事先知情且明白表示放棄權利，否則甲公司勢必要依約給付傭金，那麼過去多年來在美國銷售的這麼多產品，佣金結算下來將是一筆非常可觀的財務數字，對甲公司將產生立即的重大影響。

　　立即的重大影響所及，包括甲公司的各個子公司，因為甲公司將不同產品事業部門分割獨立，成為個別負責生產不同產品的子公司，按合約約定：「**甲、丙雙方於本合約的權利與義務，除非經過他方事前的書面同意，否則不可擅自轉讓給任何第三人；但若是因股權轉讓、合併或其他依法律處分行為，而成為合法的權利與義務的繼承者，則不在此限。**」

　　也就是說，即使甲公司的許多新產品都已經分割設立了子公司，這些子公司不需經過丙公司表示同意，即是合法的權利與義務的繼承者，一樣必須受該合約義務的拘束，其銷售到美國的產品，仍然負有依約定給付傭金的義務。

　　而更讓甲公司氣結抑鬱的是，負責與丙公司進行交易往來的最小事業部──「遙控器產品事業部」，已經被出售、轉讓給

第三人丁公司了，換句話說，因為甲公司實質上已經失去丙合資公司的股東身份，若乙公司以丙公司投資股東的身份，依法主張丙公司之合約權利，請求甲公司及其子公司如實計付龐大的傭金之後，丙公司自甲公司賺取的巨額傭金收入，將一分錢也分不到！如此的結果，始料未及，雖是無心之過，已釀成巨額損失的危機。所幸本案的乙公司看在多年生意合作關係的情份上，最終並未依據合約提出巨額傭金的請求，僅要求重建新的業務合作關係，但這一次雙方都委聘律師參與合約的重新修訂，以臨淵履薄的態度審慎協商每一條條文，深怕重蹈了歷史的錯誤！

引述本案的目的，在於警惕負責 ODM 合約會簽及核決的從業人員，面對任何一條合約條款，都必須深謀遠慮、瞻前顧後，不能急功近利、只顧眼前，不能只盤算著當下的買賣交易條件是賺是賠，而忽略了短期內看不到風險的其他條款的重要性，因為成功的 ODM 業者所扮演的角色，不只是要求具有即時搶占市場先機的高效率製造業，也是注重售後服務品質的長期服務業，更是製造商藉此不斷累積經驗與信譽，以達成「大者恆大」地位的特殊產業。

如本書第五章〈心法〉所述，在合約「二○八○」比例法則裡，一份 ODM 合約中，雖然商業條款占了百分之八十，但是若這百分之八十的商業條款發生任何爭議，或者任一方違反其中任何一項約定，構成違約，而要追究違約責任時，就必須依據另外的百分之二十的非商業條款約定來評斷處理，所以這ODM 合約中少數的非商業條款，在關鍵時刻也占有其關鍵性的重要地位。就如本案例中的背景情節，甲公司在企業草創奮鬥

初期，自己大概也沒有想到二十五年之後，會發展成一個擁有多元產品的大集團企業，所以在簽約之初對產品範圍的定義及權利義務轉讓的條款並未多慮，孰知已種下後患，於二十多年後才知道其影響之深遠。

樹大分枝，果熟落地，企業能成功發展，業大分家是喜事，但別忘了合約權利義務轉讓的相關約定事宜。希望讀者諸君能從此案例中得到更多的啟示，並建立起正確的觀念與原則，做生意可以靈活取捨、薄利多銷，但核心原則是必須堅定不移的！

其他約定條款合約重點

- **Term/Termination**
- **Force Majeure**
- **Assignment**
- **Compliance of Laws & Regulations**
- **Insurance**
- **Notice/ Contact Window**
- **Dispute Resolution** – Litigation/Arbitration、Governing Law、Jurisdiction、Attorney Fees

總　結

　　現行國際貿易的買賣交易模式繁多，因應不同的交易模式，有不同的合約內容規範，ODM 合約可以說是其中最具代表性的合約，如果能熟知 ODM 合約的重點內容，則舉重以明輕，面對 OEM、OBM、EMS 或單純的買賣等合約類型，或者是將 ODM 合約化整為零，成為個別的委託產品設計合約、委託代工製造合約、專利授權合約、承攬運送合約、倉儲管理合約、品質保證合約、維修服務合約等，不論是將 ODM 合約化整為零或者是化零為整，自然都可以觸類旁通、舉一反三，輕鬆解讀。

　　至於合約的內容多寡，可繁可簡，可長可短，商場的買賣合約就如同戰場上的兵器，有道是一寸長一寸強，一寸短一寸險，面對買賣交易雙方所起草提出的合約，若是鉅細靡遺的詳細約定，必有其詳細約定的邏輯與目的；反之，若是合約內容精簡扼要，也不能等閒視之，保留可以演繹推論的空間，通常是利弊相佐，雙方從不同的立場和角度可能提出不同的解讀結果，勝負決斷於合約其他條款的通盤詮釋，甚至參考雙方過去的交易模式，或是業界的一般交易習慣原則。因此，負責 ODM 合約溝通談判的人員，以及負責會辦審核合約的人員，必須對整個 ODM 業務的交易過程非常清楚，再轉化、投射、對照於合約中，便能清楚察覺、窺知合約中的過與不足之處，折衝談判，增刪修訂，方能進退有據。

　　惟不論合約內容繁簡，不論合約文字如何變化，貫穿 ODM 合約的中心思想不外乎「成本」及「風險」的管控，從成本管控的角度來考量合約中的交易條款（Business Clauses），是否能讓公司實質獲利，避免不必要的費用開支以節省成本；從風險管控的角度來考量合約中交易條款以外的其他條款（Non-Business Clauses），是否會給公司帶來潛在的法律責任風險，以及必須依據法律來維護權益時，是否能立即適用方便、有利、有效率的司法制度。只要能夠以 ODM 合約為核心，建立起這樣的中心思想，引以為評估判斷合約利弊得失的基本原則，當面對其他大同小異的不同國際代工合約類型，以及其他各種不同類型的配套合約時，萬變不離其宗，自然能夠以不變應萬變，不論內容如何複雜繁瑣的合約，都能輕易解讀，做出正確的判斷與修訂建議。

　　國際代工製造買賣業是長期支持台灣經濟發展的一項重要指標性產業，ODM 為其中之代表，但是閱讀 ODM 合約對許多人而言卻是一件苦差事，不僅讓許多 ODM 從業人員望而卻步，視為畏途，更讓業外人士如霧裡看花，摸不著邊際，究其關鍵原因，即在於不熟悉整個 ODM 業務冗長而複雜的諸多環節流程，再加上不同產品性質有不同交易模式的個別變化，使得 ODM 合約比一般國際貿易的買賣合約具有更高的專業性與困難度。惟知難而行易，越是複雜的組織，越是有組織脈絡可循，複雜的 ODM 合約亦然，自有其架構邏輯與公式，只要能掌握其中的要領，即可輕易解讀。筆者以多年在代工製造業界處理合約之經驗，參透 ODM 合約組成之邏輯公式，進而破解這些公式，將 ODM 合約化繁為簡，個別突破，再循序漸進，逐一

分析說明。本書所介紹的 ODM 合約重點，按照一般 ODM 業務各個不同的階段流程，來建構說明 ODM 合約的主要架構，以及擇要說明主要重點，讓從事國際代工設計製造買賣的同業，以及有志從事此一業務領域者，能先清楚地建立起 ODM 業務的作業流程環節的完整概念，再從每一個作業流程環節所涉及工作的可行性、合理性，以及成本與風險的綜合考量評估，轉化成為 ODM 合約的重點，藉此幫助讀者記憶及掌握每一個條款的重點，充分洞悉、理解合約中每一條條款的風險影響所在，知道如何去評估思考，並進一步知道如何去因應、修訂，盡可能的將合約中的風險降到最低，當日後有將合約拿出來引證主張權益的必要時，能將合約的防衛效果發揮至最大。而實際的 ODM 合約內容，因為不同的產業類別，或者因為新型態交易流程的變化，合約內容項目將會超出本書所介紹範圍之外，讀者仍應注意比對其中的差異。

筆者對於本書之衷心期許，不僅僅在於分享多年在代工製造業界的合約經驗，為國際代工製造業從業人士提供一份解讀 ODM 合約的參考資料，更希望能喚起國內整個 ODM 產業環境裡上下游廠商之間，相互尊重、共存共榮的合作共識，因為 ODM 產業需要有龐大的供應鏈支援，不是任何單一 ODM 製造商可以全然自給自足、單打獨鬥的，有賴許多中下游協力廠商的全力配合與協助，製造商與協力廠商應該是共同為爭取客戶訂單、履行合約義務的合作夥伴，彼此共存共榮的共生關係。在現實的國際代工製造業界，對外發包釋出代工訂單的國際大客戶，不乏代工條件嚴苛，幾近不合情理、無利可圖者，ODM 製造商的獲利空間都已經被客戶給限制住了，而台灣的代工製造

商普遍都有「轉嫁成本與風險」的共通概念，整個 ODM 產業上下游供應鏈之間，往往只見上游業者極盡轉嫁成本與風險給下游協力廠商之能事，而鮮見尊重及維護協力廠商基本權益及利潤者，更遑論為了尊重及維護協力廠商的基本權益及利潤，而反向國際客戶反映意見、爭取合理的交易條件，進而合理修訂國際代工製造買賣合約的內容。製造商挾客戶訂單以壓榨供應商，而供應商為爭取訂單，對合約虛應了事，常此以往，這絕對不是一個可以長遠合作發展的健康環境，最終受害的仍然是在這整個國際代工製造產業上下游供應鏈裡的每一家廠商。

因此，衷心期盼國內國際代工製造業上下游的所有業者，在參透、理解國際代工買賣合約的內容與風險，瞭解客戶所設計擬定代工合約內容的組織邏輯之後，能夠知道如何與國際客戶溝通討論合約，營造國際代工製造業供應鏈上下游廠商良性互動的產業環境，最起碼能夠做到團結合作、一體對外，為共同爭取國際代工訂單、發展國際代工製造買賣業務，共同向國際客戶爭取公平合理的交易條件，簽署公平合理的代工製造合約，則台灣的國際代工製造買賣業的上下游所有業者，才能真正雨露均霑、共存共榮，藉由製造業的蓬勃發展，發揮邊際經濟效應，進一步帶動台灣各行各業的整體經濟共同成長，使國人都能福澤廣被，共享經濟繁榮的成果！

附　錄

2000 年國際貿易術語通則（INCOTERMS 2000）

（1999 年 7 月國際商會第六次修訂，2000 年 1 月 1 日生效）

引　言

組別	術語縮寫	術語英文名稱	術語中文名稱
E 組發貨	EXW	EX works	工廠交貨（……指定地點）
F 組主要運費未付	FCA	Free Carrier	交至承運人（…指定地點）
	FAS	Free Along Side	船邊交貨（……指定裝運港）
	FOB	Free On Board	船上交貨（……指定裝運港）
C 組主要運費已付	CFR	Cost and Freight	成本加運費（……指定目的港）
	CIF	Cost, Insurance and Freight	成本、保險加運費付至（……指定目的港）
	CPT	Carriage Paid to	運費付至（……指定目的港）
	CIP	Carriage and Insurance Paid to	運費、保險費付至（……指定目的地）
D 組貨到	DAF	Delivered at Frontier	邊境交貨（……指定地點）
	DES	Delivered EX Ship	目的港船上交貨（……指定目的港）
	DEQ	Delivered EX Quay	目的港碼頭交貨（……指定目的港）
	DDU	Delivered Duty Unpaid	未完稅交貨（……指定目的地）
	DDP	Delivered Duty Paid	完稅後交貨（……指定目的地）

1. EXW：工廠交貨（……指定地點）

「工廠交貨（……指定地點）」是指當賣方在其所在地或其他指定的地點（如工廠、工廠或倉庫）將貨物交給買方處置時，即完成交貨，賣方不辦理出口清關手續或將貨物裝上任何運輸工具。

該術語是賣方承擔責任最小的術語。買方必須承擔在賣方所在地受領貨物的全部費用和風險。但是，若雙方希望在起運時賣方負責裝載貨物並承擔裝載貨物的全部費用和風險時，則須在銷售合同中明確寫明。在買方不能直接或間接的辦理出口手續時，不應使用該術語，而應使用 FCA，如果賣方同意裝載貨物並承擔費用和風險的話。

A　賣方義務
B　買方義務

A1　提供符合合同規定的貨物

　　　　賣方必須提供符合銷售合同規定的貨物和商業發票或有同等作用的電子訊息，以及合同可能要求的、證明貨物符合合同規定的任何其他憑證。

B1　支付價款

　　　　買方必須按照銷售合同規定支付價款。

A2　許可證、其他許可和手續

　　　　應買方要求並由其承擔風險和費用，在需要辦理海關手續時，賣方必須給予買方一切協助，以幫助買方取得為貨物出口所需的出口許可證或其他官方許可。

B2　許可證、其他許可和手續

　　　　買方必須自擔風險和費用，以取得任何出口和進口許可證或其他官方許可，在需要辦理海關手續時，並辦理貨物出口的一切海關手續。

A3　運輸合同與保險合同

　　　a）運輸合同　無義務。
　　　b）保險合同　無義務。

B3　運輸合同與保險合同
　　a）運輸合同　無義務。
　　b）保險合同　無義務。

A4　交貨
　　　賣方必須按照合同約定的日期或期限，或如果未約定日期或期限，按照交付此類貨物的慣常時間，在指定的地點將未置於任何運輸車輛上的貨物交給買方處置。若在指定的地點內未約定具體交貨點，或有若干個交貨點可使用，則賣方可在交貨地點中選擇最適合其目的的交貨點。

B4　受領貨物
　　　買方必須在賣方按照 A4 和 A7/B7 規定交貨時受領貨物。

A5　風險轉移
　　　除 B5 規定者外，賣方必須承擔貨物滅失或損壞的一切風險，直至已經按照 A4 規定交貨為止。

B5　風險轉移
　　　買方必須按照下述規定承擔貨物滅失或損壞的一切風險：自按照 A4 規定交貨之時起；若由於買方未能按照 B7 規定通知賣方，則自約定的交貨日期或交貨期限屆滿之日起，但以該項貨物已正式劃歸合同項下，即清楚地劃出或以其他方式確定為合同項下之貨物為限。

A6　費用劃分
　　　除 B6 規定者外，賣方必須負擔與貨物有關的一切費用，直到已經按照 A4 規定交貨為止。

B6　費用劃分
　　　買方必須支付自按照 A4 規定交貨之時起與貨物有關的一切費用；及在貨物交給買方處置而買方未受領貨物或未按照 B7 規定給予賣方相應通知而發生的任何額外費用，但以該項貨物已正式劃歸合同項下，即清楚地劃出或以其他方式確定為合同項下之貨物為限；及在需要辦理海關手續時，貨物出口應交納的一切關稅、稅款和其他費用，以及辦理海關手續的費用。

買方必須償付賣方按照 A2 規定給予協助時所發生的一切費用。

A7　通知買方

賣方必須給予買方有關貨物將於何時何地交給買方處置的充分通知。

B7　通知賣方

一旦買方有權確定在約定的期限內受領貨物的具體時間和／或地點時，買方必須就此給予賣方充分通知。

A8　交貨憑證、運輸單據或有同等作用的電子訊息無義務。

B8　交貨憑證、運輸單據或有同等作用的電子訊息

買方必須向賣方提供已受領貨物的適當憑證。

A9　查對、包裝、標記

賣方必須支付為了將貨物交給買方處置所需進行的查對費用（如查對貨物品質、丈量、過磅、點數的費用）。

賣方必須自付費用，以提供按照賣方在訂立合同前已知的有關該貨物運輸（如運輸方式、目的地）所要求的包裝（除非按照相關行業慣例，合同所指貨物通常無需包裝）。包裝應作適當標記。

B9　貨物檢驗

買方必須支付任何裝運前檢驗的費用，包括出口國有關當局強制進行的檢驗。

A10　其他義務

應買方要求並由其承擔風險和費用，賣方必須給予買方一切協助，以幫助其取得由交貨地國和／或原產地國所簽發或傳送的為買方出口和／或進口貨物可能要求的、和必要時從他國過境所需要的任何單據或有同等作用的電子訊息。

應買方要求，賣方必須向買方提供投保所需的資訊。

B10　其他義務

買方必須支付因取得 A10 所述單據或有同等作用的電子訊息而發生的一切費用，並償付賣方給予協助時所發生的費用。

2. FCA：貨交承運人（……指定地點）

　　「貨交承運人（……指定地點）」是指賣方只要將貨物在指定的地點交給買方指定的承運人，並辦理出口清關手續，即完成交貨。需要說明的是，交貨地點的選擇對於在該地點裝貨和卸貨的義務會產生影響。若賣方在其所在地交貨，則賣方應負責裝貨，若賣方在任何其他地點交貨，賣方不負責卸貨。該術語可用於各種運輸方式，包括多式聯運。

　　「承運人」指任何人在運輸合同中，承諾透過鐵路、公路、空運、海運、內河運輸或上述運輸的聯合方式履行運輸或由他人履行運輸。

　　若買方指定承運人以外的人領取貨物，則當賣方將貨物交給此人時，即視為已履行了交貨義務。

A　賣方義務
B　買方義務

A1　提供符合合同規定的貨物
　　　　賣方必須提供符合銷售合同規定的貨物和商業發票或有同等作用的電子訊息，以及合同可能要求的、證明貨物符合合同規定的其他任何憑證。

B1　支付價款
　　　　買方必須按照銷售合同規定支付價款。

A2　許可證、其他許可和手續
　　　　賣方必須自當風險和費用，以取得任何出口許可證或其他官方許可，並在需要辦理海關手續時，辦理貨物出口所需要的一切海關手續。

B2　許可證、其他許可和手續
　　　　買方必須自擔風險和費用，以取得任何進口許可證或其他官方許可，並在需要辦理海關手續時，辦理貨物進口和從他國過境的一切海關手續。

A3　運輸合同與保險合同
　　　a）運輸合同　無義務。但若買方要求，或者如果是商業慣例而買方未適時給予賣方相反指示，則賣方可按照通常條件

訂立運輸合同，費用和風險由買方承擔。在任何一種情況下，賣方都可以拒絕訂立此合同；如果拒絕，則應立即通知買方。

b）保險合同　無義務。

B3　運輸合同與保險合同

a）運輸合同　買方必須自付費用訂立自指定的地點運輸貨物的合同，賣方按照 A3a）訂立了運輸合同時除外。

b）保險合同　無義務。

A4　交貨

賣方必須在指定的交貨地點，在約定的交貨日期或期限內，將貨物交付給買方指定的承運人或其他人，或由賣方按照 A3a）選定的承運人或其他人。

交貨在以下時候完成：

a）若指定的地點是賣方所在地，則當貨物被裝上買方指定的承運人或代表買方的其他人提供的運輸工具時；

b）若指定的地點不是 a）而是其他任何地點，則當貨物在賣方的運輸工具上，尚未卸貨而交給買方指定的承運人或其他人或由賣方按照 A3a）選定的承運人或其他人的處置時。

若在指定的地點沒有決定具體交貨點，且有幾個具體交貨點可供選擇時，賣方可以在指定的地點選擇最適合其目的的交貨點。

若買方沒有明確指示，則賣方可以根據運輸方式和／或貨物的數量和／或性質將貨物交付運輸。

B4　受領貨物

買方必須在賣方按照 A4 規定交貨時，受領貨物。

A5　風險轉移

除 B5 規定者外，賣方必須承擔貨物滅失或損壞的一切風險，直至已經按照 A4 規定交貨為止。

B5　風險轉移

買方必須按照下述規定承擔貨物滅失或損壞的一切風險：自按照 A4 規定交貨之時起；若由於買方未能按照 A4 規定指定承運

人或其他人，或其指定的承運人或其他人未在約定時間接管貨物，或買方未按照 B7 規定給予賣方相應通知，則自約定的交貨日期或交貨期限屆滿之日起，但以該項貨物已正式劃歸合同項下，即清楚地劃出或以其他方式確定為合同項下之貨物為限。

A6　費用劃分

　　除 B6 規定者外，賣方必須支付與貨物有關的一切費用，直至已按照 A4 規定交貨為止；及在需要辦理海關手續時，貨物出口應辦理的海關手續費用及出口應交納的一切關稅、稅款和其他費用。

B6　費用劃分

　　買方必須支付自按照 A4 規定交貨之時起與貨物有關的一切費用；若由於買方未能按照 A4 規定指定承運人或其他人、或由於買方指定的人未在約定的時間內接管貨物、或由於買方未按照 B7 規定給予賣方相應通知而發生的任何額外費用，但以該項貨物已正式劃歸合同項下，即清楚地劃出或以其他方式確定為合同項下之貨物為限。

　　在需要辦理海關手續時，貨物進口應交納的一切關稅、稅款和其他費用，以及辦理海關手續的費用及從他國過境的費用。

A7　通知買方

　　賣方必須給予買方說明貨物已按照 A4 規定交付給承運人的充分通知。若在約定時間承運人未按照規定接收貨物，則賣方必須相應地通知買方。

B7　通知賣方

　　買方必須就按照 A4 規定指定的人的名稱給予賣方充分通知，並根據需要指明運輸方式和向該指定的人交貨的日期或期限，以及依情況在指定的地點內的具體交貨點。

A8　交貨憑證、運輸單據或有同等作用的電子訊息

　　賣方必須自擔費用向買方提供證明按照 A4 規定交貨的通常單據。除非前項所述單據是運輸單據，否則，應買方要求並由其承擔風險和費用，賣方必須給予買方一切協助，以取得有

關運輸合同的運輸單據（如可轉讓提單、不可轉讓海運單、內河運輸單據、空運單、鐵路託運單、公路託運單或多式聯運單據）。

如買賣雙方約定使用電子方式通訊，則前項所述單據可以使用有同等作用的電子資料交換（EDI）訊息所代替。

B8　交貨憑證、運輸單據或有同等作用的電子訊息

買方必須接受按照 A8 規定提供的交貨憑證。

A9　查對、包裝、標記

賣方必須支付為了按照 A4 交貨所需進行的查對費用（如核對貨物品質、丈量、過磅、點數的費用）。

賣方必須自付費用，以提供按照賣方在訂立銷售合同前已知的有關該貨物運輸（如運輸方式、目的地）所要求的包裝（除非按照相關行業慣例，合同所述貨物通常無需包裝）。包裝應作適當標記。

B9　貨物檢驗

買方必須支付任何裝運前檢驗的費用，但出口國有關當局強制進行的檢驗除外。

A10　其他義務

應買方要求並由其承擔風險和費用，賣方必須給予買方一切協助，以幫助買方取得由裝運地國和／或原產地國所簽發或傳送的、為買方進口貨物可能要求的和必要時從他國過境所需要的任何單據或有同等作用的電子訊息（A8 所列的除外）。

應買方要求，賣方必須向買方提供投保所需的資訊。

B10　其他義務

買方必須支付因取得 A10 所述單據或電子訊息而發生的一切費用，並償付賣方按照該款給予協助以及按照 A3a）訂立運輸合同所發生的費用。

當買方按照 A3a）規定要求賣方協助訂立運輸合同時，買方必須給予賣方相應的指示。

3. FAS：船邊交貨（……指定裝運港）

「船邊交貨（……指定裝運港）」是指賣方在指定的裝運港將貨物交到船邊，即完成交貨。買方必須承擔自那時起貨物滅失或損壞的一切風險。

FAS 術語要求賣方辦理出口清關手續。這一點與以前版本的內容相反，以前版本要求買方安排辦理出口手續。但是，如當事人雙方希望買方辦理出口手續，需要在銷售合同中明確寫明。

該術語僅適用於海運或內河運輸。

A　賣方義務
B　買方義務

A1　提供符合合同規定的貨物
　　　　賣方必須提供符合銷售合同規定的貨物和商業發票或有同等作用的電子訊息，以及合同可能要求的、證明貨物符合合同規定的其他任何憑證。
B1　支付價款
　　　　買方必須按照銷售合同規定支付價款。

A2　許可證、其他許可和手續
　　　　賣方必須自擔風險和費用，以取得任何出口許可證或其他官方許可，並在需要辦理海關手續時，辦理貨物出口所需的一切海關手續。
B2　許可證、其他許可和手續
　　　　買方必須自擔風險和費用，以取得任何進口許可證或其他官方許可，並在需要辦理海關手續時，辦理貨物進口和從他國過境所需的一切海關手續。

A3　運輸合同和保險合同
　　a）運輸合同　　無義務。
　　b）保險合同　　無義務。
B3　運輸合同和保險合同
　　a）運輸合同　　買方必須自付費用，訂立自指定的裝運港運輸貨物的合同。

　　b）保險合同　無義務。

A4　交貨

　　　　賣方必須在買方指定的裝運港，在買方指定的裝貨地點，在約定的日期或期限內，按照該港慣用的方式將貨物交至買方指定的船邊。

B4　受領貨物

　　　　買方必須在賣方按照 A4 規定交貨時受領貨物。

A5　風險轉移

　　　　除 B5 規定者外，賣方必須承擔貨物滅失或損壞的一切風險，直至已按照 A4 規定交貨為止。

B5　風險轉移

　　　　買方必須按照下述規定承擔貨物滅失或損壞的一切風險：自按照 A4 規定交貨時起：若由於買方未按照 B7 規定通知賣方，或其指定的船隻未按時到達，或未接收貨物，或較按照 B7 通知的時間提早停止裝貨，則自約定的交貨日期或期限屆滿時起，但以該項貨物已劃撥到合同項下，即明確保留或以其他方式確定為合同項下之貨物為限。

A6　費用劃分

　　　　除 B6 規定者外，賣方必須支付與貨物有關的一切費用，直至已按照 A4 規定交貨為止：及在需要辦理海關手續時，貨物出口應辦理的海關手續費用及應繳納的關稅、稅款和其他費用。

B6　費用劃分

　　　　買方必須支付按照 A4 規定交貨時與貨物有關的一切費用：若由於買方指定的船隻未按時到達，或未裝載上述貨物或較按照 B7 通知的時間提早停止裝貨，或由於買方未按照 B7 規定給予賣方相應的通知而發生的任何額外費用，但以該項貨物已正式劃歸合同項下，即清楚地劃出或以其他方式確定為合同項下之貨物為限；在需要辦理海關手續時，貨物進口應交納的

一切關稅、稅款和其他費用，辦理海關手續的費用，與從他國過境的費用。

A7　通知買方

賣方必須給予買方說明貨物已交至指定的船邊的充分通知。

B7　通知賣方

買方必須給予賣方有關船名、裝船點和要求交貨時間的充分通知。

A8　交貨憑證、運輸單據或有同等作用的電子訊息

賣方必須自付費用，向買方提供證明按照 A4 規定交貨的通常單據。

除非前項所述單據是運輸單據，否則，應買方要求並由其承擔風險和費用，賣方必須給予買方一切協助，以取得運輸單據（如可轉讓提單、不可轉讓海運單、內河運輸單據）。

如買賣雙方約定使用電子方式通訊，則前項所述單據可以使用有同等作用的電子資料交換（EDI）訊息代替。

B8　交貨憑證、運輸單據或有同等作用的電子訊息

買方必須接受按照 A8 規定提供的交貨憑證。

A9　查對、包裝、標記

賣方必須支付為按照 A4 交貨所需進行的查對費用（如核對貨物品質、丈量、過磅、點數的費用）。

賣方必須自付費用，以提供按照賣方訂立銷售合同前已知的有關該貨物運輸（如運輸方式、目的港）所要求的包裝（除非按照相關行業慣例，合同所述貨物無需包裝）。包裝應作適當標記。

B9　貨物檢驗

買方必須支付任何裝運前檢驗的費用，但出口國有關當局強制進行的檢驗除外。

A10　其他義務

應買方要求並由其承擔風險和費用，賣方必須給予買方一切協助，以幫助買方取得由裝運地國和/或原產地國所簽發或傳送

的、為買方進口貨物可能要求的或從他國過境所需的任何單據或有同等作用的電子訊息（**A8** 所列的除外）。

應買方要求，賣方必須向買方提供投保所需的資訊。

B10　其他義務

買方必須支付因獲取 **A10** 所述單據或有同等作用的電子訊息所發生的一切費用，並償付賣方因給予協助而發生的費用。

4. FOB：船上交貨（……**指定裝運港**）

「船上交貨（……指定裝運港）」是當貨物在指定的裝運港越過船舷，賣方即完成交貨。這意味著買方必須從該點起承擔貨物滅失或損壞的一切風險。FOB 術語要求賣方辦理貨物出口清關手續。

該術語僅適用於海運或內河運輸。如當事各方無意越過船舷交貨，則應使用 FCA 術語。

A　賣方義務

B　買方義務

A1　提供符合合同規定的貨物

賣方必須提供符合銷售合同規定的貨物和商業發票或有同等作用的電子訊息，以及合同可能要求的、證明貨物符合合同規定的任何其他憑證。

B1　支付價款

買方必須按照銷售合同規定支付價款。

A2　許可證、其他許可和手續

賣方必須自擔風險和費用，以取得任何出口許可證或其他官方許可，並在需要辦理海關手續時，辦理貨物出口貨物所需的一切海關手續。

B2　許可證、其他許可和手續

買方必須自擔風險和費用，以取得任何進口許可證或其他官方許可，並在需要辦理海關手續時，辦理貨物進口和在必要時從他國過境所需的一切海關手續。

A3 運輸合同和保險合同

    a）運輸合同　無義務。

    b）保險合同　無義務。

B3 運輸合同和保險合同

    a）運輸合同　買方必須自付費用，訂立從指定的裝運港運輸貨物的合同。

    b）保險合同　無義務。

A4 交貨

    賣方必須在約定的日期或期限內，在指定的裝運港，按照該港慣用的方式，將貨物交至買方指定的船隻上。

B4 受領貨物

    買方必須在賣方按照 A4 規定交貨時受領貨物。

A5 風險轉移

    除 B5 規定者外，賣方必須承擔貨物滅失或損壞的一切風險，直至貨物在指定的裝運港越過船舷為止。

B5 風險轉移

    買方必須按照下述規定承擔貨物滅失或損壞的一切風險：貨物在指定的裝運港越過船舷時起；若於買方未按照 B7 規定通知賣方，或其指定的船隻未按時到達，或未接收貨物，或較按照 B7 通知的時間提早停止裝貨，則自約定的交貨日期或交貨期限屆滿之日起，但以該項貨物已正式劃歸合同項下，即清楚地劃出或以其他方式確定為合同項下之貨物為限。

A6 費用劃分

    除 B6 規定者外，賣方必須支付貨物有關的一切費用，直至貨物在指定的裝運港越過船舷時為止；及需要辦理海關手續時，貨物出口需要辦理的海關手續費用及出口時應交納的一切關稅、稅款和其他費用。

B6 費用劃分

    買方必須支付貨物在指定的裝運港越過船舷之時起與貨物有關的一切費用；若於買方指定的船隻未按時到達，或未接收

上述貨物，或較按照 B7 通知的時間提早停止裝貨，或買方未
能按照 B7 規定給予賣方相應的通知而發生的一切額外費用，
但以該項貨物已正式劃歸合同項下，即清楚地劃出或以其他方
式確定為合同項下之貨物為限；及需要辦理海關手續時，貨物
進口應交納的一切關稅、稅款和其他費用，辦理海關手續的費
用，與貨物從他國過境的費用。

A7　通知買方

　　　賣方必須給予買方說明貨物已按照 A4 規定交貨的充分
通知。

B7　通知賣方

　　　買方必須給予賣方有關船名、裝船點和要求交貨時間的充
分通知。

A8　交貨憑證、運輸單據或有同等作用的電子訊息

　　　賣方必須自付費用，向買方提供證明貨物已按照 A4 規定
交貨的通常單據。

　　　除非前項所述單據是運輸單據，否則應買方要求並由其承
擔風險和費用，賣方必須給予買方一切協助，以取得有關運輸
合同的運輸單據（如可轉讓提單、不可轉讓海運單、內河運輸
單據或多式聯運單據）。如買賣雙方約定使用電子方式通訊，則
前項所述單據可以由具有同等作用的電子資料交換（EDI）訊
息代替。

B8　交貨憑證、運輸單據或有同等作用的電子訊息

　　　買方必須接受按照 A8 規定提供的交貨憑證。

A9　查對、包裝、標記

　　　賣方必須支付為按照 A4 規定交貨所需進行的查對費用（如
核對貨物品質、丈量、過磅、點數的費用）。賣方必須自付費用，
提供按照賣方訂立銷售合同前已知的該貨物運輸（如運輸方
式、目的港）所要求的包裝（除非按照相關行業慣例，合同所
述貨物無需包裝發運）。包裝應作適當標記。

B9　貨物檢驗

　　　買方必須支付任何裝運前檢驗的費用，但出口國有關當局強制進行的檢驗除外。

A10　其他義務

　　　應買方要求並由其承擔風險和費用，賣方必須給予買方一切協助，以幫助其取得由裝運地國和/或原產地國所簽發或傳送的、為買方進口貨物可能要求的和必要時從他國過境所需的任何單據或有同等作用的電子訊息（**A8** 所列的除外）。應買方要求，賣方必須向買方提供投保所需的資訊。

B10　其他義務

　　　買方必須支付因獲取 **A10** 所述單據或有同等作用的電子訊息所發生的一切費用，並償付賣方因給予協助而發生的費用。

5. CFR：成本加運費（……指定目的港）

　　「成本加運費（……指定目的港）」，是指在裝運港貨物越過船舷賣方即完成交貨，賣方必須支付將貨物運至指定的目的港所需的運費和費用。但交貨後貨物滅失或損壞的風險，以及由於各種事件造成的任何額外費用，即由賣方轉移到買方。

　　CFR 術語要求賣方辦理出口清關手續。

　　該術語僅適用於海運或內河運輸。如當事各方無意越過船舷交貨，則應使用 CPT 術語。

A　賣方義務

B　買方義務

A1　提供符合合同規定的貨物

　　　賣方必須提供符合銷售合同規定的貨物和商業發票或有同等作用的電子訊息，以及合同可能要求的、證明貨物符合合同規定的其他任何憑證。

B1　支付價款

　　　買方必須按照銷售合同規定支付價款。

A2　許可證、其他許可和手續
　　　　賣方必須自擔風險和費用，以取得任何出口許可證或其他
　　官方許可，並在需要辦理海關手續時，辦理貨物出口貨物所需
　　的一切海關手續。

B2　許可證、其他許可和手續
　　　　買方必須自擔風險和費用，以取得任何進口許可證或其他
　　官方許可，並在需要辦理海關手續時，辦理貨物進口及從他國
　　過境的一切海關手續。

A3　運輸合同和保險合同
　　a）運輸合同　賣方必須自付費用，按照通常條件訂立運輸合
　　　同，經由慣常航線，將貨物用通常可供運輸合同所指貨物
　　　類型的海輪（或依情況適合內河運輸的船隻）運輸至指定
　　　的目的港。
　　b）保險合同　無義務。

B3　運輸合同與保險合同
　　a）運輸合同　無義務。
　　b）保險合同　無義務。

A4　交貨
　　　　賣方必須在裝運港，在約定的日期或期限內，將貨物交至
　　船上。

B4　受領貨物
　　　　買方必須在賣方按照 A4 規定交貨時受領貨物，並在指定
　　的目的港從承運人收受貨物。

A5　風險轉移
　　　　除 B5 規定者外，賣方必須承擔貨物滅失或損壞的一切風
　　險，直至貨物在裝運港越過船舷為止。

B5　風險轉移
　　　　買方必須承擔貨物在裝運港越過船舷之後滅失或損壞的一
　　切風險。

如買方未按照 B7 規定給予賣方通知，買方必須從約定的裝運日期或裝運期限屆滿之日起，承擔貨物滅失或損壞的一切風險，但以該項貨物已正式劃歸合同項下，即清楚地劃出或以其他方式確定為合同項下之貨物為限。

A6　費用劃分

除 B6 規定者外，賣方必須支付：與貨物有關的一切費用，直至已經按照 A4 規定交貨為止；及按照 A3a）規定所發生的運費和其他一切費用，包括貨物的裝船費和根據運輸合同由賣方支付的、在約定卸貨港的任何卸貨費；及在需要辦理海關手續時，貨物出口需要辦理的海關手續費用及出口時應繳納的一切關稅、稅款和其他費用，與如果根據運輸合同規定，由賣方支付的貨物從他國過境的費用。

B6　費用劃分

除 A3a）規定外，買方必須支付：自按照 A4 規定交貨時起的一切費用；及貨物在運輸途中直至到達目的港為止的一切費用，除非這些費用根據運輸合同應由賣方支付；及包括駁運費和碼頭費在內的卸貨費，除非這些費用根據運輸合同應由賣方支付；若如買方未按照 B7 規定給予賣方通知，則自約定的裝運日期或裝運期限屆滿之日起，貨物所發生的一切額外費用，但以該項貨物已正式劃歸合同項下，即清楚地劃出或以其他方式確定為合同項下之貨物為限；及在需要辦理海關手續時，貨物進口應交納的一切關稅、稅款和其他費用，辦理海關手續的費用，即需要時從他國過境的費用，除非這些費用已包括在運輸合同中。

A7　通知買方

賣方必須給予買方說明貨物已按照 A4 規定交貨的充分通知，以及要求的任何其他通知，以便買方能夠為受領貨物採取通常必要的措施。

B7　通知賣方

一旦買方有權決定裝運貨物的時間和／或目的港，買方必須就此給予賣方充分通知。

A8　交貨憑證、運輸單據或有同等作用的電子訊息

　　　　賣方必須自付費用，毫不遲延地向買方提供表明載往約定目的港的通常運輸單據。此單據（如可轉讓提單、不可轉讓海運單或內河運輸單據）必須載明合同貨物，其日期應在約定的裝運期內，使買方得以在目的港向承運人提取貨物，並除非另有約定，應使買方得以通過轉讓單據（可轉讓提單）或透過通知承運人，向其後手買方出售在途貨物。

　　　　如此運輸單據有數份正本，則應向買方提供全套正本。

　　　　如買賣雙方約定使用電子方式通訊，則前項所述單據可以由具有同等作用的電子資料交換（EDI）訊息代替。

B8　交貨憑證、運輸單據或有同等作用的電子訊息

　　　　買方必須接受按照 A8 規定提供的運輸單據，如果該單據符合合同規定的話。

A9　查對、包裝、標記

　　　　賣方必須支付為按照 A4 規定交貨所需進行的查對費用（如核對貨物品質、丈量、過磅、點數的費用）。賣方必須自付費用，以提供符合其安排的運輸所要求的包裝（除非按照相關行業慣例，該合同所述貨物無需包裝）。包裝應作適當標記。

B9　貨物檢驗

　　　　買方必須支付任何裝運前檢驗的費用，但出口國有關當局強制進行的檢驗除外。

A10　其他義務

　　　　應買方要求並由其承擔風險和費用，賣方必須給予買方一切協助，以幫助買方取得由裝運地國和／或原產地國所簽發或傳送的、為買方進口貨物可能要求的和必要時從他國過境所需的任何單據或有同等作用的電子訊息（A8 所列的除外）。應買方要求，賣方必須向買方提供投保所需的資訊。

B10　其他義務

　　　　買方必須支付因獲取 A10 所述單據或有同等作用的電子訊息所發生的一切費用，並償付賣方因給予協助而發生的費用。

6. CIF：成本、保險費加運費（……指定目的港）

　　「成本、保險費加運費」是指在裝運港貨物越過船舷時賣方即完成交貨。賣方必須支付將貨物運至指定的目的港所需的運費和費用，但交貨後貨物滅失或損壞的風險及由於各種事件造成的任何額外費用即由賣方轉移到買方。但是，在 CIF 條件下，賣方還必須辦理買方貨物在運輸途中滅失或損壞風險的海運保險。因此，由賣方訂立保險合同並支付保險費。買方應注意到，CIF 術語只要求賣方投保最低限度的保險險別。如買方需要更高的保險險別，則需要與賣方明確地達成協議，或者自行作出額外的保險安排。

　　CIF 術語要求賣方辦理貨物出口清關手續。

　　該術語僅適用於海運和內河運輸。若當事方無意越過船舷交貨，則應使用 CIP 術語。

A　賣方義務
B　買方義務

A1　提供符合合同規定的貨物
　　　　賣方必須提供符合銷售合同規定的貨物和商業發票或有同等作用的電子訊息，以及合同可能要求的、證明貨物符合合同規定的其他任何憑證。
B1　支付價款
　　　　買方必須按照銷售合同規定支付價款。

A2　許可證、其他許可和手續
　　　　賣方必須自擔風險和費用，以取得任何出口許可證或其他官方許可，並在需要辦理海關手續時，辦理貨物出口貨物所需的一切海關手續。
B2　許可證、其他許可和手續
　　　　買方必須自擔風險和費用，以取得任何進口許可證或其他官方許可，並在需要辦理海關手續時，辦理貨物進口及從他國過境的一切海關手續。

A3　運輸合同和保險合同

　　a）運輸合同　賣方必須自付費用，按照通常條件訂立運輸合同，經由慣常航線，將貨物用通常可供運輸合同所指貨物類型的海輪（或依情況適合內河運輸的船隻）裝運至指定的目的港。

　　b）保險合同　賣方必須按照合同規定，自付費用取得貨物保險，並向買方提供保險單或其他保險證據，以使買方或任何其他對貨物具有保險利益的人有權直接向保險人索賠。保險合同應與信譽良好的保險人或保險公司訂立，在無相反明確協議時，應按照《協會貨物保險條款》（倫敦保險人協會）或其他類似條款中的最低保險險別投保。保險期限應按照 B5 和 B4 規定。應買方要求，並由買方負擔費用，賣方應加投戰爭、罷工、暴亂和民變險，如果能投保的話。最低保險金額應包括合同規定價款另加 10%（即 110%），並應採用合同貨幣。

B3　運輸合同與保險合同

　　a）運輸合同　無義務。

　　b）保險合同　無義務。

A4　交貨

　　　　賣方必須在裝運港，在約定的日期或期限內，將貨物交至船上。

B4　受領貨物

　　　　買方必須在賣方已按照 A4 規定交貨時受領貨物，並在指定的目的港從承運人處收受貨物。

A5　風險轉移

　　　　除 B5 規定者外，賣方必須承擔貨物滅失或損壞的一切風險，直至貨物在裝運港越過船舷為止。

B5　風險轉移

　　　　買方必須承擔貨物在裝運港越過船舷之後滅失或損壞的一切風險。如買方未按照 B7 規定給予賣方通知，買方必須從約定的裝運日期或裝運期限屆滿之日起，承擔貨物滅失或損壞的

一切風險，但以該項貨物已正式劃歸合同項下，即清楚地劃出或以其他方式確定為合同項下之貨物為限。

A6　費用劃分

除 B6 規定者外，賣方必須支付：與貨物有關的一切費用，直至已經按照 A4 規定交貨為止；及按照 A3a）規定所發生的運費和其他一切費用，包括貨物的裝船費；及按照 A3b）規定所發生的保險費用；及根據運輸合同由賣方支付的、在約定卸貨港的任何卸貨費用；及在需要辦理海關手續時，貨物出口需要辦理的海關手續費用，出口時應繳納的一切關稅、稅款和其他費用，及根據運輸合同規定由賣方支付的貨物從他國過境的費用。

B6　費用劃分

除 A3a）規定外，買方必須支付：自按照 A4 規定交貨時起的一切費用；及貨物在運輸途中直至到達目的港為止的一切費用，除非這些費用根據運輸合同應由賣方支付；及包括駁運費和碼頭費在內的卸貨費，除非這些費用根據運輸合同應由賣方支付；若如買方未按照 B7 規定給予賣方通知，則自約定的裝運日期或裝運期限屆滿之日起，貨物所發生的一切額外費用，但以該項貨物已正式劃歸合同項下，即清楚地劃出或以其他方式確定為合同項下之貨物為限；及在需要辦理海關手續時，貨物進口應交納的一切關稅、稅款和其他費用，辦理海關手續的費用，及需要時從他國過境的費用，除非這些費用已包括在運輸合同中。

A7　通知買方

賣方必須給予買方說明貨物已按照 A4 規定交貨的充分通知，以及要求的任何其他通知，以便買方能夠為受領貨物採取通常必要的措施。

B7　通知賣方

一旦買方有權決定裝運貨物的時間和／或目的港，買方必須就此給予賣方充分通知。

A8　交貨憑證、運輸單據或有同等作用的電子訊息

賣方必須自付費用，毫不遲延地向買方提供表明載往約定目的港的通常運輸單據。此單據（如可轉讓提單、不可轉讓海

運單或內河運輸單據）必須載明合同貨物，其日期應在約定的
裝運期內，使買方得以在目的港向承運人提取貨物，並且，除
非另有約定，應使買方得以通過轉讓單據（可轉讓提單）或透
過通知承運人，向其後手買方出售在途貨物。如此運輸單據有
數份正本，則應向買方提供全套正本。

　　如買賣雙方約定使用電子方式通訊，則前項所述單據可以
由具有同等作用的電子資料交換（**EDI**）訊息代替。

B8　交貨憑證、運輸單據或有同等作用的電子訊息

　　買方必須接受按照 **A8** 規定提供的運輸單據，如果該單據
符合合同規定的話。

A9　查對、包裝、標記

　　賣方必須支付為按照**A4**規定交貨所需進行的查對費用（如
核對貨物品質、丈量、過磅、點數的費用）。

　　賣方必須自付費用，以提供符合其安排的運輸所要求的包
裝（除非按照相關行業慣例該合同所描述貨物無需包裝）。包裝
應作適當標記。

B9　貨物檢驗

　　買方必須支付任何裝運前檢驗的費用，但出口國有關當局
強制進行的檢驗除外。

A10　其他義務

　　應買方要求並由其承擔風險和費用，賣方必須給予買方一切
協助，以幫助買方取得由裝運地國和／或原產地國所簽發或傳送
的、為買方進口貨物可能要求的和必要時從他國過境所需的任何
單據或有同等作用的電子訊息（**A8** 所列的除外）。

　　應買方要求，賣方必須向買方提供額外投保所需的資訊。

B10　其他義務

　　買方必須支付因獲取 **A10** 所述單據或有同等作用的電子訊
息所發生的一切費用，並償付賣方因給予協助而發生的費用。

　　應賣方要求，買方必須向其提供投保所需的資訊。

7. CPT：運費付至（……指定目的地）

「運費付至（……指定地點）」是指賣方向其指定的承運人交貨，但賣方還必須支付將貨物運至目的地的運費，亦即買方承擔交貨之後一切風險和其他費用。

「承運人」是指任何人，在運輸合同中，承諾透過鐵路、公路、空運、海運、內河運輸或上述運輸的聯合方式履行運輸或由他人履行運輸。如果還使用接運的承運人將貨物運至約定目的地，則風險自貨物交給第一承運人時轉移。

CPT 術語要求賣方辦理出口清關手續。

該術語可適用於各種運輸方式，包括多式聯運。

A　賣方義務
B　買方義務

A1　提供符合合同規定的貨物
　　　　賣方必須提供符合銷售合同規定的貨物和商業發票或有同等作用的電子訊息。以及合同可能要求的、證明貨物符合合同規定的其他任何憑證。

B1　支付價款
　　　　買方必須按照銷售合同規定支付價款。

A2　許可證、其他許可和手續
　　　　賣方必須自擔風險和費用，以取得任何出口許可證或其他官方許可，並在需要辦理海關手續時，辦理貨物出口貨物所需的一切海關手續。

B2　許可證、其他許可和手續
　　　　買方必須自擔風險和費用，以取得任何進口許可證或其他官方許可，並在需要辦理海關手續時，辦理貨物進口及從他國過境的一切海關手續。

A3　運輸合同和保險合同
　　　a）運輸合同　賣方必須自付費用，按照通常條件訂立運輸合同，依通常路線及習慣方式，將貨物運至指定的目的地的

約定點。如未約定或按照慣例也無法確定具體交貨點，則賣方可在指定的目的地選擇最適合其目的的交貨點。

b）保險合同　無義務。

B3　運輸合同與保險合同

a）運輸合同　無義務。

b）保險合同　無義務。

A4　交貨

賣方必須向按照 A3 規定訂立合同的承運人交貨，或如還有接運的承運人時，則向第一承運人交貨，以使貨物在約定的日期或期限內運至指定的目的地的約定點。

B4　受領貨物

買方必須在賣方已按照 A4 規定交貨時受領貨物，並在指定的目的地從承運人處收受貨物。

A5　風險轉移

除 B5 規定者外，賣方必須承擔貨物滅失或損壞的一切風險，直至已按照 A4 規定交貨為止。

B5　風險轉移

買方必須承擔按照 A4 規定交貨時起貨物滅失或損壞的一切風險。如買方未能按照 B7 規定給予賣方通知，則買方必須從約定的交貨日期或交貨期限屆滿之日起，承擔貨物滅失或損壞的一切風險，但以該項貨物已正式劃歸合同項下，即清楚地劃出或以其他方式確定為合同項下之貨物為限。

A6　費用劃分

除 B6 規定者外，賣方必須支付：直至按照 A4 規定交貨之時與貨物有關的一切費用，以及按照 A3a）規定所發生的運費和其他一切費用，包括根據運輸合同規定由賣方支付的裝貨費和在目的地的卸貨費；及在需要辦理海關手續時，貨物出口需要辦理的海關手續費用及出口時應繳納的一切關稅、稅款和其他費用，以及根據運輸合同規定，由賣方支付的貨物從他國過境的費用。

B6　費用劃分

除 A3a）規定外，買方必須支付：自按照 A4 規定交貨時起的一切費用：及貨物在運輸途中直至到達目的地為止的一切費用，除非這些費用根據運輸合同應由賣方支付；及卸貨費，除非根據運輸合同應由賣方支付；若如買方未按照 B7 規定給予賣方通知，則自約定的裝運日期或裝運期限屆滿之日起，貨物所發生的一切額外費用，但以該項貨物已正式劃歸合同項下，即清楚地劃出或以其他方式確定為合同項下之貨物為限：及在需要辦理海關手續時，貨物進口應交納的一切關稅、稅款和其他費用，辦理海關手續的費用，以及從他國過境的費用，除非這些費用已包括在運輸合同中。

A7　通知買方

賣方必須給予買方說明貨物已按照 A4 規定交貨的充分通知，以及要求的任何其他通知，以便買方能夠為受領貨物採取通常必要的措施。

B7　通知賣方

一旦買方有權決定發送貨物的時間和／或目的地，買方必須就此給予賣方充分通知。

A8　交貨憑證、運輸單據或有同等作用的電子訊息

賣方必須自付費用（如果習慣如此的話），向買方提供按照 A3 訂立的運輸合同所涉的通常運輸單據（如可轉讓提單、不可轉讓海運單、內河運輸單據、空運貨運單、鐵路運單、公路運單或多式聯運單據）。

如買賣雙方約定使用電子方式通訊，則前項所述單據可以由具有同等作用的電子資料交換（EDI）訊息代替。

B8　交貨憑證、運輸單據或有同等作用的電子訊息

買方必須接受按照 A8 規定提供的運輸單據，如果該單據符合合同規定的話。

A9　查對、包裝、標記

賣方必須支付為按照 A4 規定交貨所需進行的查對費用（如核對貨物品質、丈量、過磅、點數的費用）。賣方必須自付費用，

以提供符合其安排的運輸所要求的包裝（除非按照相關行業慣例，該合同所述貨物無需包裝）。包裝應作適當標記。

B9　貨物檢驗

買方必須支付任何裝運前檢驗的費用，但出口國有關當局強制進行的檢驗除外。

A10　其他義務

應買方要求並由其承擔風險和費用，賣方必須給予買方一切協助，以幫助買方取得由裝運地國和／或原產地國所簽發或傳送的、為買方進口貨物可能要求的和必要時從他國過境所需的任何單據或有同等作用的電子訊息（A8 所列的除外）。

應買方要求，賣方必須向買方提供投保所需的資訊。

B10　其他義務

買方必須支付因獲取 A10 所述單據或有同等作用的電子訊息所發生的一切費用，並償付賣方因給予協助而發生的費用。

8. CIP：運費和保險費付至（……指定目的地）

「運費和保險費付至（……指定目的地）」是指賣方向其指定的承運人交貨，但賣方還必須支付將貨物運至目的地的運費，亦即買方承擔賣方交貨之後的一切風險和額外費用。但是，按照 CIP 術語，賣方還必須辦理買方貨物在運輸途中滅失或損壞風險的保險。因此，由賣方訂立保險合同並支付保險費。

買方應注意到，CIP 術語只要求賣方投保最低限度的保險險別。如買方需要更高的保險險別，則需要與賣方明確地達成協議，或者自行作出額外的保險安排。

「承運人」指任何人在運輸合同中，承諾透過鐵路、公路、空運、海運、內河運輸或上述運輸的聯合方式履行運輸或由他人履行運輸。如果還使用接運的承運人將貨物運至約定目的地，則風險自貨物交給第一承運人時轉移。

CIP 術語要求賣方辦理出口清關手續。

該術語可適用於各種運輸方式，包括多式聯運。

A 賣方義務
B 買方義務

A1 提供符合合同規定的貨物
　　賣方必須提供符合銷售合同規定的貨物和商業發票或有同等作用的電子訊息，以及合同可能要求的、證明貨物符合合同規定的其他任何憑證。
B1 支付價款
　　買方必須按照銷售合同規定支付價款。

A2 許可證、其他許可和手續
　　賣方必須自擔風險和費用，以取得任何出口許可證或其他官方許可，並在需要辦理海關手續時辦理貨物出口所需的一切海關手續。
B2 許可證、其他許可和手續
　　買方必須自擔風險和費用，以取得任何進口許可證或其他官方許可，並在需要辦理海關手續時辦理貨物進口和從他國過境所需的一切海關手續。

A3 運輸合同和保險合同
　　a）運輸合同　賣方必須必須自付費用，按照通常條件訂立運輸合同，依通常路線及習慣方式，將貨物運至指定的目的地的約定點。若未約定或按照慣例也不能確定具體交貨點，則賣方可在指定的目的地選擇最適合其目的的交貨點。
　　b）保險合同　賣方必須按照合同規定，自付費用取得貨物保險，並向買方提供保險單或其他保險證據，以使買方或任何其他對貨物具有保險利益的人有權直接向保險人索賠。保險合同應與信譽良好的保險人或保險公司訂立，在無相反明示協議時，應按照《協會貨物保險條款》（倫敦保險人協會）或其他類似條款中的最佳限度保險險別投保。保險期限應按照 B5 和 B4 規定。應買方要求，並由買方負擔費用，賣方應加投戰爭、罷工、暴亂和民變險，如果能投保

的話。最低保險金額應包括合同規定價款另加 10%（即
110%），並應採用合同貨幣。

B3　運輸合同和保險合同

　　a）運輸合同　無義務。

　　b）保險合同　無義務。

A4　交貨

　　賣方必須在約定日期或期限內向按照 A3 規定訂立合同的
承運人交貨，或如有接運的承運人時，向第一承運人交貨，以
使貨物運至指定的目的地的約定點。

B4　受領貨物

　　買方必須在賣方按照 A4 規定交貨時受領貨物，並在指定
的目的地從承運人處收受貨物。

A5　風險轉移

　　除 B5 規定者外，賣方必須承擔貨物滅失或損壞的一切風
險，直至已經按照 A4 規定交貨為止。

B5　風險轉移

　　買方必須承擔按照 A4 規定交貨後貨物滅失或損壞的一切
風險。買方如未按照 B7 規定通知賣方，則必須從約定的交貨
日期或交貨期限屆滿之日起，承擔貨物滅失或損壞的一切風
險，但以該項貨物已正式劃歸合同項下，即清楚地劃出或以其
他方式確定為合同項下之貨物為限。

A6　費用劃分

　　除 B6 規定者外，賣方必須支付：與貨物有關的一切費用，
直至已經按照 A4 規定交貨為止，以及按照 A3a）規定所發生
的運費和其他一切費用，包括裝船費和根據運輸合同應由賣方
支付的在目的地的卸貨費；及按照 A3b）發生的保險費用；及
在需要辦理海關手續時，貨物出口需要辦理的海關手續費用，
以及貨物出口時應交納的一切關稅、稅款和其他費用，以及
根據運輸合同由賣方支付的貨物從他國過境的費用。

B6　費用劃分

　　　除 A3 規定者外，買方必須支付：自按照 A4 規定交貨之時起與貨物有關的一切費用；及

　　　貨物在運輸途中直至到達約定目的地為止的一切費用，除非這些費用根據運輸合同應由賣方支付；及卸貨費，除非這些費用根據運輸合同應由賣方支付；及若買方未按照 B7 規定給予賣方通知，則自約定的裝運日期或裝運期限屆滿之日起，貨物所發生的一切額外費用，但以該項貨物已正式劃歸合同項下，即清楚地劃出或以其他方式確定為合同項下之貨物為限；及在需要辦理海關手續時，貨物進口應交納的一切關稅、稅款和其他費用，辦理海關手續的費用，以及從他國過境的費用，除非這些費用已包括在運輸合同中。

A7　通知買方

　　　賣方必須給予買方說明貨物已按照 A4 規定交貨的充分通知，以及要求的任何其他通知，以便買方能夠為受領貨物而採取通常必要的措施。

B7　通知賣方

　　　一旦買方有權決定發運貨物的時間和／或目的地，買方必須就此給予賣方充分通知。

A8　交貨憑證、運輸單據或有同等作用的電子訊息

　　　賣方必須自付費用（如果習慣如此的話），向買方提供按照 A3 訂立的運輸合同所涉及的通常運輸單據（如可轉讓提單、不可轉讓海運單、內河運輸單據、空運貨運單、鐵路運單、公路運單或多式聯運單據）。

　　　如買賣雙方約定使用電子方式通訊，則前項所述單據可以由具有同等作用的電子資料交換（EDI）訊息代替。

B8　交貨憑證、運輸單據或有同等作用的電子訊息

　　　買方必須接受按照 A8 規定提供的運輸單據，如果該單據符合合同規定的話。

A9　查對、包裝、標記

　　　　賣方必須支付為按照 **A4** 規定交貨所需進行的查對費用(如核對貨物品質、丈量、過磅、點數的費用)。賣方必須自付費用,以提供符合其安排的運輸所要求的包裝(除非按照相關行業慣例,該合同所描述貨物無需包裝)。包裝應作適當標記。

B9　貨物檢驗

　　　　買方必須支付任何裝運前檢驗費用,但出口國有關當局強制進行的檢驗除外。

A10　其他義務

　　　　應買方要求並由其承擔風險和費用,賣方必須給予買方一切協助,以幫助買方取得由裝運地國和/或原產地國所簽發或傳送的、為買方進口貨物以能要求的和從他國過境所需的任何單據或有同等作用的電子訊息(**A8** 所列的除外)。

B10　其他義務

　　　　買方必須支付因獲取 **A10** 所述單據或有同等作用的電子訊息所發生的一切費用,並償付賣方因給予協助而發生費用。

　　　　應賣方要求,買方必須向賣方提供辦理投保所需用的資訊。

9. DAF：邊境交貨（……指定地點）

　　「邊境交貨（……指定地點）」是指當賣方在邊境的指定地點和具體交貨點,在毗鄰國家的海關邊界前,將仍處於交貨的運輸工具上、尚未卸下的貨物交給買方處置,辦妥貨物出口清關手續但尚未辦理進口清關手續時,即完成交貨。「邊境」一詞可用於任何邊境,包括出口國邊境。因而,用指定地點和具體交貨點準確界定所指邊境,這是極為重要的。但是,如當事人各方面希望賣方負責從交貨運輸工具上卸貨並承擔卸貨的風險和費用,則應在銷售合同中明確寫明。

　　該術語可用於陸地邊界交貨的各種運輸方式,當在目的港船上或碼頭交貨時,應使用 DES 或 DEQ 術語。

A　賣方義務

B　買方義務

A1　提供符合合同規定的貨物

　　　　賣方必須提供符合銷售合同規定的貨物和商業發票或有同等作用的電子資訊，以及合同可能要求的、證明貨物符合合同規定的其他任何憑證。

B1　支付價款

　　　　買方必須按照銷售合同規定支付價款。

A2　許可證、其他許可和手續

　　　　賣方必須自擔風險和費用，以取得任何出口許可證或其他官方許可或其他必要文件，以便將貨物交經買方處置，並在需要辦理海關手續時辦理貨物出口並運至指定的邊境交貨地點以及從他國過境所需的一切海關手續。

B2　許可證、其他許可和手續

　　　　買方必須自擔風險和費用，以取得任何進口許可證或其他官方許可或其他必要文件，並在需要辦理海關手續時辦理貨物進口所需的一切海關手續，及後繼運輸所需的一切海關手續。

A3　運輸合同與保險合同

　　a）運輸合同

　　　　i）賣方必須自付費用，訂立運輸合同，將貨物運至邊境指定的交貨地點和具體交貨點。如未約定或按照慣例也無法確定邊境指定的交貨地點的具體交貨點，則賣方可在指定的交貨地點選擇最適合其目的的交貨點。

　　　　ii）然而，若買方要求，賣方要以同意按照通常條件訂立合同，由買方負擔風險和費用，將貨物從邊境指定的地點繼續運至由買方指定的進口國的最終目的地。賣方可以拒絕訂立此合同，如果是這樣，應迅速通知買方。

　　b）保險合同　無義務。

B3　運輸合同和保險合同

　　a）運輸合同　無義務。

　　b）保險合同　無義務。

A4　交貨

　　賣方必須在約定日期或期限內，在邊境的指定交貨地點，將仍處於交貨運輸工具上、尚未卸下的貨物交給買方處置。

B4　受領貨物

　　買方必須在賣方按照 A4 規定交貨時受領貨物。

A5　風險轉移

　　除 B5 規定者外，賣方必須承擔貨物滅失或損壞的一切風險，直至已經按照 A4 規定交貨為止。

B5　風險轉移

　　買方必須承擔按照 A4 規定交貨之時起貨物滅失或損壞的一切風險。如買方未按照 B7 規定通知賣方，則必須從約定的交貨日期或交貨期限屆滿之日起，承擔貨物滅失或損壞的一切風險，但以該項貨物已正式劃歸合同項下，即清楚地劃出或以其他方式確定為合同項下之貨物為限。

A6　費用劃分

　　除 B6 規定者外，賣方必須支付：按照 A3a）規定發生的費用，及除此之外與貨物有關的一切費用，直至已經按照 A4 規定交貨為止；及在需要辦理海關手續時，貨物出口需要辦理的海關手續費用，及貨物出口時應交納的一切關稅、稅款和其他費用，以及按照 A4 規定交貨之前從他國過境的費用。

B6　費用劃分

　　買方必須支付：自按照 A4 規定交貨時起與貨物有關的一切費用，包括在邊境的指定交貨地點將貨物從交貨運輸工具上卸下以受領貨物的卸貨費；及如按照 A4 規定交貨而買方未受領貨物或未按照 B7 規定給予賣方通知，因此發生的一切額外費用，但以該項貨物已正式劃歸合同項下，即清楚地劃出或以其他方式確定為合同項下之貨物為限；及在需要辦理海關手續時，辦理海關手續的費用及貨物進口時應交納的一切關稅、稅款和其他費用，以及辦理後繼運輸的費用。

A7　通知買方

　　　賣方必須給予買方有關貨物發往邊境的指定交貨地點的充分通知，以及要求的任何其他通知，以便買方能夠為受領貨物而採取通常必要的措施。

B7　通知賣方

　　　一旦買方有權決定在約定期限內的時間和／或在指定的地點受領貨物，買方必須就此給予賣方充分通知。

A8　交貨憑證、運輸單據或有同等作用的電子訊息

　　a）賣方必須自付費用，向買方提供說明貨物已按照 A3a）

　　　i）規定交付至邊境的指定地點的通常單據或其他憑證。

　　b）如當事人各方面同意按照 A3a）ii）規定越過邊境後繼續運輸，賣方必須根據買方要求，並由買方負擔風險和費用，向其提供通常在發運國取得的聯運單據，訂明按照慣常條件從該國的發運地將貨物運輸至買方指定的進口國最終目的地。

　　　如買賣雙方約定以電子方式通訊，則前項所述單據可以由具有同等作用的電子資料交換（EDI）訊息代替。

B8　交貨憑證、運輸單據或有同等作用的電子訊息

　　　買方必須接受按照 A8 規定提供的運輸單據和／或其他交貨憑證。

A9　查對、包裝、標記

　　　賣方必須支付為按照 A4 規定交貨所需進行的查對費用（如核對貨物品質、丈量、過磅、點數的費用）。

　　　賣方必須自付費用提供包裝（除非約定或按照相關行業慣例，合同所指貨物通常無需包裝即可交貨），此項包裝應按照賣方訂立銷售合同前已知的有關運輸（如運輸方式、目的地）所要求，適合在邊境交貨及接運運輸。包裝應作適當標記。

B9　貨物檢驗

　　　買方必須支付任何裝運前檢驗的費用，但出口國有關當局強制進行的檢驗除外。

A10　其他義務

　　　　應買方要求並由其承擔風險和費用，賣方必須給予買方一切協助，以幫助買方取得由裝運地國和／或原產地國所簽發或傳送的、為買方進口貨物可能要求的和必要時從他國過境所需的任何單據或有同等作用的電子訊息（A8 所列的除外）。

　　　　應買方要求，賣方必須向買方提供投保所需的資訊。

B10　其他義務

　　　　買方必須支付因獲取 A10 所述單據或有同等作用的電子訊息所發生的一切費用，並償付賣方因給予協助而發生的費用。

　　　　必要時，按照 A3a）ii）規定，應賣方要求，買方必須負擔風險和費用，向賣方提供外匯管制許可、許可證件、其他單據或經認證的副本，或提供取得聯運單所需的進口國最終目的地位址或 A8b）中所指的任何其他單據。

10. DES：目的港船上交貨（……指定目的港）

「目的港船上交貨（……指定目的港）」是指在指定的目的港，貨物在船上交給買方處置，但不辦理貨物進口清關手續，賣方即完成交貨。賣方必須承擔貨物運至指定的目的港卸貨前的一切風險和費用。如果當事人各方希望賣方負擔卸貨的風險和費用，則應使用 DEQ 術語。

只有當貨物經由海運或內河運輸或多式聯運在目的港船上貨時，才能使用該術語。

A　賣方義務
B　買方義務

A1　提供符合合同規定的貨物

　　　　賣方必須提供符合銷售合同規定的貨物和商業發票或有同等作用的電子資訊，以及合同可能要求的、證明貨物符合合同規定的其他憑證。

B1　支付價款

　　　　買方必須按照銷售合同規定支付價款。

A2　許可證、其他許可和手續

　　　　賣方必須自擔風險和費用，以取得任何出口許可證或其他官方許可或其他必要文件，並在需要辦理海關手續時辦理貨物出口和從他國過境所需的一切海關手續。

B2　許可證、其他許可和手續

　　　　買方必須自擔風險和費用，取得任何進口許可證或其他官方許可，並在需要辦理海關手續時辦理貨物進口所需的一切海關手續。

A3　運輸合同與保險合同

　　a）運輸合同　賣方必須自付費用，訂立運輸合同，將貨物運至指定目的港的指定地點。如未約定或按照慣例也無法確定具體交貨點，則賣方可在指定的目的港選擇最適合其目的的交貨點。

　　b）保險合同　無義務。

B3　運輸合同和保險合同

　　a）運輸合同　無義務。

　　b）保險合同　無義務。

A4　交貨

　　　　賣方必須在約定的日期或期限內，在指定的目的港按照 A3a）指定的卸貨點，將貨物於船上交給買方處置，以便貨物能夠由適合該項貨物特點的卸貨設備從船上卸下。

B4　受領貨物

　　　　買方必須在賣方按照 A4 規定交貨時受領貨物。

A5　風險轉移

　　　　除 B5 規定者外，賣方必須承擔貨物滅失或損壞的一切風險，直至已經按照 A4 規定交貨為止。

B5　風險轉移

　　　　買方必須承擔按照 A4 規定交貨之時起貨物滅失或損壞的一切風險。如買方未按照 B7 規定通知賣方，則必須自約定的交貨日期或交貨期限屆滿之日起，承擔貨物滅失或損壞的一切

風險，但以該項貨物已正式劃歸合同項下，即清楚地劃出或以
其他方式確定為合同項下之貨物為限。

A6　費用劃分

　　除 B6 規定者外，賣方必須支付：按照 A3a）規定發生的
費用，以及按照 A4 規定交貨前與貨物有關的一切費用；及在
需要辦理海關手續時，貨物出口需要辦理的海關手續費用及貨
物出口時應交納的一切關稅、稅款和其他費用，以及按照 A4
規定交貨前從他國過境的費用。

B6　費用劃分

　　買方必須支付：自按照 A4 規定交貨之時起與貨物有關的一
切費用，包括為受領貨物所需要的貨物從船上卸下的卸貨費；及
如貨物按照 A4 規定交給買方處置而未受領貨物，或未按照 B7 規
定通知賣方，由此而發生的一切額外費用，但以該項貨物已正式
劃歸合同項下，即清楚地劃出或以其他方式確定為合同項下之貨
物為限；及在需要辦理海關手續時，貨物進口所需辦理的海關手
續費用及應交納的一切關稅、稅款和其他費用。

A7　通知買方

　　賣方必須給予買方有關按照 A4 規定指定的船隻預期到達
時間的充分通知，以及要求的任何其他通知，以便買方能夠為
受領貨物而採取通常必要的措施。

B7　通知賣方

　　一旦買方有權決定在約定期限內的時間和／或在指定的目
的地港受領貨物的點，買方必須就此給予賣方充分通知。

A8　交貨憑證、運輸單據或有同等作用的電子訊息

　　賣方必須自付費用向買方提供提貨單和／或通常運輸單據
（如可轉讓提單、不可轉讓海運單、內河運輸單據或多式聯運
單據）以使買方得以在目的港從承運人處受領貨物。如買賣雙
方約定以電子方式通訊，則前項所述單據可以由具有同等作用
的電子資料交換（EDI）訊息代替。

B8 　交貨憑證、運輸單據或有同等作用的電子訊息

買方必須接受按照 A8 規定提供的提貨單或運輸單據。

A9 　查對、包裝、標記

賣方必須支付為按照 A4 規定交貨所需進行的查對費用（如核對貨物品質、丈量、過磅、點數的費用）。

賣方必須自付費用提供為交付貨物所要求的包裝（除非按照相關行業慣例，合同所指貨物無需包裝即可交貨）。包裝應作適當標記。

B9 　貨物檢驗

買方必須支付任何裝運前檢驗的費用，但出口國有關當局強制進行的檢驗除外。

A10 　其他義務

應買方要求並由其承擔風險和費用，賣方必須給予買方一切協助，以幫助買方取得由裝運地國和／或原產地國所簽發或傳送的、為買方進口貨物可能要求的任何單據或有同等作用的電子訊息（A8 所列的除外）。應買方要求，賣方必須向買方提供投保所需的資訊。

B10 　其他義務

買方必須支付因獲取 A10 所述單據或有同等作用的電子訊息所發生的一切費用，並償付賣方因給予協助而發生的費用。

11. DEQ：目的港碼頭交貨（……指定目的港）

「目的港碼頭交貨（……指定目的港）」是指賣方在指定的目的港碼頭將貨物交給買方處置，不辦理進口清關手續，即完成交貨。賣方應承擔將貨物運至指定的目的港並卸至碼頭的一切風險和費用。

DEQ 術語要求買方辦理進口清關手續並在進口時支付一切辦理海關手續的費用、關稅、稅款和其他費用。這和以前版本相反，以前版本要求賣方辦理進口清關手續。如果當事人各方希望賣方負擔全部或部分進口時交納的費用，則應在銷售合同中明確寫明。

只有當貨物經由海運、內河運輸或多式聯運且在目的港碼頭卸貨時，才能使用該術語。但是，如果當事方希望賣方負擔將貨物從碼頭運至港口以內或以外的其他點（倉庫、終點站、運輸站等）的義務時，則應使用 DDU 或 DDP 術語。

A　賣方義務

B　買方義務

A1　提供符合合同規定的貨物

　　　　賣方必須提供符合銷售合同規定的貨物和商業發票或有同等作用的電子資訊，以及合同可能要求的、證明貨物符合合同規定的其他任何憑證。

B1　支付價款

　　　　買方必須按照銷售合同規定支付價款。

A2　許可證、其他許可和手續

　　　　賣方必須自擔風險和費用，以取得任何出口許可證或其他官方許可或其他文件，並在需要辦理海關手續時辦理貨物出口和從他國過境所需的一切海關手續。

B2　許可證、其他許可和手續

　　　　買方必須自擔風險和費用，以取得任何進口許可證或其他官方許可，並在需要辦理海關手續時辦理貨物進口所需的一切海關手續。

A3　運輸合同與保險合同

　　a）運輸合同　賣方必須自付費用，訂立運輸合同，將貨物運至指定目的港的指定碼頭。如未約定或按照慣例也無法確定具體碼頭，則賣方可在指定的目的港選擇最適合其目的的碼頭交貨。

　　b）保險合同　無義務。

B3　運輸合同和保險合同

　　a）運輸合同　無義務。

　　b）保險合同　無義務。

A4　交貨

　　　賣方必須在約定的日期或期限內，在按照 A3 規定指定的目的港碼頭上將貨物交給買方處置。

B4　受領貨物

　　　買方必須在賣方按照 A4 規定交貨時受領貨物。

A5　風險轉移

　　　除 B5 規定者外，賣方必須承擔貨物滅失或損壞的一切風險，直至已經按照 A4 規定交貨為止。

B5　風險轉移

　　　買方必須承擔按照 A4 規定交貨時起貨物滅失或損壞的一切風險。如買方未按照 B7 規定通知賣方，則必須自約定的交貨日期或交貨期限屆滿之日起，承擔貨物滅失或損壞的一切風險，但以該項貨物已正式劃歸合同項下，即清楚地劃出或以其他方式確定為合同項下之貨物為限。

A6　費用劃分

　　　除 B6 規定者外，賣方必須支付：按照 A3a）規定發生的費用，以及按照 A4 規定在目的港碼頭交貨之前與貨物有關的一切費用：及在需要辦理海關手續時，貨物出口需要辦理的海關手續費用，及貨物出口時應交納的一切關稅、稅款和其他費用，以及交貨前貨物從他國過境的費用。

B6　費用劃分

　　　買方必須支付：自按照 A4 規定交貨時起與貨物有關的一切費用，包括在港口搬運貨物以便繼續運輸或存入倉庫或中轉站的一切費用：若如貨物按照 A4 規定交給買方處置而未受領貨物，或未按照 B7 規定通知賣方，由此而發生的一切額外費用，但以該項貨物已正式劃歸合同項下，即清楚地劃出或以其他方式確定為合同項下之貨物為限：及在需要辦理海關手續時，貨物進口所需辦理的海關手續費用以及應交納的一切關稅、稅款和其他費用以及繼續運輸的費用。

A7 通知買方

　　賣方必須給予買方說明按照 **A4** 規定的指定船隻預期到達時間的充分通知，以及要求的任何其他通知，以便買方能夠為受領貨物而採取通常必要的措施。

B7 通知賣方

　　一旦買方有權決定在約定期限內的時間和／或在指定的目的港受領貨物地點，買方必須就此給予賣方充分通知。

A8 運輸單據或有同等作用的電子訊息

　　賣方必須自付費用，向買方提供提貨單和／或通常運輸單據（如可轉讓提單、不可轉讓海運單、內河運輸單據或多式聯運單據）以使買方得以提貨，從碼頭上搬走。

　　如買賣雙方約定以電子方式通訊，則前項所述單據可以由具有同等作用的電子資料交換（**EDI**）訊息代替。

B8 交貨憑證、運輸單據或有同等作用的電子訊息

　　買方必須接受按照 **A8** 規定提供的提貨單或運輸單據。

A9 查對、包裝、標記

　　賣方必須支付為按照 **A4** 規定交貨所需進行的查對費用（如核對貨物品質、丈量、過磅、點數的費用）。賣方必須自付費用，以提供交貨所需要的包裝（除非按照相關行業慣例，合同所指貨物無需包裝即可交貨）。包裝應作適當標記。

B9 貨物檢驗

　　買方必須支付任何裝運前檢驗的費用，但出口國有關當局強制進行的檢驗除外。

A10 其他義務

　　應買方要求並由其承擔風險和費用，賣方必須給予買方一切協助，以幫助買方取得由裝運地國和／或原產地國所簽發或傳送的、為買方進口貨物所需的任何單據或有同等作用的電子訊息（**A8** 所列的除外）。應買方要求，賣方必須向買方提供投保所需的資訊。

B10　其他義務

　　　　買方必須支付因獲取 A10 所述單據或有同等作用的電子訊息所發生的一切費用，並償付賣方因給予協助而發生的費用。

12. DDU：未完稅交貨（……指定目的地）

　　「未完稅交貨（……指定目的地）」是指賣方在指定的目的地將貨物交給買方處置，不辦理進口手續，也不從交貨的運輸工具上將貨物卸下，即完成交貨。賣方應承擔將貨物運至指定的目的地的一切風險和費用，不包括在需要辦理海關手續時在目的地國進口應交納的任何「稅費」（包括辦理海關手續的責任和風險，以及交納手續費、關稅、稅款和其他費用）。買方必須承擔此項「稅費」和因其未能及時輸貨物進口清關手續而引起的費用和風險。但是，如果雙方希望賣方辦理海關手續並承擔由此發生的費用和風險，以及在貨物進口時應支付的一此費用，則應在銷售合同中明確寫明。

　　該術語適用於各種運輸方式，但當貨物在目的港船上或碼頭交貨時，應使用 DES 或 DEQ 術語。

A　賣方義務
B　買方義務

A1　提供符合合同規定的貨物

　　　　賣方必須提供符合銷售合同規定的貨物和商業發票或有同等作用的電子資訊，以及合同可能要求的、證明貨物符合合同規定的其他憑證。

B1　支付價款

　　　　買方必須按照銷售合同規定支付價款。

A2　許可證、其他許可和手續

　　　　賣方必須自擔風險和費用，以取得任何出口許可證或其他官方許可或其他文件，並在需要辦理海關手續時辦理貨物出口和從他國過境所需的一切海關手續。

B2　許可證、其他許可和手續

　　　　買方必須自擔風險和費用，以取得任何進口許可證或其他
官方許可或其他文件，並在需要辦理海關手續時辦理貨物進口
所需的一切海關手續。

A3　運輸合同與保險合同

　　a）運輸合同　賣方必須自付費用，訂立運輸合同，將貨物運
　　　　至指定目的地。如未約定或按照慣例也無法確定具體交貨
　　　　點，則賣方可在的目的地選擇最適合其目的的交貨點。

　　b）保險合同　無義務。

B3　運輸合同和保險合同

　　a）運輸合同　無義務。

　　b）保險合同　無義務。

A4　交貨

　　　　賣方必須在約定的日期或交貨期限內，在指定的目的地將
在交貨的運輸工具上、尚未卸下的貨物交給買方或買方指定的
其他人處置。

B4　受領貨物

　　　　買方必須在賣方按照 A4 規定交貨時受領貨物。

A5　風險轉移

　　　　除 B5 規定者外，賣方必須承擔貨物滅失或損壞的一切風
險，直至已經按照 A4 規定交貨為止。

B5　風險轉移

　　　　買方必須承擔按照 A4 規定交貨時起貨物滅失或損壞的一
切風險。如買方沒有履行 B2 規定的義務，則必須承擔由此而
發生的貨物滅失或損壞的一切額外風險。

　　　　如買方未按照 B7 規定通知賣方，則必須自約定的交貨日
期或交貨期限屆滿之日起，承擔貨物滅失或損壞的一切風險，
但以該項貨物已正式劃歸合同項下，即清楚地劃出或以其他方
式確定為合同項下之貨物為限。

A6　費用劃分

　　除 **B6** 規定者外，賣方必須支付：按照 **A3a**）規定發生的費用，以及按照 **A4** 規定交貨之前與貨物有關的一切費用；及在需要辦理海關手續時，貨物出口需要辦理的海關手續費用，及貨物出口時應交納的一切關稅、稅款和其他費用，以及交貨前貨物從他國過境的費用。

B6　費用劃分

　　買方必須支付：自按照 **A4** 規定交貨時起與貨物有關的一切費用；及若買方未履行 **B2** 規定的義務，或未按照 **B7** 規定作出通知，由此而發生的一切額外費用，但以該項貨物已正式劃歸合同項下，即清楚地劃出或以其他方式確定為合同項下之貨物為限；及在需要辦理海關手續時，貨物進口所需要辦理的海關手續費用以及應交納的一切關稅、稅款和其他費用以及繼續運輸的費用。

A7　通知買方

　　賣方必須給予買方有關發運貨物的充分通知，以及要求的任何其他通知，以便買方能夠為受領貨物而採取通常必要的措施。

B7　通知賣方

　　一旦買方有權決定在約定期限內的時間和／或在指定的目地港受領貨物的地點，買方必須就此給予賣方充分通知。

A8　交貨憑證、運輸單據或有同等作用的電子訊息

　　賣方必須自付費用，向買方提供按照 **A4/B4** 規定受領貨物可能需要的提貨單和／或通常運輸單據（如可轉讓提單、不可轉讓海運單、內河運輸單據、空運單、鐵路運單、公路單或多式聯運單據）。

　　如買賣雙方約定以電子方式通訊，則前項所述單據可以由具有同等作用的電子資料交換（**EDI**）訊息代替。

B8　交貨憑證、運輸單據或有同等作用的電子訊息

　　買方必須接受按照 **A8** 規定提供的適當的提貨單或運輸單據。

A9　查對、包裝、標記

　　　賣方必須支付為按照 A4 規定交貨所需進行的查對費用（如核對貨物品質、丈量、過磅、點數的費用）。

　　　賣方必須自付費用，以提供交貨所需要的包裝（除非按照相關行業慣例，合同所指貨物無需包裝即可交貨）。包裝應作適當標記。

B9　貨物檢驗

　　　買方必須支付任何裝運前檢驗的費用，但出口國有關當局強制進行的檢驗除外。

A10　其他義務

　　　應買方要求並由其承擔風險和費用，賣方必須給予買方一切協助，以幫助買方取得由裝運地國和／或原產地國所簽發或傳送的、為買方進口貨物可能要求的任何單據或有同等作用的電子訊息（A8 所列的除外）。

　　　應買方要求，賣方必須向買方提供投保所需的資訊。

B10　其他義務

　　　買方必須支付因獲取 A10 所述單據或有同等作用的電子訊息所發生的一切費用，並償付賣方因給予協助而發生的費用。

13. DDP：完稅後交貨（……指定目的地）

　　「完稅後交貨（……指定目的地）」是指賣方在指定的目的地，辦理完進口清關手續，將在交貨運輸工具上尚未卸下的貨物交與買方，完成交貨。賣方必須承擔將貨物運至指定的目的地的一切風險和費用，包括在需要辦理海關手續時在目的地應交納的任何「稅費」（包括辦理海關手續的責任和風險，以及交納手續費、關稅、稅款和其他費用）。

　　EXW 術語下賣方承擔最小責任，而 DDP 術語下賣方承擔最大責任。但是，如當事人各方希望將任何進口時所要支付的一切費用（如增值稅）從賣方的義務中排除，則應在銷售合同中明確寫明。若當事方希望買方承擔進口的風險和費用，則應使用 DDU 術語。

　　若賣方不能直接或間接地取得進口許可證，則不應使用此術語。

　　該術語適用於各種運輸方式，但當貨物在目的港船上或碼頭交貨時，應使用 DES 或 DEQ 術語。

A　賣方義務
B　買方義務

A1　提供符合合同規定的貨物
　　　　賣方必須提供符合銷售合同規定的貨物和商業發票或有同等作用的電子資訊，以及合同可能要求的、證明貨物符合合同規定的其他憑證。

B1　支付價款
　　　　買方必須按照銷售合同規定支付價款。

A2　許可證、其他許可和手續
　　　　賣方必須自擔風險和費用，以取得任何出口許可證和進口許可證或其他官方許可或其他文件，並在需要辦理海關手續時辦理貨物出口和進口以及從他國過境所需的一切海關手續。

B2　許可證、其他許可和手續
　　　　應賣方要求，並由其負擔風險和費用，買方必須給予賣方一切協助，幫助賣方在需要辦理海關手續時取得貨物進口所需的進口許可證或其他官方許可。

A3　運輸合同與保險合同
　　a）運輸合同　賣方必須自付費用，訂立運輸合同，將貨物運至指定目的地。如未約定或按照慣例也無法確定具體交貨點，則賣方可在的目的地選擇最適合其目的的交貨點。
　　b）保險合同　無義務。

B3　運輸合同和保險合同
　　a）運輸合同　無義務。
　　b）保險合同　無義務。

A4　交貨
　　　　賣方必須在約定的日期或交貨期限內，在指定的目的地將在交貨運輸工具上尚未卸下的貨物交給買方或買方指定的其他人處置。

B4　受領貨物

　　　　買方必須在賣方按照 A4 規定交貨時受領貨物。

A5　風險轉移

　　　　除 B5 規定者外，賣方必須承擔貨物滅失或損壞的一切風險，直至已經按照 A4 規定交貨為止。

B5　風險轉移

　　　　買方必須承擔按照 A4 規定交貨時起貨物滅失或損壞的一切風險。如買方沒有履行 B2 規定的義務，則必須承擔由此而發生的貨物滅失或損壞的一切額外風險。

　　　　如買方未按照 B7 規定通知賣方，則必須自約定的交貨日期或交貨期限屆滿之日起，承擔貨物滅失或損壞的一切風險，但以該項貨物已正式劃歸合同項下，即清楚地劃出或以其他方式確定為合同項下之貨物為限。

A6　費用劃分

　　　　除 B6 規定者外，賣方必須支付：按照 A3a）規定發生的費用，以及按照 A4 規定交貨之前與貨物有關的一切費用；及在需要辦理海關手續時，貨物出口和進口所需要辦理的海關手續費用，及貨物出口和進口時應交納的一切關稅、稅款和其他費用，以及按照 A4 交貨前貨物從他國過境的費用。

B6　費用劃分

　　　　買方必須支付：自按照 A4 規定交貨時起與貨物有關的一切費用；若如買方未履行 B2 規定的義務，或未按照 B7 規定作出通知，由此而發生的一切額外費用，但以該項貨物已正式劃歸合同項下，即清楚地劃出或以其他方式確定為合同項下之貨物為限。

A7　通知買方

　　　　賣方必須給予買方有關貨物發運的充分通知，以及要求的任何其他通知，以便買方能夠為受領貨物而採取通常必要的措施。

B7　通知賣方

　　　　一旦買方有權決定在約定期限內的時間和／或在指定的目地港受領貨物的地點，買方必須就此給予賣方充分通知。

A8　交貨憑證、運輸單據或有同等作用的電子訊息

　　　　賣方必須自付費用，向買方提供按照 A4/B4 規定受領貨物可能需要的提貨單和／或通常運輸單據（如可轉讓提單、不可轉讓海運單、內河運輸單據、空運單、鐵路運單、公路單或多式聯運單據），以使買方按照 A4/B4 規定受領貨物。

　　　　如買賣雙方約定以電子方式通訊，則前項所述單據可以由具有同等作用的電子資料交換（EDI）訊息代替。

B8　交貨憑證、運輸單據或有同等作用的電子訊息

　　　　買方必須接受按照 A8 規定提供的提貨單或運輸單據。

A9　查對、包裝、標記

　　　　賣方必須支付為按照 A4 規定交貨所需進行的查對費用（如核對貨物品質、丈量、過磅、點數的費用）。賣方必須自付費用，以提供交貨所需要的包裝（除非按照相關行業慣例，合同所指貨物無需包裝即可交貨）。包裝應作適當標記。

B9　貨物檢驗

　　　　買方必須支付任何裝運前檢驗的費用，但出口國有關當局強制進行的檢驗除外。

A10　其他義務

　　　　賣方必須支付為獲取 B10 所述單據或有同等作用的電子訊息（A8 所列的除外）所發生的一切費用，並償付買方因給予協助發生的費用。

　　　　應買方要求，賣方必須向買方提供投保所需的資訊。

B10　其他義務

　　　　應賣方要求並由其承擔風險和費用，買方必須給予賣方一切協助，以幫助賣方取得為按照本規則將貨物交付買方需要的、由進口國簽發或傳遞的任何單證或有同等作用的電子訊息。

聯合國國際貨物買賣公約
The UN Convention on International Sale
of Goods（「UN-CISG」）

（1980 年 4 月 11 日訂於維也納）

本公約各締約國：

銘記聯合國大會第六屆特別會議通過的關於建立新的國際經濟秩序的各項決議的廣泛目標。考慮到在平等互利基礎上發展國際貿易是促進各國間友好關係的一個重要因素，認為採用照顧到不同的社會、經濟和法律制度的國際貨物銷售合約統一規則，將有助於減少國際貿易的法律障礙，促進國際貿易的發展，茲協議如下：

第一部分　適用範圍和總則

第一章　適用範圍

❏ 第一條
（1）本公約適用於營業地在不同國家的當事人之間所訂立的貨物銷售合約：
（a）如果這些國家是締約國；或
（b）如果國際私法規則導致適用某一締約國的法律。
（2）當事人營業地在不同國家的事實，如果從訂立合約前任何時候或訂立合約時，當事人之間的任何交易或當事人透露的情報均看不出，應不予考慮。

（3）在確定本公約的適用時，當事人的國籍和當事人或合約的民事或
　　　商業性應不予考慮。

❑ 第二條

　　本公約不適用於以下的銷售：

　　（a）購供私人、家人或家庭使用的貨物的銷售，除非賣方在訂立合約
　　　　　前任何時候或訂立合約時不知道而且沒有理由知道這些貨物是
　　　　　購供任何這種使用：

　　（b）經由拍賣的銷售：

　　（c）根據法律執行令狀或其他令狀的銷售：

　　（d）公債、股票、投資證券、流通票據或貨幣的銷售：

　　（e）船舶、船隻、氣墊船或飛機的銷售：

　　（f）電力的銷售。

❑ 第三條

　　（1）供應尚待製造或生產的貨物的合約應視為銷售合約，除非訂購貨
　　　　　物的當事人保證供應這種製造或生產所需的大部分重要材料。

　　（2）本公約不適用於供應貨物一方的絕大部分義務在於供應勞力或
　　　　　其他服務的合約。

❑ 第四條

　　本公約只適用于銷售合約的訂立和賣方和買方因此種合約而產生的
權利和義務。特別是，本公約除非另有明文規定，與以下事項無關：

　　（a）合約的效力，或其任何條款的效力，或任何慣例的效力：

　　（b）合約對所售貨物所有權可能產生的影響。

❑ 第五條

　　本公約不適用於賣方對於貨物對任何人所造成的死亡或傷害的責任。

❑ 第六條

　　雙方當事人可以不適用本公約，或在第十二條的條件下，減損本公約
的任何規定或改變其效力。

第二章 總則

□ 第七條

（1）在解釋本公約時，應考慮到本公約的國際性質和促進其適用的統一以及在國際貿易上遵守誠信的需要。

（2）凡本公約未明確解決的屬於本公約範圍的問題，應按照本公約所依據的一般原則來解決，在沒有一般原則的情況下，則應按照國際私法規定適用的法律來解決。

□ 第八條

（1）為本公約的目的，一方當事人所作的聲明和其他行為，應依照他的意旨解釋，如果另一方當事人已知道或者不可能不知道此一意旨。

（2）如果上一款的規定不適用，當事人所作的聲明和其他行為，應按照一個與另一方當事人同等資格、通情達理的人處於相同情況中，應有的理解來解釋。

（3）在確定一方當事人的意旨或一個通情達理的人應有的理解時，應適當地考慮到與事實有關的一切情況，包括談判情形、當事人之間確立的任何習慣做法、慣例和當事人其後的任何行為。

□ 第九條

（1）雙方當事人業已同意的任何慣例和他們之間確立的任何習慣做法，對雙方當事人均有約束力。

（2）除非另有協議，雙方當事人應視為已默示地同意對他們的合約或合約的訂立適用雙方當事人已知道或理應知道的慣例，而這種慣例，在國際貿易上，已為有關特定貿易所涉同類合約的當事人所廣泛知道並為他們所經常遵守。

□ 第十條

為本公約的目的：

（a）如果當事人有一個以上的營業地，則以與合約及合約的履行關係最密切的營業地為其營業地，但要考慮到雙方當事人在訂立合約前任何時候或訂立合約時所知道或所設想的情況；

　　（b）如果當事人沒有營業地，則以其慣常居住地為准。

❏ 第十一條

　　銷售合約無須以書面訂立或書面證明，在形式方面也不受任何其他條件的限制。銷售合約可以用包括人證在內的任何方法證明。

❏ 第十二條

　　本公約第十一條、第二十九條或第二部分准許銷售合約或其更改或根據協定終止，或者任何出價、接受或其他意旨表示得以書面以外任何形式做出的任何規定不適用，如果任何一方當事人的營業地是在已按照本公約第九十六條做出了聲明的一個締約國內；各當事人不得減損本條或改變其效力。

❏ 第十三條

　　為本公約的目的，「書面」包括電報和電傳。

第二部分　合約的訂立

❏ 第十四條

　　（1）向一個或一個以上特定的人提出的訂立合約的建議，如果十分確定並且表明出價人在得到接受時承受約束的意旨，即構成出價。一個建議如果寫明貨物並且明示或暗示地規定數量和價格或規定如何確定數量和價格，即為十分確定。

　　（2）非向一個或一個以上特定的人提出的建議，僅應視為邀請做出出價，除非提出建議的人明確地表示相反的意向。

❏ 第十五條

　　（1）出價於送達被出價人時生效。

　　（2）一項出價，即使是不可撤銷的，得予撤回，如果撤回通知於出價送達被出價人之前或同時，送達被出價人。

❏ 第十六條

　　（1）在未訂立合約之前，出價得予撤銷，如果撤銷通知於被出價人發出接受通知之前送達被出價人。

（2）但在下列情況下，出價不得撤銷：

（a）出價寫明接受出價的期限或以其他方式表示出價是不可撤銷的；或

（b）被出價人有理由信賴該項出價是不可撤銷的，而且被出價人已本著對該項出價的信賴行事。

❏ 第十七條

一項出價，即使是不可撤銷的，於拒絕通知送達出價人時終止。

❏ 第十八條

（1）被出價人聲明或做出其他行為表示同意一項出價，即是接受。緘默或不行動本身不等於接受。

（2）接受出價於表示同意的通知送達出價人時生效。如果表示同意的通知在出價人所規定的時間內，如未規定時間，在一段合理的時間內，未曾送達出價人，接受就成為無效，但須適當地考慮到交易的情況，包括出價人所使用的通訊方法的迅速程度。對口頭髮價必須立即接受，但情況有別者不在此限。

（3）但是，如果根據該項出價或依照當事人之間確立的習慣作法或慣例，被出價人可以做出某種行為，例如與發運貨物或支付價款有關的行為，來表示同意，而無須向出價人發出時通知，則接受于該項行為做出通知，但該項行為必須在上一款所規定的期間內做出。

❏ 第十九條

（1）對出價表示接受但載有添加、限制或其他更改的答復，即為拒絕該項出價並構成還價。

（2）但是，對出價表示接受但載有添加或不同條件的答復，如所載的添加或不同條件在實質上並不變更該項出價的條件，除出價人在不過分遲延的期間內以口頭或書面通知反對其間的差異外，仍構成接受。如果出價人不做出這種反對，合約的條件就以該項出價的條件以及接受通知內所載的更改為准。

（3）有關貨物價格、付款、貨物品質和數量、交貨地點和時間、一方當事人對另一方當事人的賠償責任範圍或解決爭端等等的添加或不同條件，均視為在實質上變更出價的條件。

❑ 第二十條

（1）出價人在電報或信件內規定的接受期間，從電報交發時刻或信上載明的發信日期起算，如信上未載明發信日期，則從信封上所載日期起算。出價人以電話、電傳或其他快速通訊方法規定的接受期間，從出價送達被出價人時起算。

（2）在計算接受期間時，接受期間內的正式假日或非營業日應計算在內。但是如果接受通知在接受期間的最後一天未能送到出價人位址，因為那天在出價人營業地是正式假日或非營業日，則接受期間應順延至下一個營業日。

❑ 第二十一條

（1）逾期接受仍有接受的效力，如果出價人毫不遲延地用口頭或書面將此種意見通知被出價人。

（2）如果載有逾期接受的信件或其他書面檔表明，它是在傳遞正常、能及時送達出價人的情況下寄發的，則該項逾期接受具有接受的效力，除非出價人毫不遲延地用口頭或書面通知被出價人：他認為他的出價已經失效。

❑ 第二十二條

接受得予撤回，如果撤回通知于接受原應生效之前或同時，送達出價人。

❑ 第二十三條

合約於按照本公約規定對出價的接受生效時訂立。

❑ 第二十四條

為公約本部分的目的，出價、接受聲明或任何其他意旨表示「送達」對方，系指用口頭通知對方或通過任何其他方法送交對方本人，或其營業地或通訊位址，如無營業地或通訊位址，則送交對方慣常居住地。

第三部分　貨物銷售

第一章　總則

☐ 第二十五條

一方當事人違反合約的結果，如使另一方當事人蒙受損害，以致於實際上剝奪了他根據合約規定有權期待得到的東西，即為根本違反合約，除非違反合約一方並不預知而且一個同等資格、通情達理的人處於相同情況中也沒有理由預知會發生這種結果。

☐ 第二十六條

宣告合約無效的聲明，必須向另一方當事人發出通知，方始有效。

☐ 第二十七條

除非公約本部分另有明文規定，當事人按照本部分的規定，以適合情況的方法發出任何通知、要求或其他通知後，這種通知如在傳遞上發生耽擱或錯誤，或者未能到達，並不使該當事人喪失依靠該項通知的權利。

☐ 第二十八條

如果按照本公約的規定，一方當事人有權要求另一方當事人履行某一義務，法院沒有義務做出判決，要求具體履行此一義務，除非法院依照其本身的法律對不屬本公約範圍的類似銷售合約願意這樣做。

☐ 第二十九條

（1）合約只需雙方當事人協議，就可更改或終止。

（2）規定任何更改或根據協定終止必須以書面做出的書面合約，不得以任何其他方式更改或根據協定終止。但是，一方當事人的行為，如經另一方當事人寄以信賴，就不得堅持此項規定。

第二章　賣方的義務

❏ 第三十條

　　賣方必須按照合約和本公約的規定，交付貨物，移交一切與貨物有關的單據並轉移貨物所有權。

第一節　交付貨物和移交單據

❏ 第三十一條

　　如果賣方沒有義務要在任何其他特定地點交付貨物，他的交貨義務如下：

　　（a）如果銷售合約涉及到貨物的運輸，賣方應把貨物移交給第一承運人，以運交給買方；

　　（b）在不屬於上一款規定的情況下，如果合約指的是特定貨物或從特定存貨中提取的或尚待製造或生產的未經特定化的貨物，而雙方當事人在訂立合約時已知道這些貨物是在某一特定地點，或將在某一特定地點製造或生產，賣方應在該地點把貨物交給買方處置：

　　（c）在其他情況下，賣方應在他于訂立合約時的營業地把貨物交給買方處置。

❏ 第三十二條

　　（1）如果賣方按照合約或本公約的規定將貨物交付給承運人，但貨物沒有以貨物上加標記、或以裝運單據或其他方式清楚地注明有關合約，賣方必須向買方發出列明貨物的發貨通知。

　　（2）如果賣方有義務安排貨物的運輸，他必須訂立必要的合約，以按照通常運輸條件，用適合情況的運輸工具，把貨物運到指定地點。

　　（3）如果賣方沒有義務對貨物的運輸辦理保險，他必須在買方提出要求時，向買方提供一切現有的必要資料，使他能夠辦理這種保險。

❑ 第三十三條

　　賣方必須按以下規定的日期交付貨物：

　　（a）如果合約規定有日期，或從合約可以確定日期，應在該日期交貨；

　　（b）如果合約規定有一段時間，或從合約可以確定一段時間，除非情況表明應由買方選定一個日期外，應在該段時間內任何時候交貨；或者

　　（c）在其他情況下，應在訂立合約後一段合理時間內交貨。

❑ 第三十四條

　　如果賣方有義務移交與貨物有關的單據，他必須按照合約所規定的時間、地點和方式移交這些單據。如果賣方在那個時間以前已移交這些單據，他可以在那個時間到達前糾正單據中任何不符合約規定的情形，但是，此一權利的行使不得使買方遭受不合理的不便或承擔不合理的開支。但是，買方保留本公約所規定的要求損害賠償的任何權利。

第二節　貨物相符與第三方要求

❑ 第三十五條

　　（1）賣方交付的貨物必須與合約所規定的數量、品質和規格相符，並須按照合約所定的方式裝箱或包裝。

　　（2）除雙方當事人業已另有協定外，貨物除非符合以下規定，否則即為與合約不符：

　　（a）貨物適用於同一規格貨物通常使用的目的；

　　（b）貨物適用于訂立合約時曾明示或默示地通知賣方的任何特定目的，除非情況表明買方並不依賴賣方的技能和判斷力，或者這種依賴對他是不合理的；

　　（c）貨物的品質與賣方向買方提供的貨物樣品或樣式相同；

　　（d）貨物按照同類貨物通用的方式裝箱或包裝，如果沒有此種通用方式，則按照足以保全和保護貨物的方式裝箱包裝。

　　（3）如果買方在訂立合約時知道或者不可能不知道貨物不符合約，賣方就無須按上一款（a）項至（d）項負有此種不符合約的責任。

❏ 第三十六條

(1) 賣方應按照合約和本公約的規定,對風險移轉到買方時所存在的任何不符合約情形,負有責任,即使這種不符合約情形在該時間後方始明顯。

(2) 賣方對上一款所述時間後發生的任何不符合約情形,也應負有責任,如果這種不符合約情形是由於賣方違反他的某項義務所致,包括違反關於在一段時間內貨物將繼續適用於其通常使用的目的或某種特定目的,或將保持某種特定品質或性質的任何保證。

❏ 第三十七條

如果賣方在交貨日期前交付貨物,他可以在那個日期到達前,交付任何缺漏部分或補足所交付貨物的不足數量,或交付用以替換所交付不符合約規定的貨物,或對所交付貨物中任何不符合約規定的情形做出補救,但是,此一權利的行使不得使買方遭受不合理的不便或承擔不合理的開支。但是,買方保留本公約所規定的要求損害賠償的任何權利。

❏ 第三十八條

(1) 買方必須在按情況實際可行的最短時間內檢驗貨物或由他人檢驗貨物。

(2) 如果合約涉及到貨物的運輸,檢驗可推遲到貨物到達目的地後進行。

(3) 如果貨物在運輸途中改運或買方須再發運貨物,沒有合理機會加以檢驗,而賣方在訂立合約時已知道或理應知道這種改運或再發運的可能性,檢驗可推遲到貨物到達新目的地後進行。

❏ 第三十九條

(1) 買方對貨物不符合約,必須在發現或理應發現不符情形後一段合理時間內通知賣方,說明不符合約情形的性質,否則就喪失聲稱貨物不符合約的權利。

(2) 無論如何,如果買方不在實際收到貨物之日起兩年內將貨物不符合約情形通知賣方,他就喪失聲稱貨物不符合約的權利,除非這一時限與合約規定的保證期限不符。

❑ 第四十條

　　如果貨物不符合約規定指的是賣方已知道或不可能不知道而又沒有告知買方的一些事實，則賣方無權援引第三十八條和第三十九條的規定。

❑ 第四十一條

　　賣方所交付的貨物，必須是第三方不能提出任何權利或要求的貨物，除非買方同意在這種權利或要求的條件下，收取貨物。但是，如果這種權利或要求是以工業產權或其他知識產權為基礎的，賣方的義務應依照第四十二條的規定。

❑ 第四十二條

　（1）賣方所交付的貨物，必須是第三方不能根據工業產權或其他知識產權主張任何權利或要求的貨物，但以賣方在訂立合約時已知道或不可能不知道的權利或要求為限，而且這種權利或要求根據以下國家的法律規定是以工業產權或其他知識產權為基礎的：

　　（a）如果雙方當事人在訂立合約時預期貨物將在某一國境內轉售或做其他使用，則根據貨物將在其境內轉售或做其他使用的國家的法律；或者

　　（b）在任何其他情況下，根據買方營業地所在國家的法律。

　（2）賣方在上一款中的義務不適用於以下情況：

　　（a）買方在訂立合約時已知道或不可能不知道此項權利或要求；或者

　　（b）此項權利或要求的發生，是由於賣方要遵照買方所提供的技術圖樣、圖案、款式或其他規格。

❑ 第四十三條

　（1）買方如果不在已知道或理應知道第三方的權利或要求後一段合理時間內，將此一權利或要求的性質通知賣方，就喪失援引第四十一條或第四十二條規定的權利。

　（2）賣方如果知道第三方的權利或要求以及此一權利或要求的性質，就無權援引上一款的規定。

❏ 第四十四條

　　儘管有第三十九條第（1）款和第四十三條第（1）款的規定，買方如果對他未發出所需的通知具備合理的理由，仍可按照第五十條規定減低價格，或要求利潤損失以外的損害賠償。

第三節　賣方違反合約的補救辦法

❏ 第四十五條

（1）如果賣方不履行他在合約和本公約中的任何義務，買方可以：

　（a）行使第四十六條至第五十二條所規定的權利：

　（b）按照第七十四條至第七十七條的規定，要求損害賠償。

（2）買方可能享有的要求損害賠償的任何權利，不因他行使採取其他補救辦法的權利而喪失。

（3）如果買方對違反合約採取某種補救辦法，法院或仲裁庭不得給予賣方寬限期。

❏ 第四十六條

（1）買方可以要求賣方履行義務，除非買方已採取與此一要求相抵觸的某種補救辦法。

（2）如果貨物不符合約，買方只有在此種不符合約情形構成根本違反合約時，才可以要求交付替代貨物，而且關於替代貨物的要求，必須與依照第三十九條發出的通知同時提出，或者在該項通知發出後一段合理時間內提出。

（3）如果貨物不符合約，買方可以要求賣方通過修理對不符合約之處做出補救，除非他考慮了所有情況之後，認為這樣做是不合理的。修理的要求必須與依照第三十九條發出的通知同時提出，或者在該項通知發出後一段合理時間內提出。

❏ 第四十七條

（1）買方可以規定一段合理時限的額外時間，讓賣方履行其義務。

（2）除非買方收到賣方的通知，聲稱他將不在所規定的時間內履行義務，買方在這段時間內不得對違反合約採取任何補救辦法。但是，買方並不因此喪失他對遲延履行義務可能有的要求損害賠償的任何權利。

□ 第四十八條

（1）在第四十九條的條件下，賣方即使在交貨日期之後，仍可自付費用，對任何不履行義務做出補救，但這種補救不得造成不合理的遲延，也不得使買方遭受不合理的不便，或無法確定賣方是否將償付買方預付的費用。但是，買方保留本公約所規定的要求損害賠償的任何權利。

（2）如果賣方要求買方表明他是否接受賣方履行義務，而買方不在一段合理時間內對此一要求做出答復，則賣方可以按其要求中所指明的時間履行義務。買方不得在該段時間內採取與賣方履行義務相抵觸的任何補救辦法。

（3）賣方表明他將在某一特定時間內履行義務的通知，應視為包括根據上一款規定要買方表明決定的要求在內。

（4）賣方按照本條第（2）和第（3）款做出的要求或通知，必須在買方收到後，始生效力。

□ 第四十九條

（1）買方在以下情況下可以宣告合約無效：

（a）賣方不履行其在合約或本公約中的任何義務，等於根本違反合約；或

（b）如果發生不交貨的情況，賣方不在買方按照第四十七條第（1）款規定的額外時間內交付貨物，或賣方聲明他將不在所規定的時間內交付貨物。

（2）但是，如果賣方已交付貨物，買方就喪失宣告合約無效的權利，除非：

（a）對於遲延交貨，他在知道交貨後一段合理時間內這樣做；

（b）對於遲延交貨以外的任何違反合約事情：

① 他在已知道或理應知道這種違反合約後一段合理時間內這樣做；或

② 他在買方按照第四十七條第（1）款規定的任何額外時間滿期後，或在賣方聲明他將不在這一額外時間履行義務後一段合理時間內這樣做；或

③ 他在賣方按照第四十八條第（2）款指明的任何額外時間滿期後，或在買方聲明他將不接受賣方履行義務後一段合理時間內這樣做。

❑ 第五十條

　　如果貨物不符合約，不論價款是否已付，買方都可以減低價格，減價按實際交付的貨物在交貨時的價值與符合合約的貨物在當時的價值兩者之間的比例計算。但是，如果賣方按照第三十七條或第四十八條的規定對任何不履行義務做出補救，或者買方拒絕接受賣方按照該兩條規定履行義務，則買方不得減低價格。

❑ 第五十一條

（1）如果賣方只交付一部分貨物，或者交付的貨物中只有一部分符合合約規定，第四十六條至第五十條的規定適用於缺漏部分及不符合約規定部分的貨物。

（2）買方只有在完全不交付貨物或不按照合約規定交付貨物等於根本違反合約時，才可以宣告整個合約無效。

❑ 第五十二條

（1）如果賣方在規定的日期前交付貨物，買方可以收取貨物，也可以拒絕收取貨物。

（2）如果賣方交付的貨物數量大於合約規定的數量，買方可以收取也可以拒絕收取多交部分的貨物。如果買方收取多交部分貨物的全部或一部分，他必須按合約價格付款。

第三章　買方的義務

第一節　支付價款

❑ 第五十三條

　　買方必須按照合約和本公約規定支付貨物價款和收取貨物。

❏ 第五十四條

買方支付價款的義務包括根據合約或任何有關法律和規章規定的步驟和手續，以便支付價款。

❏ 第五十五條

如果合約已有效地訂立，但沒有明示或暗示地規定價格或規定如何確定價格，在沒有任何相反表示的情況下，雙方當事人應視為已默示地引用訂立合約時此種貨物在有關貿易的類似情況下銷售的通常價格。

❏ 第五十六條

如果價格是按貨物的重量規定的，如有疑問，應按淨重確定。

❏ 第五十七條

（1）如果買方沒有義務在任何其他特定地點支付價款，他必須在以下地點向賣方支付價款：

（a）賣方的營業地；或者

（b）如憑移交貨物或單據支付價款，則為移交貨物或單據的地點。

（2）賣方必須承擔因其營業地在訂立合約後發生變動而增加的支付方面的有關費用。

❏ 第五十八條

（1）如果買方沒有義務在任何其他特定時間內支付價款，他必須於賣方按照合約和本公約規定將貨物或控制貨物處置權的單據交給買方處置時支付價款。賣方可以支付價款作為移交貨物或單據的條件。

（2）如果合約涉及到貨物的運輸，賣方可以在支付價款後方可把貨物或控制貨物處置權的單據移交給買方作為發運貨物的條件。

（3）買方在未有機會檢驗貨物前，無義務支付價款，除非這種機會與雙方當事人議定的交貨或支付程式相抵觸。

❏ 第五十九條

買方必須按合約和本公約規定的日期或從合約和本公約可以確定的日期支付價款，而無需賣方提出任何要求或辦理任何手續。

第二節　收取貨物

❑ 第六十條

　　買方收取貨物的義務如下：

　　（a）採取一切理應採取的行動，以期賣方能交付貨物：和

　　（b）接收貨物。

第三節　買方違反合約的補救辦法

❑ 第六十一條

　　（1）如果買方不履行他在合約和本公約中的任何義務，賣方可以：

　　（a）行使第六十二條至第六十五條所規定的權利：

　　（b）按照第七十四條至第七十七條的規定，要求損害賠償。

　　（2）賣方可能享有的要求損害賠償的任何權利，不因他行使採取其他補救辦法的權利而喪失。

　　（3）如果賣方對違反合約採取某種補救辦法，法院或仲裁庭不得給予買方寬限期。

❑ 第六十二條

　　賣方可以要求買方支付價款、收取貨物或履行他的其他義務，除非賣方已採取與此一要求相抵觸的某種補救辦法。

❑ 第六十三條

　　（1）賣方可以規定一段合理時限的額外時間，讓買方履行義務。

　　（2）除非賣方收到買方的通知，聲稱他將不在所規定的時間內履行義務，賣方不得在這段時間內對違反合約採取任何補救辦法。但是，賣方並不因此喪失他對遲延履行義務可能享有的要求損害賠償的任何權利。

❑ 第六十四條

　　（1）賣方在以下情況下可以宣告合約無效：

　　（a）買方不履行其在合約或本公約中的任何義務，等於根本違反合約：或

（b）買方不在賣方按照第六十三條第（1）款規定的額外時間內履
　　行支付價款的義務或收取貨物，或買方聲明他將不在所規定的
　　時間內這樣做。

（2）但是，如果買方已支付價款，賣方就喪失宣告合約無效的權利，
　　除非：

（a）對於買方遲延履行義務，他在知道買方履行義務前這樣做；
　　或者

（b）對於買方遲延履行義務以外的任何違反合約事情：

　　① 他在已知道或理應知道這種違反合約後一段合理時間內這
　　　樣做；或

　　② 他在賣方按照第六十三條第（1）款規定的任何額外時間滿
　　　期後或在買方聲明他將不在這一額外時間內履行義務後一
　　　段合理時間內這樣做。

❏ 第六十五條

（1）如果買方應根據合約規定訂明貨物的形狀、大小或其他特徵，而
　　他在議定的日期或在收到賣方的要求後一段合理時間內沒有訂
　　明這些規格，則賣方在不損害其可能享有的任何其他權利的情況
　　下，可以依照他所知的買方的要求，自己訂明規格。

（2）如果賣方自己訂明規格，他必須把訂明規格的細節通知買方，而且
　　必須規定一段合理時間，讓買方可以在該段時間內訂出不同的規
　　格，如果買方在收到這種通知後沒有在該段時間內這樣做，賣方所
　　訂的規格就具有約束力。

第四章　風險移轉

❏ 第六十六條

　　貨物在風險移轉到買方承擔後遺失或損壞，買方支付價款的義務並不
因此解除，除非這種遺失或損壞是由於賣方的行為或不行為所造成。

❏ 第六十七條

（1）如果銷售合約涉及到貨物的運輸，但賣方沒有義務在某一特定地
　　點交付貨物，自貨物按照銷售合約交付給第一承運人以轉交給買

方時起，風險就移轉到買方承擔。如果賣方有義務在某一特定地點把貨物交付給承運人，在貨物於該地點交付給承運人以前，風險不移轉到買方承擔。賣方受權保留控制貨物處置權的單據，並不影響風險的移轉。

（2）但是，在貨物以貨物上加標記，或以裝運單據，或向買方發出通知或其他方式清楚地注明有關合約以前，風險不移轉到買方承擔。

❏ 第六十八條

對於在運輸途中銷售的貨物，從訂立合約時起，風險就移轉到買方承擔。但是，如果情況表明有此需要，從貨物交付給簽發載有運輸合約單據的承運人時起，風險就由買方承擔。儘管如此，如果賣方在訂立合約時已知道或理應知道貨物已經遺失或損壞，而他又不將這一事實告知買方，則這種遺失或損壞應由賣方負責。

❏ 第六十九條

（1）在不屬於第六十七條和第六十八條規定的情況下，從買方接收貨物時起，或如果買方不在適當時間內這樣做，則從貨物交給他處置但他不收取貨物從而違反合約時起，風險移轉到買方承擔。

（2）但是，如果買方有義務在賣方營業地以外的某一地點接收貨物，當交貨時間已到而買方知道貨物已在該地點交給他處置時，風險方始移轉。

（3）如果合約指的是當時未加識別的貨物，則這些貨物在未清楚注明有關合約以前，不得視為已交給買方處置。

❏ 第七十條

如果賣方已根本違反合約，第六十七條、第六十八條和第六十九條的規定，不損害買方因此種違反合約而可以採取的各種補救辦法。

第五章　賣方和買方義務的一般規定

第一節　預期違反合約和分批交貨合約

☐ 第七十一條

(1) 如果訂立合約後，另一方當事人由於下列原因顯然將不履行其大部分得要義務，一方當事人可以中止履行義務：

(a) 他履行義務的能力或他的信用有嚴重缺陷；或

(b) 他在準備履行合約或履行合約中的行為。

(2) 如果賣方在上一款所述的理由明顯化以前已將貨物發運，他可以阻止將貨物交付給買方，即使買方持有其有權獲得貨物的單據。本款規定只與買方和賣方間對貨物的權利有關。

(3) 中止履行義務的一方當事人不論是在貨物發運前還是發運後，都必須立即通知另一方當事人，如經另一方當事人對履行義務提供充分保證，則他必須繼續履行義務。

☐ 第七十二條

(1) 如果在履行合約日期之前，明顯看出一方當事人將根本違反合約，另一方當事人可以宣告合約無效。

(2) 如果時間許可，打算宣告合約無效的一方當事人必須向另一方當事人發出合理的通知，使他可以對履行義務提供充分保證。

(3) 如果另一方當事人已聲明將不履行其義務，則上一款的規定不適用。

☐ 第七十三條

(1) 對於分批交付貨物的合約，如果一方當事人不履行對任何一批貨物的義務，便對該批貨物構成根本違反合約，則另一方當事人可以宣告合約對該批貨物無效。

(2) 如果一方當事人不履行對任何一批貨物的義務，使另一方當事人有充分理由斷定對今後各批貨物將會發生根本違反合約，該另一方當事人可以在一段合理時間內宣告合約今後無效。

（3）買方宣告合約對任何一批貨物的交付為無效時，可以同時宣告合約對已交付的或今後交付的各批貨物均為無效，如果各批貨物是互相依存的，不能單獨用於雙方當事人在訂立合約時所設想的目的。

第二節　損害賠償

☐ 第七十四條

　　一方當事人違反合約應負的損害賠償額，應與另一方當事人因他違反合約而遭受的包括利潤在內的損失額相等。這種損害賠償不得超過違反合約一方在訂立合約時，依照他當時已知道或理應知道的事實和情況，對違反合約預料到或理應預料到的可能損失。

☐ 第七十五條

　　如果合約被宣告無效，而在宣告無效後一段合理時間內，買方已以合理方式購買替代貨物，或者賣方已以合理方式把貨物轉賣，則要求損害賠償的一方可以取得合約價格和替代貨物交易價格之間的差額以及按照第七十四條規定可以取得的任何其他損害賠償。

☐ 第七十六條

（1）如果合約被宣告無效，而貨物又有時價，要求損害賠償的一方，如果沒有根據第七十五條規定進行購買或轉賣，則可以取得合約規定的價格和宣告合約無效時的時價之間的差額以及按照第七十四條規定可以取得的任何其他損害賠償。但是，如果要求損害賠償的一方在接收貨物之後宣告合約無效，則應適用接收貨物時的時價，而不適用宣告合約無效時的時價。

（2）為上一款的目的，時價指原應交付貨物地點的現行價格，如果該地點，沒有時價，則指另一合理替代地點的價格。但應適當地考慮貨物運費的差額。

☐ 第七十七條

　　聲稱另一方違反合約的一方，必須按情況採取合理措施，減輕由於該另一方違反合約而引起的損失，包括利潤方面的損失。如果他不採取這種措施，違反合約一方可以要求從損害賠償中扣除原可以減輕的損失數額。

第三節　利　息

□ 第七十八條

　　如果一方當事人沒有支付價款或任何其他拖欠金額，另一方當事人有權對這些款額收取利息，但不妨礙要求按照第七十四條規定可以取得的損害賠償。

第四節　免　責

□ 第七十九條

　（1）當事人對不履行義務，不負責任，如果他能證明此種不履行義務，是由於某種非他所能控制的障礙，而且對於這種障礙，沒有理由預期他在訂立合約時能考慮到或能避免或克服它或它的後果。

　（2）如果當事人不履行義務是由於他所雇傭履行合約的全部或一部分規定的第三方不履行義務所致，該當事人只有在以下情況下才能免除責任：

　　（a）他按照上一款的規定應免除責任；和

　　（b）假如該款的規定也適用於他所雇傭的人，這個人也同樣會免除責任。

　（3）本條所規定的免責對障礙存在的期間有效。

　（4）不履行義務的一方必須將障礙及其對他履行義務能力的影響通知另一方。如果該項通知在不履行義務的一方已知道或理應知道此一障礙後一段合理時間內仍未為另一方收到，則他對由於另一方未收到通知而造成的損害應負賠償責任。

　（5）本條規定不妨礙任何一方行使本公約規定的要求損害賠償以外的任何權利。

□ 第八十條

　　一方當事人因其行為或不行為而使得另一方當事人不履行義務時，不得聲稱該另一方當事人不履行義務。

第五節　宣告合約無效的效果

☐ 第八十一條

（1）宣告合約無效解除了雙方在合約中的義務，但應負責的任何損害賠償仍應負責。宣告合約無效不影響合約中關於解決爭端的任何規定，也不影響合約中關於雙方在宣告合約無效後權利和義務的任何其他規定。

（2）已全部或局部履行合約的一方，可以要求另一方歸還他按照合約供應的貨物或支付的價款。如果雙方都須歸還，他們必須同時這樣做。

☐ 第八十二條

（1）買方如果不可能按實際收到貨物的原狀歸還貨物，他就喪失宣告合約無效或要求賣方交付替代貨物的權利。

（2）上一款的規定不適用於以下情況：

（a）如果不可能歸還貨物或不可能按實際收到貨物的原狀歸還貨物，並非由於買方的行為或不行為所造成；或者

（b）如果貨物或其中一部分的毀滅或變壞，是由於按照第三十八條規定進行檢驗所致；或者

貨物或其中一部分，在買方發現或理應發現與合約不符以前，已為買方在正常營業過程中售出，或在正常使用過程中消費或改變。

☐ 第八十三條

買方雖然依第八十二條規定喪失宣告合約無效或要求賣方交付替代貨物的權利，但是根據合約和本公約規定，他仍保有採取一切其他補救辦法的權利。

☐ 第八十四條

（1）如果賣方有義務歸還價款，他必須同時從支付價款之日起支付價款利息。

（2）在以下情況下，買方必須向賣方說明他從貨物或其中一部分得到的一切利益：

（a）如果他必須歸還貨物或其中一部分；或者

（b）如果他不可能歸還全部或一部分貨物，或不可能按實際收到貨物的原狀歸還全部或一部分貨物，但他已宣告合約無效或已要求賣方交付替代貨物。

第六節　保全貨物

☐ 第八十五條

如果買方推遲收取貨物，或在支付價款和交付貨物應同時履行時，買方沒有支付價款，而賣方仍擁有這些貨物或仍能控制這些貨物的處置權，賣方必須按情況採取合理措施，以保全貨物。他有權保有這些貨物，直至買方把他所付的合理費用償還給他為止。

☐ 第八十六條

（1）如果買方已收到貨物，但打算行使合約或本公約規定的任何權利，把貨物退回，他必須按情況採取合理措施，以保全貨物。他有權保有這些貨物，直至賣方把他所付的合理費用償還給他為止。

（2）如果發運給買方的貨物已到達目的地，並交給買方處置，而買方行使退貨權利，則買方必須代表賣方收取貨物，除非他這樣做需要支付價款而且會使他遭受不合理的不便或需承擔不合理的費用。如果賣方或受權代表他掌管貨物的人也在目的地，則此一規定不適用。如果買方根據本款規定收取貨物，他的權利和義務與上一款所規定的相同。

☐ 第八十七條

有義務採取措施以保全貨物的一方當事入，可以把貨物寄放在第三方的倉庫，由另一方當事人擔負費用，但該項費用必須合理。

☐ 第八十八條

（1）如果另一方當事人在收取貨物或收回貨物或支付價款或保全貨物費用方面有不合理的遲延，按照第八十五條或第八十六條規定有義務保全貨物的一方當事人，可以採取任何適當辦法，把貨物出售，但必須事前向另一方當事人發出合理的意向通知。

（2）如果貨物易於迅速變壞，或者貨物的保全牽涉到不合理的費用，則按照第八十五條或第八十六條規定有義務保全貨物的一方當事人，必須採取合理措施，把貨物出售。在可能的範圍內，他必須把出售貨物的打算通知另一方當事人。

（3）出售貨物的一方當事人，有權從銷售所得收入中扣回為保全貨物和銷售貨物而付的合理費用。他必須向另一方當事人說明所餘款項。

第四部分　最後條款

❑ 第八十九條

　　茲指定聯合國秘書長為本公約保管人。

❑ 第九十條

　　本公約不優於業已締結或可能締結並載有與屬於本公約範圍內事項有關的條款的任何國際協定，但以雙方當事人的營業地均在這種協定的締約國內為限。

❑ 第九十一條

（1）本公約在聯合國國際貨物銷售合約會議閉幕會議上開放簽字，並在紐約聯合國總部繼續開放簽字，直至 1981 年 9 月 30 日為止。

（2）本公約須經簽字國批准、接受或核准。

（3）本公約從開放簽字之日起開放給所有非簽字國加入。

（4）批准書、接受書、核准書和加入書應送交聯合國秘書長存放。

❑ 第九十二條

（1）締約國可在簽字、批准、接受、核准或加入時聲明它不受本公約第二部分的約束或不受本公約第三部分的約束。

（2）按照上一款規定就本公約第二部分或第三部分做出聲明的締約國，在該聲明適用的部分所規定事項上，不得視為本公約第一條第（1）款範圍內的締約國。

☐ 第九十三條

（1）如果締約國具有兩個或兩個以上的領土單位,而依照該國憲法規定,各領土單位對本公約所規定的事項適用不同的法律制度,則該國得在簽字、批准、接受、核准或加入時聲明本公約適用于該國全部領土單位或僅適用於其中的一個或數個領土單位,並且可以隨時提出另一聲明來修改其所做的聲明。

（2）此種聲明應通知保管人,並且明確地說明適用本公約的領土單位。

（3）如果根據按本條做出的聲明,本公約適用於締約國的一個或數個但不是全部領土單位,而且一方當事人的營業地位於該締約國內,則為本公約的目的,該營業地除非位於本公約適用的領土單位內,否則視為不在締約國內。

（4）如果締約國沒有按照本條第（1）款做出聲明,則本公約適用于該國所有領土單位。

☐ 第九十四條

（1）對屬於本公約範圍的事項具有相同或非常近似的法律規則的兩個或兩個以上的締約國,可隨時聲明本公約不適用於營業地在這些締約國內的當事人之間的銷售合約,也不適用於這些合約的訂立。此種聲明可聯合做出,也可以相互單方面聲明的方式做出。

（2）對屬於本公約範圍的事項具有與一個或一個以上非締約國相同或非常近似的法律規則的締約國,可隨時聲明本公約不適用於營業地在這些非締約國內的當事人之間的銷售合約,也不適用於這些合約的訂立。

（3）作為根據上一款所做聲明對象的國家如果後來成為締約國,這項聲明從本公約對該新締約國生效之日起,具有根據第（1）款所做聲明的效力,但以該新締約國加入這項聲明,或做出相互單方面聲明為限。

☐ 第九十五條

任何國家在交存其批准書、接受書、核准書或加入書時,可聲明它不受本公約第一條第（1）款（b）項的約束。

☐ 第九十六條

本國法律規定銷售合約必須以書面訂立或書面證明的締約國，可以隨時按照第十二條的規定，聲明本公約第十一條、第二十九條或第二部分准許銷售合約或其更改或根據協定終止，或者任何出價、接受或其他意旨表示得以書面以外任何形式做出的任何規定不適用，如果任何一方當事人的營業地是在該締約國內。

☐ 第九十七條

根據本公約規定在簽字時做出的聲明，須在批准、接受或核准時加以確認。

聲明和聲明的確認，應以書面提出，並應正式通知保管人。

聲明在本公約對有關國家開始生效時同時生效。但是，保管人於此種生效後收到正式通知的聲明，應於保管人收到聲明之日起 6 個月後的第 1 個月第 1 天生效。根據第九十四條規定做出的相互單方面聲明，應於保管人收到最後一份聲明之日起 6 個月後的第 1 個月第 1 天生效。

根據本公約規定做出聲明的任何國家可以隨時用書面正式通知保管人撤回該項聲明。此種撤回於保管人收到通知之日起 6 個月後的第 1 個月第 1 天生效。

撤回根據第九十四條做出的聲明，自撤回生效之日起，就會使另一國家根據該條所做的任何相互聲明失效。

☐ 第九十八條

除本公約明文許可的保留外，不得作任何保留。

☐ 第九十九條

（1）在本條第（6）款規定的條件下，本公約在第十件批准書、接受書、核准書或加入書、包括載有根據第九十二條規定做出的聲明的文書交存之日起 12 個月後第一個月的第一天生效。

（2）在本條第（6）款規定的條件下，對於在第十件批准書、接受書、核准書或加入書交存後才批准、接受、核准或加入本公約的國家，本公約在該國交存其批准書、接受書、核准書或加入本公約的國家，本公約在該國交存其批准書、接受書、核准書或加入書

之日起 12 個月後的第一個月第一天對該國生效，但不適用的部分除外。

（3）批准、接受、核准或加入本公約的國家，如果是 1964 年 7 月 1 日在海牙簽訂的《關於國際貨物銷售合約的訂立統一法公約》（《1964 年海牙訂立合約公約》）和 1964 年 7 月 1 日在海牙簽訂的《關於國際貨物銷售統一法的公約》（《1964 年海牙貨物銷售公約》）中一項或兩項公約的締約國，應按情況同時通知荷蘭政府聲明退出《1964 年海牙貨物銷售公約》或《1964 年海牙訂立合約公約》或退出該兩公約。

（4）凡為《1964 年海牙貨物銷售公約》締約國並批准、接受、核准或加入本公約和根據第九十二條規定聲明或業已聲明不受本公約第二部分約束的國家，應於批准、接受、核准或加入時通知荷蘭政府聲明退出《1964 年海牙貨物銷售公約》。

（5）凡為《1964 年海牙訂立合約公約》締約國並批准、接受、核准或加入本公約和根據第九十二條規定聲明或業已聲明不受本公約第三部分約束的國家，應於批准、接受、核准或加入時通知荷蘭政府聲明退出《1964 年海牙訂立合約公約》。

（6）為本條的目的，《1964 年海牙訂立合約公約》或《1964 年海牙貨物銷售公約》的締約國的批准、接受、核准或加入本公約，應在這些國家按照規定退出該兩公約生效後方始生效。本公約保管人應與 1964 年兩公約的保管人荷蘭政府進行協商，以確保在這方面進行必要的協調。

❑ 第一百條

（1）本公約適用于合約的訂立，只要訂立該合約的建議是在本公約對第一條第（1）款（a）項所指締約國或第一條第（1）款（b）項所指締約國生效之日或其後作出的。

（2）本公約只適用於在它對第一條第（1）款（a）項所指締約國或第一條第（1）款（b）項所指締約國生效之日或其後訂立的合約。

❑ 第一百零一條

（1）締約國可以用書面正式通知保管人聲明退出本公約，或本公約第二部分或第三部分。

（2）退出於保管人收到通知十二個月後的第一個月第一天起生效。凡通知內訂明一段退出生效的更長時間，則退出於保管人收到通知後該段更長時間期滿時起生效。

1984 年 4 月 11 日訂於維也納，正本一份，其阿拉伯文本、中文本、英文本、法文本、俄文本和西班牙文本都具有同等效力。

下列全權代表，經各自政府正式授權，在本公約上簽字，以資證明。

附註：《聯合國國際貨物買賣合約公約》是聯合國國際貿易法委員會（UNCIT-RAL）於 1980 年 4 月 11 日在維也納召開的外交會議上通過的。該公約於 1988 年 1 月 1 日生效。目前批准加入和認可該公約的國家有三十五個國家，分別是：阿根廷、澳大利亞、奧地利、保加利亞、白俄羅斯蘇維埃社會主義共和國、加拿大、智利、中國、捷克斯洛伐克、丹麥、埃及、芬蘭、法國、、加納、幾內亞、匈牙利、伊拉克、義大利、萊索托、墨西哥、荷蘭、挪威、波蘭、羅馬尼亞、新加坡、瑞典、瑞士、阿拉伯敘利亞共和國、美利堅合眾國、委瑞內拉、烏克蘭蘇維埃社會主義共和國、蘇聯、南斯拉夫、尚比亞及德國。但並非每個國家都完全接受《聯合國國際貨物買賣合約公約》的約定，有些國在加入公約時會聲明保留某些條款內容暫不適用，具體如下：

1. 阿根廷、白俄羅斯蘇維埃社會主義共和國、智利、匈牙利和烏克蘭蘇維埃社會主義共和國政府在批准該公約時，根據公約第十二條和第九十六條規定聲明，公約第十一條、第二十九條或第二部分任何條款，凡准予以書面形式以外的任何形式簽訂銷售合同，或根據協定對其進行修改或予以終止，或進行報價、認可或表示意向者，不適用於在它們各自國家內設有營業點的任何當事方。

2. 中國政府在認可公約時宣佈，它不受第一條第（1）款（b）項
   和第十一條的約束，也不受公約內與第十一條內容有關的規定
   的約束。

3. 捷克斯洛伐克政府和美利堅合眾國政府在批准公約時宣佈，它
   們不受第一條第一款（b）項的約束。

4. 丹麥、芬蘭、挪威和瑞典政府在批准公約時，根據第九十二條
   第（1）款的規定宣佈，它們不受公約第二部分（合約的訂立）
   的約束。

5. 丹麥、芬蘭、挪威和瑞典政府在批准公約時，根據第九十四條
   第（1）款和第（2）款聲明，公約不適用於營業地點設在丹麥、
   芬蘭、瑞典、冰島或挪威的當事方的銷售合約。

6. 匈牙利政府在批准公約時聲明，它認為經濟互助委員會各成員
   國組織之間交貨的共同條件，應受公約第九十條規定的約束。

7. 德國政府在批准公約時宣佈，對於已經聲明不適用第一條第（1）
   款（b）項的任何國家，它將不適用第一條第（1）款（b）項。

8. 加拿大政府在加入該公約時宣佈，根據該公約第九十三條，該
   公約不適用於阿爾比、不列顛哥倫比亞，曼尼托巴、新布倫瑞
   克、紐芬蘭、新斯科舍、安大略、愛德華太子島和西北地方。

9. 加拿大政府在加入該公約時宣佈，根據該公約第九十五條，就
   不列顛哥倫比亞而言，加拿大不受該公約第一條第（1）款（b）
   項的約束。

國家圖書館出版品預行編目

ODM 大破解：國際代工設計製造買賣合約重點
解析 / 林家亨著. -- 一版. -- 臺北市：秀威
資訊科技, 2008. 10
　　面；　公分. --（企業法律實務教戰手冊
商業企管類；PI0010）

BOD 版
ISBN978-986-221-052-9（平裝）

1.買賣　2.契約　3.製造業　4.國際貿易

587.19　　　　　　　　　　　97014145

商業企管類　PI0010

ODM 大破解
——國際代工設計製造買賣合約重點解析

作　　者 / 林家亨
發 行 人 / 宋政坤
執行編輯 / 詹靚秋
圖文排版 / 鄭維心
封面設計 / 莊芯媚
數位轉譯 / 徐真玉　沈裕閔
圖書銷售 / 林怡君
法律顧問 / 毛國樑　律師
出版印製 / 秀威資訊科技股份有限公司
　　　　　台北市內湖區瑞光路 583 巷 25 號 1 樓
　　　　　電話：02-2657-9211　　　傳真：02-2657-9106
　　　　　E-mail：service@showwe.com.tw
經 銷 商 / 紅螞蟻圖書有限公司
　　　　　台北市內湖區舊宗路二段 121 巷 28、32 號 4 樓
　　　　　電話：02-2795-3656　　　傳真：02-2795-4100
　　　　　http://www.e-redant.com

2008 年 10 月 BOD 一版
定價：380 元

讀　者　回　函　卡

感謝您購買本書，為提升服務品質，煩請填寫以下問卷，收到您的寶貴意見後，我們會仔細收藏記錄並回贈紀念品，謝謝！

1. 您購買的書名：_____

2. 您從何得知本書的消息？

   □網路書店　□部落格　□資料庫搜尋　□書訊　□電子報　□書店

   □平面媒體　□ 朋友推薦　□網站推薦　□其他_____

3. 您對本書的評價：(請填代號　1.非常滿意 2.滿意 3.尚可 4.再改進)

   封面設計____　版面編排____　內容____　文/譯筆____　價格____

4. 讀完書後您覺得：

   □很有收獲　□有收獲　□收獲不多　□沒收獲

5. 您會推薦本書給朋友嗎？

   □會　□不會，為什麼？_____

6. 其他寶貴的意見：_____

_____

_____

_____

讀者基本資料

姓名：_____　年齡：_____　性別：□女 □男

聯絡電話：_____　E-mail：_____

地址：_____

學歷：□高中(含)以下　　□高中　　□專科學校　　□大學

　　　□研究所(含)以上 □其他_____

職業：□製造業 □金融業 □資訊業 □軍警 □傳播業 □自由業

　　　□服務業 □公務員 □教職　　□學生 □其他_____

(請沿線對摺寄回,謝謝!)

秀威與 BOD

BOD（Books On Demand）是數位出版的大趨勢，秀威資訊率先運用 POD 數位印刷設備來生產書籍，並提供作者全程數位出版服務，致使書籍產銷零庫存，知識傳承不絕版，目前已開闢以下書系：

一、BOD 學術著作—專業論述的閱讀延伸
二、BOD 個人著作—分享生命的心路歷程
三、BOD 旅遊著作—個人深度旅遊文學創作
四、BOD 大陸學者—大陸專業學者學術出版
五、POD 獨家經銷—數位產製的代發行書籍

BOD 秀威網路書店：www.showwe.com.tw
政府出版品網路書店：www.govbooks.com.tw

　　永不絕版的故事・自己寫・永不休止的音符・自己唱